Patricia Cori
Keine Lügen, keine Geheimnisse mehr

Patricia Cori

Keine Lügen,
keine Geheimnisse mehr

✳

Handbuch der Sternensaat, aus der Erwachen keimt ...
... und das das Wissen davon entschleiert,
wer ihr seid und wofür ihr hier seid

Bücher haben feste Preise.

2. Auflage 2021

Keine Lügen, keine Geheimnisse mehr
© Patricia Jo Cori 2002

Das Buch erschien 2002 bei
Light Work Press in Rom unter dem Titel »No more Secrets, No more Lies«

Für die deutsche Ausgabe
© Patricia Cori/Neue Erde GmbH 2004
Alle Rechte vorbehalten.

Übersetzung aus dem amerikanischen Englisch:
Nina Hawranke
Lektorat:
Andreas Lentz

Titelseite: Dragon Design, GB
unter Verwendung einer Illustration von Shigemi Numazawa/Astrofoto
Satz und Typo: Dragon Design, GB
Gesetzt aus der Galliard

Gesamtherstellung: Books on Demand GmbH, Norderstedt
Printed in Germany

ISBN 978-3-89060-135-9

Neue Erde GmbH
Cecilienstr. 29 · 66111 Saarbrücken
Deutschland · Planet Erde
www.neue-erde.de

Die Sirianischen Offenbarungen
Band 3

INHALT

Teil II: Der Schleier hebt sich

TEIL 1:

LICHT INS DUNKEL

KEINE GEHEIMNISSE MEHR
- Kapitel Eins -

Je tiefer ihr zum wahren Ursprung eurer Rasse vordringt, desto stärker wird euch bewußt, wie begrenzt die Version der Menschheitsgeschichte ist, die das Establishment verbreitet, und wie irreführend, lückenhaft und verfälschend. Also versucht ihr, euch ein eigenes Bild zu machen, indem ihr die vergilbten alten Texte und Karten eurer ehrwürdigen Ahnen zu entschlüsseln sucht, doch nur wenige ihrer Aufzeichnungen haben überdauert – ein bloßes Flüstern, davongetragen vom Wind der Ewigkeit.

Nicht allein das Voranschreiten der Entwicklung auf eurem Planeten oder der rein illusorische Lauf der »Zeit« sind verantwortlich für den Verlust eurer bedeutsamsten historischen Dokumente und des in ihnen enthaltenen enormen esoterischen Wissens. Was an vorsintflutlichem Material erhalten geblieben war, ist systematisch von Soldaten und verkappten Kreuzfahrern zerstört worden, die so lange schon im Dienste der Machthaber stehen, daß sich eure derzeitigen Kulturen dies nicht einmal ansatzweise vorstellen können … geschweige denn, sich daran erinnern.

Auch solltet ihr bedenken, daß dieselben Machthaber und ihre Geheimgesellschaften zahllose Bände mit wichtigem Material konfisziert haben (das detailliert über den wahren Ursprung eures Volkes und die außerirdischen Einflüsse auf eure Entwicklung Auskunft gibt), um sie in ihren Privatsammlungen zu horten und der breiten Masse vorzuenthalten. Dieses Wissen wird seit Generationen heimlich weitergereicht – von einer diskreten Hand zur nächsten –, stets dem Auge der Öffentlichkeit verborgen.

Viele der großartigen Werke eurer Ahnen werden bis heute unter Verschluß gehalten ... denn die Machthaber glauben noch immer, euch die Wahrheit über eure Geschichte vorenthalten zu können, ebenso wie sie es geschafft haben, euch zeit eures Lebens die Verschwörung zu verheimlichen, mit der sie die Menschheit kontrollieren und unterdrücken und die Erde ihrer Reichtümer berauben.

Doch sie irren sich.

Von den Ahnen »vergraben« gelangt die wahre Geschichte eurer Wurzeln – eurer unglaublichen Reise – Stück für Stück wieder ans Tageslicht; Wellen der Bewußtwerdung dringen an diesem Punkt eurer Entwicklung zu euch durch und bringen sie aus eurem unterbewußten Gedächtnis (von wo aus die multidimensionalen Erfahrungen der Seele als »Erinnerungen« reflektiert werden) zurück in euer Bewußtsein. All dies eröffnet sich euch in diesen Zeiten des Wandels und der Erneuerung ... und noch vieles mehr wird sich euch in naher Zukunft enthüllen.

Das Wissen wird kein Geheimnis bleiben.

Bald schon wird die Atlantische Halle der Weisheit – unlösbar verbunden mit der Großen Sphinx von Gizeh – ihre Tore öffnen. Irgendwie ist euch verborgen geblieben, daß **die Sphinx selbst** in gewisser Weise diese Halle ist. Glücklicherweise haben die Atlantischen Schriften überdauert, denn die Archäologen des Establishments konzentrieren sich vor allem auf goldgefüllte Kammern voller historischer Dokumente und Artefakte, obgleich doch dort, im kühlen Sand tief unter der geheimnisvollen katzenhaften Statue, weit wertvollere Schätze begraben liegen.

In der Halle befinden sich die Schlüssel zum kosmischen Wissensschatz. Diese wurden dort von Priestern der Weißen Bruderschaft hinterlegt, die nach dem Rückgang der großen Flut aus dem Schutz des

Hochlandes an den ägyptischen Nil kamen. Dort verschlüsselten sie ihre Weisheit und ließen sie über Generationen hinweg von ihren direkten Nachkommen – den Pharaonen – bewachen. Die Halle der Weisheit sollte der Menschheit als Vermächtnis dienen und wurde dem Schutz der rätselhaften Löwin überantwortet bis zu dem Tag, an dem ihr schließlich bereit sein würdet für das Betreten der Atlantischen Kammer – einem heiligen Ort –, um die Schriften zu enthüllen und dadurch ein Fenster zu öffnen zur Zeitlosigkeit der menschlichen Entwicklung.

Dies wird geschehen ... und noch zu euren Lebzeiten, so wie ihr es verfügt habt.

Vieles mehr noch steckt in den Geschichten und Legenden einzelner Eingeborenenstämme, den Hütern der Weisheit, die ihr Erbe, ihre »Verbindung« und Erinnerung, bewahren konnten. Während ihr schließlich das wahre Wesen dieser Hüter erkennt, werden diese ihrerseits tief in die Schatztruhen der Vergangenheit hinabtauchen, um behutsam die Wissensperlen der Ahnen zu bergen. Mehr noch wird sich offenbaren, während ihr auf die Vollendung des Mayakalenders am 21. Dezember 2012 zusteuert.

Die Hüter der Kristalle werden die Tore offen halten; die Hüter der Zeit werden euch helfen, sie zu durchschreiten. Die Maya wissen dies, seit ihre Ahnen zum ersten Mal durch die Kristallschädel sahen und erkannten, daß die Erde, viermal wiedergeboren, Ende 2012 die *Fünfte Sonne* erreichen und in die letzte Phase ihres Aufstiegs vom materiellen Universum in die vierte Dimension eintreten wird – in der die Illusion der Zeit nicht länger existiert.

Immer mehr von euch finden Zugang zu ihren Akasha-Erinnerungen, in denen alles Wissen bereits niedergelegt ist ... alles verewigt ist. Für alle Hellsichtigen und spirituell Veranlagten sind Begriffe wie »Vergangenheit« und »Zukunft« nichts weiter als Aspekte des Immerwährenden, das unendlich fortdauert in der Zeitlosigkeit allen Seins. Seid euch daher bitte stets bewußt, daß zeitliche Linearität eine reine

Illusion ist, auch wenn wir uns andauernd auf sie beziehen (da sie nun einmal ein fester Bezugspunkt eurer Sprache ist). In all unseren Lehren fordern wir euch auf, stets zu bedenken, daß sich alles fortwährend gleichzeitig abspielt, daß alles verwoben ist in den kosmischen Tanz des Bewußtseins, sich entfaltet und langsam die Spirale spiritueller Heimkehr hinaufsteigt.

Wir, die Sprecher des Hohen Sirianischen Rates, wurden dazu auserkoren, euch das Rätsel eurer Entwicklung lösen zu helfen – von eurem Ursprung bis zu dem nun nicht mehr fernen Tag, an dem ihr die dritte Dimension hinter euch laßt. Wir möchten euch helfen, diesen wundervollen Abschnitt eurer Reise bewußt zu erleben, im Frieden mit eurem Planeten, euren Mitmenschen und euch selbst.

In *The Cosmos of Soul (Der Kosmos der Seele)* * haben wir euch den Aufstieg eurer Sonnengottheit vor Augen geführt und euch eine Vorstellung von der vierten Dimension gegeben, die ihr sehr bald schon als Lichtkörper erfahren werdet. Zuletzt waren wir in *Atlantis Rising* (Der Aufgang von Atlantis)* darum bemüht, euch den Zugang zu einigen höchst komplexen Erinnerungen an Atlantis zu erleichtern und euch mit Wissen zu stärken, das ihr nun benötigen werdet … wenn ihr euch von den neuen Alchimisten der Macht befreien und im Lichte wachsender Bewußtwerdung voranschreiten wollt.

Tatsächlich fällt uns beim Beobachten des Geschehens auf eurem Planeten auf, daß die Erwachenden unter euch wie nie zuvor aus ihrem Versteck hervorkommen und die Wahrheit verkünden. Lauthals und klar verkündet ihr sie und laßt Gaias kobaltblaues Licht durch den gesamten Kosmos strahlen.

Ihr macht euch nun bereit, den Machthabern die Stirn zu bieten und selbst die Verantwortung für eure Wirklichkeit zu übernehmen, indem ihr gegen die Zensur aufbegehrt, die versucht, die immer lauter

---

* Dies sind die beiden vorangegangenen Bände der Sirianischen Offenbarungen, die auf deutsch nach diesem Band erscheinen sollten.

werdende Stimme eures Andersdenkens zu unterdrücken. Denkt stets daran, daß ihr eure ganz persönlichen Erfahrungen des Wachstums und der Erleuchtung mit der Gemeinschaft teilen müßt, wenn diese Einfluß auf das größere Ganze haben sollen, um die gesamte Menschheit in einen positiven Geisteszustand zu versetzen und die notwendigen Veränderungen zur Reinigung des Planeten zu bewirken – die an bestimmten Orten bereits eintreten.

Dies ist die Zeit weltweiten Erwachens.

Bringt Licht ins Dunkel der Geheimnisse ... und der Lügen.

Um euch in dieser wichtigsten Phase eures Erwachens beizustehen, senden wir euch durch unser Medium diese Botschaft, auch wenn uns bewußt ist, daß es sich hierbei um eine höchst kontroverse Zusammenstellung von Lehren handelt. Durch sie möchten wir euch helfen, alle Schranken zu durchbrechen und euch mit allen Geschehnissen »siriös« auseinanderzusetzen. Dieses dritte Buch der Trilogie nun widmet sich der Verständlichmachung der Ereignisse, die euch in die Unfreiheit geführt haben, indem es die bedeutsamsten Umstände der großen Verschwörung darlegt, die die Menschen seit Jahrtausenden gefangenhält und unterdrückt. Es soll euch zeigen, wie ihr euch aus den Plänen der dunklen Krieger befreien und euren Geist von dem Unrat reinigen könnt, der sich als »Überzeugung« in eurem Glaubenssystem eingenistet hat.

Dieses Handbuch enthält die Sternensaat, aus der Erwachen keimt.

Viel zu lange schon wird den Menschen die Wahrheit über die geheimen Lenker ihres Planeten vorenthalten, doch das wird sich sehr bald schon ändern. Schaut genau hin, und euch wird nicht entgehen, wie das Netz aus Lügen und Verrat sich auflöst: Überall um euch herum stürzen die Türme der Macht in sich zusammen.

Ihr durchlebt gerade eine Zeit des Erwachens, die euch einen umfassenden Einblick in alle Facetten der Existenz gestattet und die

Dinge bis in ihre tiefsten Tiefen durchdringt – wo die Wahrheit, so wertvoll und klar, sich euch nicht länger entziehen kann.

Die Lichtkräfte des Universums wirken vereint an diesem Prozeß mit, denn ihr habt uns gerufen, und wir sind gekommen. Ihr glaubt gar nicht, wie nahe wir, die Sirianer, euch sind; wir sind mitten unter euch, in einer Parallelwelt, die ebenso eure wie unsere Erfahrung ist ... so wie wir auch euren illusionsverhangenen Weg gegangen sind.

Wir wissen genau, wie mühsam es sein kann, den Weg nach Hause zu finden. Wir wissen, wie beschwerlich sich die Initiation gestaltet, der ihr im Lichte des anbrechenden neuen Tages entgegenseht, der euch ermuntert aufzustehen ... und nicht länger zu schlafen.

Wir bringen euch die Schlüssel zu den Pforten eures Inneren, um euch zu helfen, alle Hindernisse zu überwinden und zum Wohle der gesamten Menschheit das von den Geheimbünden verborgen gehaltene Wissen einzufordern – Wissen, das euch endlich aus den Händen derer befreit, die die Fäden ihrer menschlichen Marionetten bis zum Zerreißen überspannen.

Auch wenn ihr euch über eure persönliche Aufgabe noch nicht im klaren seid, könnt ihr euch sicher sein, daß euch eine bedeutsame Rolle in der sich entfaltenden »Zukunft« eurer Rasse und aller Wesen Gaias zugedacht ist.

Ihr seid offen und voller Ehrfurcht ... und doch habt ihr sehr genaue Vorstellungen von der Lage der Menschheit. Trotz des äußeren Scheins der Dinge vertraut ihr darauf, daß gemäß der Natur des Allumfassenden alles ein Ausdruck des Göttlichen Plans ist; und dennoch seht ihr, in welche Richtung sich eure derzeitigen Gesellschaften bewegen. Ihr wißt, daß ihr die Neuen Aquarier seid und daß ihr zusammen mit den Kindern helfen werdet, den Kurs der Menschheit auf das neue Ziel hinzulenken. Eure Aufgabe wird es sein, die Mauern der Macht einzureißen und euer erworbenes Wissen zum Wohle allen Lebens eures Planeten und des Universums, das euch umgibt und durchdringt, zu verbreiten.

Diese dritte Sammlung von Übermittlungen durch unser Medium Trydjya ist ein recht gewagtes Unterfangen. Ihre Aufgabe ist es, alle noch unentdeckten Geheimnisse zu lüften und euch zu erhellen, was sich da direkt vor euren Augen abspielt – Augen, die nur allzu oft nicht sehen, was doch unmißverständlich vor ihnen liegt, oder die einfach nicht sehen wollen. Dieses Buch ist eine Kampfansage an den religiösen und staatlichen Dogmatismus und enthüllt all die Wahrheiten, die in jeder Zelle, in jedem winzigsten Teil eures Wesens bereits vorhanden ist. Es soll als eine Art »Handbuch« dazu dienen, in euch schlafende Einsichten zu wecken und all diejenigen zu leiten, die mit einem freien Geist nach der Erkenntnis der kosmischen Ordnung und universeller Wahrheit streben.

Wir wollen ein für allemal mit den Lügen aufräumen, die der Erdbevölkerung eingeimpft werden, und euch zu den »geheimen« Wissenshorten führen, die man euch seit Anbeginn eurer Existenz verschlossen hat – eure ätherische DNS, die sich langsam herauskristallisiert und sich in euch wieder zusammensetzt. Direkt ins Auge des Sturms werden wir euch führen; ihr werdet das Schwert gegen den Drachen erheben und euch in die schwarze Nacht eurer Angst stürzen – um jene anzuführen, die den Weg zu Weisheit und Licht erst noch finden müssen.

Ihr werdet siegen. Denn ihr, die nach unserer Botschaft sucht, seid die tapferen, neuen Krieger – das steht außer Zweifel. In einer Welt, in der die einzelnen Teile nicht mehr zusammenzupassen scheinen, wagt ihr es, selbständig zu denken, dem Status quo zu trotzen und Antworten einzufordern. Die Version, die das Establishment von eurer Vergangenheit und Zukunft entwirft, wird der menschlichen Rasse nicht gerecht, und deshalb erwarten wir freudig eure Fragen. Und die Antworten, die wir angesichts eurer Suche zu geben vermögen, werdet ihr erhalten.

Wir sind für euch da … und für die Kinder.

* * *

Wir sind nicht so anmaßend zu behaupten, daß wir alle Rätsel, die den Manifestationen des Höchsten Bewußtseins innewohnen, lösen könnten, denn im Grunde sind wir wie ihr ... Kinder des Himmels. Auch wir sind staunende Reisende auf der Evolutionsspirale, die an jeder Biegung dazulernen – auf der Suche nach Erleuchtung und Heimkehr. Und doch glauben wir, daß es als Lichtträger dieser Welten in unserer Verantwortung liegt, euch durch unser Wissen zu helfen und beizustehen, euch in euer Inneres zum Ort des »Wissens« zu geleiten und dieses Wissen – den Leuchtturm der Seele – zu aktivieren.

Aus diesem Grund haben wir diese neueste Schrift verfassen lassen, in der ihr ganz gewiß die Antworten auf Fragen entdeckt, die euch bewußt wie auch unbewußt schon lange quälen – Fragen, die nicht länger unbeantwortet bleiben oder in die dunklen Winkel eurer Seelenblindheit oder eures verängstigten Geistes verdrängt werden können.

Bestimmt werden euch auf diesen Seiten Informationen begegnen, die diese Aufgabe erfüllen helfen – Informationen, zu denen ihr nun bereit seid. Bitte betrachtet diese durch unser Medium vermittelten Worte als die »Kristallisation« unserer Bewußtseinsausströmungen ... aber da ist noch weit mehr.

Unser Medium vermag durch seine wachsenden Fähigkeiten immer öfter auch Zugang zu finden zu Himmelswesenheiten der achten Dimension, die an diesen besonderen Botschaften mitgewirkt und so zur Vervollständigung der Trilogie beigetragen haben – *Die Sirianischen Offenbarungen*. Doch obwohl sie sich auf diese Aufgabe vorbereitet hat, ist es unserer medialen Helferin aufgrund der intensiven Schwingungsfrequenz dieser Wesen nicht möglich, direkt mit ihnen in Kontakt zu treten.

Aus diesen Höheren Welten erreichen auch uns ganz besondere Wellen aus Licht, welche wir an euch weiterleiten sollen, die dabei jedoch auch uns durchdringen und nähren. Dies ist ein spirituelles Geschenk, und wir sind euch ewig dankbar für die Chancen, die ihr so im ganzen Universum schafft – indem ihr über dieses feine Gespinst aus Licht eure Liebe ausstrahlt. Wir sind dankbar und fühlen uns geehrt, in einem solchen Glanz baden zu dürfen und dabei noch als eine Art kosmischer Mittler für diese ehrfurchtgebietenden Lichtwellen zu dienen, die wir gerade empfangen und die ausdrücklich **für euch** bestimmt sind.

Uns wurde mitgeteilt, daß diese Gruppen von Lichtwesen sich zu uns gesellt haben, um dieses Buch durch lichtverschlüsselte, über-bewußte Kodierungen aufzuladen, die euch helfen sollen, noch ver-bliebene Emotionen zu lösen. Sie wollen euch dabei behilflich sein, die einzelnen Teile eurer Persönlichkeit zusammenzufügen, während ihr das helle Licht des Wissens direkt in eure unteren Chakren lenkt, um verdrängte traumatische Erlebnisse ins Bewußtsein zu rufen, wo sie dann aufgelöst und vergeben werden können. Dies wird zu einer Stimu-lation der Zirbeldrüse und einer Ausdehnung des Herzzentrums führen – freut euch darauf.

Das meiste davon wird ganz ohne Anleitung oder Führung auf einer Ebene stattfinden, die man mit Worten nicht beschreiben kann. Jeder Versuch wäre sinnlos. Die Anpassung an ein anderes energeti-sches Niveau wird durch in den Text eingewobene Schwingungen von hoher Intensität erleichtert, die von eurer Aura wahrgenommen und eingekörpert werden und die als Licht durch eure Energiekanäle bis in die Zirbeldrüse strömen – den Leuchtturm eurer Seele.

Viele von euch werden eine leichte Veränderung im mentalen, emotionalen und physischen Körper spüren, während andere wiederum starke Gefühlsausbrüche oder die Befreiung von innerkörperlichen Blockaden erfahren. Traumzustände werden möglicherweise intensiver, so daß ihr euch an die Astralreisen, die ihr im Schlaf unternehmt, bewußt erinnern könnt, und viele von euch werden die spirituelle Welt als »greifbarer« empfinden. Vielleicht fühlt ihr euch beschwingt und befreit, oder aber ihr werdet jäh mit aufgestauter Wut oder tiefem Groll konfrontiert, da diese blockierten Gefühle nun hochkommen und sich auflösen.

Durch diesen Prozeß werden auch all die eingefrorenen Energien freigesetzt, die als Angst tief in euch sitzen. Ihr werdet dieses Buch vielleicht manchmal lieber in die Ecke werfen wollen, anstatt die Schleusen zu öffnen. Das, ihr Lieben, liegt ganz allein bei euch, und wir fordern euch auf, hierin eurem Herzen zu folgen.

Bedenkt jedoch auch, daß die Freisetzung negativen Gedankenguts und blockierter Energie sicherlich nicht einfach, aber dennoch wesentlich für das Erwachen des Lichtkörpers ist. Auch wenn ihr versucht sein solltet, diesem Text die »Schuld« für emotionales Unwohlsein zuzuschieben, denkt immer daran, daß die Botschaft an sich niemals die Ursache ist. Fragt euch statt dessen lieber, ob der wahre Grund dieser Verstimmungen nicht eher Angst oder etwas Vergleichbares ist, der ihr euch nun (ein für allemal) stellt, während sich euer Planet auf die letzte Phase seiner Erhöhung vorbereitet und euch Flügel wachsen.

Denjenigen unter euch, die noch immer allein mit dem täglichen (Über)Leben beschäftigt sind oder die Reinigungsarbeit noch nicht begonnen haben, möchten wir hiermit den Anstoß zu dieser Entwicklung geben. Denn wir glauben, daß ihr euch bereits aus freiem Willen dazu entschieden habt, als ihr dieses Buch zum ersten Mal in die Hand nahmt und aufschlugt.

Ihr habt euch vor langer Zeit schon geöffnet, und was ihr im Grunde bereits wißt – eure Wahrheit – wird immer deutlicher zutage treten, während die überwältigenden Ströme aus Licht, die euch durchfließen, euch auf das Erwachen einstimmen und dieses erleichtern.

Bittet eure geistigen Führer um Bestätigung dafür, daß dieser Prozeß zu eurem höchsten Nutzen ist. Eure Führer sind immer für euch da und sind die Hüter eurer Seele. Auch wir bitten stets um Weisung und Schutz bei unseren interdimensionalen Zusammenkünften. Dies sollte ganz selbstverständlich werden (soweit es dies nicht bereits ist), und man sollte gar nicht mehr groß darüber nachdenken müssen.

Wir bitten euch, unseren Absichten wie auch denen der Lichtwesen der verschiedenen Dimensionen Vertrauen zu schenken und sie anzuerkennen. Laßt Gefühle und Reaktionen zu, die unsere Botschaft in euch auslösen, und wehrt euch nicht gegen die Emotionen, die sich an die Oberfläche drängen. Wenn ihr – als wahre Geisteskrieger – andere wachrütteln wollt, so müßt ihr, um handeln zu können, zunächst einmal die Grundlage dafür schaffen, indem ihr euch von den an euch nagenden Ängsten befreit, die euch in einem Zustand der Passivität halten. Das Licht des Wissens und die Befreiung von allem Leid, das euch gefangenhält, ist euch sicher, wenn ihr es nur schafft, die Angst hinter euch zu lassen. Denn wenn ihr erst einmal wißt, wo euer Ziel liegt und was euch dort erwartet, werdet ihr den Wandel der Erde unbeschadet überstehen.

Zieht euch daher nicht gleich zurück, wenn die ersten Wellen durch euch hindurchströmen, denn euch aufzurütteln ist genau unsere Absicht, so wie es eure Absicht ist, euch aufrütteln zu lassen.

Und ihr werdet wachgerüttelt.

Ihr habt dieses Buch aus einem ganz bestimmten Grund ausgesucht.

Ihr seid bereits auf dem richtigen Weg, bereit für den Abflug.

* * *

Laßt uns also nun durch die Weiten eurer Vorstellungskraft fliegen und die Randzonen der Ausblicke erkunden, die euch bisher verborgen geblieben sind, denn es gilt noch so vieles über uns und auch euch selbst zu erfahren; über die materielle Welt und das multidimensionale Universum; über Licht und Dunkelheit.

Auch wenn ihr den Gedanken auskostet, daß eure Generation die des »Informationszeitalters« ist – die Generation, die ein breitgefächertes Telekommunikationssystem hervorgebracht hat, durch das ihr eure elektronischen Finger auf den Puls des gesamten Erdballs legen und gleichzeitig weit ins All hinausreichen könnt –, so seid ihr doch paradoxerweise auch eine der einsamsten Arten, die es gibt. Die breite Masse, auf eine eingeschränkte Sicht hin konditioniert, weiß noch immer so gut wie nichts über das intelligente Universum. Dies ist zahlreichen Zivilisationen, die das materielle Universum bevölkern, ein Rätsel … und viel mehr noch denen, die euren Nachthimmel ständig mit ihren Flugmaschinen bevölkern und mit holographischen Projektionen füllen.

Unter den Völkern von Außerirdischen herrscht ein reger Austausch und Handel; es gibt Bündnisse interplanetaren Zusammenwirkens, Reisen, kulturelle Beeinflussung und genetische Vermischung. Das materielle Universum quillt förmlich über vor Leben – ist voll von Unglaublichem – und, wie auf der Erde, gibt es auch überall sonst Kämpfe unterschiedlichster Intensität zwischen hellen und dunklen Kräften. Diese Dualität ist eine Konstante allen Seins, wobei ihre Gegensätzlichkeit immer feiner wird, je weiter wir die Spirale hin zur vollständigen Erleuchtung hinaufsteigen, in der sich jegliche Polarität auflöst und alle individuellen Bewußtseinseinheiten schließlich wieder zu dem einen Ursprung zusammenschmelzen.

Trotz aller Hinweise und Berichte, die euch erreichen – trotz all der Raumschiffe und Sichtungen und Botschaften wie der unseren – hält ein Großteil der Menschheit immer noch an dem Glauben fest, die Erde sei der Mittelpunkt des Universums und der einzige Planet, auf dem sich Leben entwickeln könne … in welcher Form auch immer. Und auch wenn immer mehr von euch das Universum aus kosmischer Sicht betrachten, verweigert sich eine überwältigende Mehrheit doch noch immer der Erkenntnis, daß die Erde nur ein winzig kleiner Teil im Körper des Kosmos ist und daß ihr alle im Verhältnis zur Gesamtheit allen Lebens im Weltraum nur ein Sandkorn am Strand seid.

Es fällt uns schwer zu verstehen, wie man mit einem solchen Gefühl der Einsamkeit leben kann, doch gleichzeitig hilft es uns, euer spirituelles Dilemma zu erfassen. Wir begreifen dadurch, warum sich euer Volk so lange beherrschen, beaufsichtigen und unterdrücken lassen konnte. Doch wir haben gute Nachrichten für die Menschheit. Wir – wie auch andere, die euch durch bemerkenswerte Medien oder direkt auf Traumzeitebene kontaktieren – haben euch mitzuteilen, daß **die Zeiten eurer Isolation vorbei sind**.

Trotz der feindlichen Botschaften durch eure Regierenden rücken eure Brüder und Schwestern des materiellen Universums immer dichter zusammen und versuchen euch zu erreichen, ohne dabei vernichtet zu werden oder Panik unter euch auszulösen. Dies ist keine leichte Aufgabe, denn die Geheime Regierung glaubt, daß ihr noch nicht bereit seid – und außerdem wollen sie euch noch nicht gehenlassen. Daher ist die Botschaft, die diese Machthaber in den Kosmos hinaus senden, nicht gerade einladend, und ebenso abschreckend verhalten sich ihre dunkel gesinnten außerirdischen Verbündeten.

Wir wollen euch ein Bild erstellen, auf dem ihr für einen Moment erkennen könnt, wie die Mitglieder eurer großen galaktischen Familie euch und euren Planeten aus der Ferne sehen.

Neben den außerirdischen Zivilisationen, die bereits mit der Erde in Verbindung stehen oder euch bis ins kleinste studieren, gibt es noch weitere entfernte Welten, die sich auf vielfältigste Weise auf eure Frequenz eingestimmt haben.

Viele der außerirdischen Wesen, die Gaias atmosphärischen Zustand, ihre elektromagnetische Strahlung und ihre gewalttätigen Ausbrüche erforschen, nehmen an, daß die Erde ein disharmonischer, kriegerischer Planet ist, der eindeutig von einer intelligenten Lebensform bewohnt wird.

Hier haben wir also eine technologisch fortschrittliche Zivilisation, die eine extrem zerstörerische elektromagnetische Strahlung durch den Körper ihres eigenen Planeten bis tief ins All hinein schickt – eine Zivilisation, die offenbar keinerlei Respekt hat vor der Heiligkeit des Weltraums und der es an jeglichem Bewußtsein für die Konsequenzen ihrer Handlungen mangelt.

Beobachter eures Planeten sehen ein Wirrwarr aus Satellitenvorrichtungen, von denen die meisten elektromagnetische Wellen unterschiedlichster Frequenz auf die Erdoberfläche und zurück jagen, anstatt draußen im All als Stimme der Menschheit zu dienen. Viele davon sind noch dazu militärische Abwehrsysteme, die ebenfalls auf euch selbst gerichtet sind. Dies ist eine Art primitives Kontrollnetzwerk – das paranoide Verhalten eines rückständigen Regierungssyndikats, das (aus welchem Grund auch immer) den Planeten als Geisel hält und jeglichen interplanetarischen Austausch unterbindet. Dies allein schon sagt viel über die dort herrschenden Lebensbedingungen.

Zahlreiche Teams außerirdischer Wissenschaftler haben ein künstlich erzeugtes elektromagnetisches Netz ausgemacht, der euren Planeten umgibt – ein Hinweis darauf, daß irgendwann im Laufe seiner Entwicklung ein gewaltsamer Eingriff stattgefunden haben muß. Weitere Studien ihrer Astronomen ergaben, daß diese Matrix besonders (aber nicht ausschließlich) über den Polregionen und dem Äquator Löcher aufweist ... ebenso wie über von thermonuklearer Strahlung betroffenen Gebieten. Etliche außerirdische Wissenschaftskommissionen, die sich mit der Erde befassen, kamen deshalb zu dem Schluß, daß dieses Energienetz sich auflöst und die seltsamen Satellitenvorrichtungen dazu dienen, ein altes Gespinst aus Kontrollfrequenzen um den Planeten herum zu erneuern.

Die Serie nuklearer Explosionen gilt für sie als Beweis dafür, daß der Planet von einer kriegerischen, gewaltliebenden Spezies bewohnt wird, die (nach dem zu urteilen, was ein Großteil des intelligenten Universums über Strahlung weiß) höchstwahrscheinlich auf ihren Untergang zusteuert. Die Bevölkerung gilt als destruktiv, weil sie ihre Grünzonen in Asche legt, ihre Atmosphäre vernichtet und ihre blauen Wasser – die Quelle allen Lebens dort – durch ihre ungereinigten Abfälle in schwarze, giftige Brühe verwandelt.

Daher fragen wir euch: Ist es wirklich so verwunderlich, daß die Wesen anderer Welten so sehr zögern, sich euch zu offenbaren?

Es gibt noch andere, deren Raumschiffe sich unentwegt am Aurakörper der Erde entlangbewegen. Der Zeitreisende Gene Roddenberry, dessen

Science Fiction-Darstellungen alles andere als Phantasie sind, liefert euch ein anschauliches Bild davon. Sie bereisen schon seit langem euren Teil des Weltraums und beobachten die Entwicklung, die eure Sonne aus der dritten Dimension hinaus in eine höhere führt, und sind daher mit der derzeitigen Situation eures Planeten vertraut. Sie sind so nah, daß sie euch noch durch den Dunst und die atmosphärischen Störungen hindurch beobachten und erforschen können. Sie erkennen eure gegenwärtige Krise genauso, wie sie die Seelengröße der Menschheit wahrnehmen – die Schönheit jenseits des Nebels. Und auch wenn ihnen das Universale Gesetz ein direktes Eingreifen verwehrt, so überwachen sie doch die geheimen Machthaber und deren außerirdische Kollaborateure.

Sie wissen um euren Kampf.

* * *

Das multidimensionale Universum – mit all seinen bewußten Wesenheiten anderer Dimensionen und paralleler Räume, die Seite an Seite mit euch wirken – sieht das Leben und das Drama, das sich in den materiellen Welten abspielt, auf eine vollkommen andere Weise. Auch ihr werdet in dem Maße, in dem ihr die materielle Welt hinter euch laßt, erkennen, daß die physische Realität nichts weiter als ein Hologramm ist, bloße Gedankenprojektionen, die sich in der Zeitlosigkeit zusammengefunden und verdichtet haben zu einer Art Trainingsprogramm der Seele.

Auf eurer Frequenz ist die Illusion physischer Realität höchst überzeugend – das wißt ihr selbst nur zu gut. Doch aus unserer Sicht wirkt sie wie ein Film mit sehr realen Schauspielern, deren Darstellung mentale, emotionale und sogar physische Reaktionen hervorruft ... und doch weiß der Zuschauer die ganze Zeit, daß alles reine Erfindung ist. Jede(r) weiß, daß es sich um den schöpferischen Entwurf eines phantasievollen Geistes handelt, der die Geschichte ersonnen, die Besetzung gewählt, das Drehbuch verfaßt und die Regieanweisungen gegeben hat, um die Illusion so perfekt zu gestalten, daß sie auf elementarer Ebene wirkt.

Ihr seid des Rätsels Lösung dicht auf den Fersen, wenn ihr nun zur Rückseite der Leinwand vordringt, auf der der Film eurer materiellen Erfahrung abläuft – die Illusion eurer physischen Welt – und davonfliegt.

Wir werden euch, Gaias Kindern, bei diesem Prozeß zur Seite stehen ... und euch angesichts eurer GroßenInitiation nach bestem Vermögen als Führung dienen.

Die größten Unbilden habt ihr jetzt beinahe hinter euch, und unmittelbar vor euch, jenseits des Hügels, geht die Sonne eurer anbrechenden unendlichen Existenz an einem atemberaubenden Horizont auf.

Ihr fangt eben erst an, ihr Lieben, dieses Licht zu erahnen.

DER URSPRUNG DES HOMO SAPIENS
- Kapitel Zwei -

Wir möchten euch mitnehmen auf eine Traumreise zu einem Punkt im Raum-Zeit-Gefüge, der, um es mit euren – von der Linearität der Zeit geprägten – Worten zu sagen, gut einhunderttausend Jahre zurückliegt. Er markiert eine höchst bedeutsame Stelle in der Entwicklung eures galaktischen Quadranten, an der ungemein zerstörerische Energien die Kräfte des Lichts zahlreicher Dimensionen auf den Plan riefen – weniger als Einmischung als vielmehr als natürliche »Konsequenz«.

Durch die Weiten des Himmels hallten Hilferufe wie Glocken und vereinten die Lichtkräfte der höheren Dimensionen mit Engelwesen und Himmelsgottheiten, um den Bewohnern der physischen Welt Wellen aus Licht und Liebe zu senden und die Wiederherstellung des Gleichgewichts zu verfügen. Viele bewußte Wesenheiten der fünften und sechsten Dimension manifestierten sich in der materiellen Welt und brachten eine neue Generation von Lichtwirkern* hervor, die helfen sollten, die Disharmonie zwischen Licht und Dunkelheit auf der 3-D-Bühne zu beheben. Langsam verlagerten sich die Energien, und das Pendel schwang zurück zur Mitte.

In der Literatur wird meist von »Lichtarbeitern« gesprochen. Wir haben jedoch den Begriff »Lichtwirker« gewählt, weil die »Lichtarbeit« das Wirken mit und durch Licht ist, es wird etwas bewirkt und durchwirkt.

Und wo das Licht die Finsternis durchbrach, belebte sich der Geist neu, und das feine Gespinst aus Licht funkelte im Glanz dieses Strahlens. Doch die hohe Dichte der Materie schien noch immer an der allumfassenden Seele zu zerren, und bald schon lösten niedere Schwingungsfrequenzen in eurer Welt erneut eine heftige Dissonanz aus.

Dieser Kampf setzt sich ewig fort, denn er liegt in der Natur des Universums. Je dichter die jeweilige Welt, desto extremer ist die Polarität, die das Bewußtsein als kristalline Ausdrucksform kosmometrischer Perfektion zu Splittern aus Mißklang und Zwiespalt zertrümmert, wie ihr es jetzt gerade auf etlichen Ebenen eurer irdischen Existenz erfahrt. Innerhalb der Dualität des materiellen Universums ist dies durchaus ein sinnvoller Vorgang, und wir möchten, daß ihr euch immer vor Augen haltet, daß die Auflösung der Materie ebenso wundervoll ist wie ihre Erschaffung, denn beide Aspekte bedingen sich gegenseitig.

Während Wesen, Planeten, Sterne und ganze Galaxien die Spirale der Entwicklung hinaufwandern, entstehen andere, die als »Neugeborene« den Prozeß erneut beginnen. Dies ist es, was das Universum im Gleichgewicht hält.

Dies ist die Natur allen Seins.

Unsere Weisen erkannten, daß die Harmonie eures Universums trotz der Schwingungen der inkarnierten Lichtwesen zutiefst aus dem Gleichgewicht geraten war, daß das Licht langsam erlosch und daß es nicht genug Lichtwirker gab, um das Schwingungsmuster des dreidimensionalen Raums drastisch zu verändern und so die Balance wiederherzustellen. Es schien so, als würde die Welt, die euer Universum darstellt, ohne göttliche Hilfe in abgrundtiefer Finsternis versinken – um schließlich unterzugehen.

Also wurde ein Konzil anberaumt, auf dem Engelskrieger, Andromedaner, Erleuchtete Meister, Lichtwesen der siebten, achten und neunten Dimension, Sirianische Weise und Plejadische Lichtboten erschienen, um darüber zu beratschlagen, wie man dem Licht in diesen

Welten am wirksamsten dienen könne. Sie gingen dabei sehr bedachtsam vor, denn sie wußten, daß eine Einmischung das Karma ganzer
Zivilisationen maßgeblich verändern und die Dynamik des materiellen
Raums auf ewig prägen würde. Gemeinsam entwarfen sie die Idee,
eine Rasse von Lichtwesen zu erschaffen, die das materielle Universum
überwachen sollte – die Neuen Hüter des Lichts.

Dies, meine Lieben, war **eure** Bestimmung.

Ein Appell erging über das gesamte Lichtnetz, und bald war im ganzen Universum bekannt, daß dieses Experiment – die Schöpfung einer
Rasse physischer Lichtwesen, die die höheren Schwingungsfrequenzen
binden konnten – in Planung war. Lichtwirker der betroffenen dreidimensionalen Welten und Lichtwesen höherer Dimensionen wurden in
dieses verwegene Vorhaben eingeweiht. Ganz behutsam überschritten
die Beteiligten des Konzils die Grenzen universaler Gesetzmäßigkeit,
um sich mit führenden Köpfen entfernter Zivilisationen »kurzzu-
schließen« ... und sie zum Mitmachen zu bewegen. Die Reaktionen
fielen mit überwältigender Mehrheit (aber nicht **ausnahmslos**) zugun-
sten des *Projekts Sternensaat* aus.

Als erstes mußte ein gastlicher Planet gefunden werden, der die
vorteilhaftesten Bedingungen für die Entstehung einer herausragenden
Spezies physischer Lichtkörperwesen bot. Dieser Planet sollte abgelegen
genug sein, um die Rasse in Ruhe wachsen und sich entfalten zu lassen
und ihr das perfekte Umfeld zur Fortpflanzung zu bieten. Zugleich
mußte der Gastplanet aber auch für die galaktische Gemeinschaft
außerirdischer Welten erreichbar sein, da diese von Zeit zu Zeit in die
Entwicklung eingreifen würde. Er mußte einen atmosphärisch und
biologisch idealen Lebensraum bieten, durfte aber gleichzeitig noch
keine fortschrittliche, intelligente Spezies hervorgebracht haben, da
dies mit Sicherheit Auswirkungen auf das Ergebnis gehabt hätte.

Die Erde schließlich ließ ihren Ruf ertönen, und ihr *Dröhnen* (die
musikalische »Kennung« ihrer Seele) erreichte jede Bewußtseinsebene

des Kosmos. Ihre Musik hallte ungestört durch die Weiten des Himmels, denn aus ihrem jungfräulichen Boden war noch keine fortschrittliche, einheimische Zivilisation hervorgegangen. Das Summen und die atmosphärischen Störungen, die heute von Gaia widerhallen, gab es damals noch nicht. Nur die hohen, harmonischen Töne ihrer Schwingungsfrequenz und das gleichmäßige, stete Trommeln ihres Herzschlags waren zu hören.

Eine Intelligenz, die eure Begrifflichkeit weit übersteigt, befand, die Erde, das Kehlchakra eures Sonnensystems, sei perfekt als Kommunikationszentrum für euren Quadranten des materiellen Universums, und wenn sie aus weiter Ferne das Blaugrün eures Planeten betrachtete, erschien ihr dieser tatsächlich als ein Garten Eden.

Die Erde war noch völlig unerschlossenes Gebiet, ein abgelegener Planet, der nur auf den evolutionären Startschuß wartete, um die Spirale hinaufzuschnellen. Die Mitglieder des Konzils forschten weiter und stellten fest, daß der Planet, der Ras feurigem Herzen am drittnächsten steht, trotz seiner vielfältigen Fauna, üppigen Flora und seinen reichhaltigen Mineralschätzen keine Entwicklung hin zu einer intelligenten Spezies erkennen ließ. Über eine Million Jahre lang wanderte der »Affenmensch« Homo Erectus über die Erde und schien dabei nie über das primitive Stadium einer auf bloßes Überleben ausgerichteten Existenz hinauszugelangen.

Die Erde galt als perfekte Heimstatt für die Goldene Rasse.

Das ganze war sozusagen ein »himmlisches Arrangement«.

Der Lebensraum des Planeten – seine besondere Pflanzen- und Tierwelt – wurde genauestens erforscht, und man untersuchte ebenfalls, inwieweit seine biologische Vielfalt eventuelle geophysikalische und klimatische Schwankungen erkennen ließ. Man befand den Artenreichtum als geradezu ideale Voraussetzung für die Entstehung außerirdischer Rassen, da sich ihr ursprüngliches Umfeld recht problemlos auf das Ökosystem der Erde übertragen ließ. Und, ach, das Wasser, dieses großartige Geschenk! Kein anderer Planet bot das lebensspendende Element – die wichtigste Lebensquelle überhaupt im Universum – in diesem Übermaß.

Um eine Schwächung des Gen-Pools dieser Rasse zu vermeiden, darin waren sich die Wissenschaftler des Großen Experiments einig, mußte die DNS-Struktur um ihrer Balance willen eine breite Varietät aufweisen, die die genetischen Codes durch Kreuzung stärkte anstatt sie zu erschöpfen, wie es bei so vielen anderen isolierten Spezies der Fall ist. Die Erde bot genau die ökologische Grundlage und Vielfalt, die für die Einführung und Entwicklung der unterschiedlichen Gencodes nötig war.

Dies ist die wahre Identität der vier Hauptrassen der Erde ... sie sind von »galaktischer« Grundnatur und Gesinnung und zugleich absolut einzigartig.

Bis heute konnten eure archäologisch ausgerichteten Evolutionstheorien weder das »fehlende Bindeglied« finden noch klären, wie euer Planet voneinander unabhängig vier verschiedene Rassen hervorbringen konnte. Dies waren die Archetypen der Hauptrassen, und ihr genetisches Material stellt die »Ur-Substanz« eurer heutigen Art dar, wobei ebenfalls die Muster der Schwingungsfrequenzen extradimensionaler Wesenheiten (die der höheren Welten) in die komplexen Lichtkodierungen eurer unglaublichen zwölfsträngigen DNS verwoben wurden.

Das genetische Material dieser vier Ur-Rassen wurde zum Bauplan der Spezies Homo Sapiens zusammengefaßt. Beim Erstellen der DNS-Matrix verteilten die Gen-Spezialisten die Stränge so, daß die Hauptgene, die einer bestimmten planetarischen oder stellaren Frequenz entstammten, einer Klimazone Gaias zugeordnet wurde, die ihrer ursprünglichen Umgebung am ähnlichsten war, denn auf diese Weise glaubte man, die Entwicklung des Prototyps am erfolgreichsten voranzubringen.

Dies, so möchten wir noch einmal betonen, sollte euren Gen-Pool stärken und durch Kreuzungen zwischen den verschiedenen Unterarten des Homo Sapiens euren Fortbestand sichern.

Klima, Gelände und Lebensgrundlagen wurden also entsprechend ihrer Ähnlichkeit zu den jeweiligen Herkunftsplaneten des Genmaterials vergeben. Die Verbindung der DNS und des genetischen Materials wurde also gewissermaßen durch die biologisch verwandten Lebensräume bestimmt, aus deren »Schoß« dann eure Urahnen hervorgingen.

Die Gen-Spezialisten gingen bei der Auswahl der jeweiligen Umgebung im Grunde genauso vor wie ihr, wenn ihr euch beim Anbau von Bäumen, Gemüse und Blumen genauestens über Lichteinfall, Bodenqualität und Bewässerung Gedanken macht, um der Pflanze in ihrem neuen Umfeld die bestmöglichen Wachstumsvoraussetzungen zu schaffen.

Dies ist lediglich eine stark vereinfachte Version der Entwicklungsgeschichte des heutigen Menschen, der so herausragend und einzigartig ist inmitten des Lebens auf eurem Planeten. Trotzdem hilft sie euch vielleicht zu begreifen, wie sich gleichzeitig an verschiedenen Punkten der Erde unterschiedliche Rassen entwickeln konnten, und dies lange bevor das geschriebene Wort Aufschluß zu geben versuchte über die schier unglaubliche Mannigfaltigkeit eurer Art. Vielleicht könnt ihr nun auch besser nachvollziehen, warum Darwins Modell so hoffnungslos dabei versagen muß, jemals dem wahren Ursprung der menschlichen Entwicklung auf die Spur zu kommen und das »fehlende Bindeglied« aufzudecken ... so wie Darwins Theorie auch niemals den ersten Homo Sapiens als die makellose Kristallisation ferner Welten und Dimensionen (an-)erkennen wird, die er ist.

Die Spenderrassen legten gemeinsam mit den Lichtwesen zahlreicher Welten den genetischen Hauptcode fest. Während der Bund des Lichts eure Matrix mit ihrem Strahlen durchwirkte, statteten euch die Gen-Spezialisten mit dem genetischen Material der ursprünglichen

Erdenwesen (Homo Erectus) aus und umhüllten das Experiment mit Liebe und dem Bestreben, dem Göttlichen Plan damit dienlich zu sein.

Die verschiedenen Ur-Rassen wurden als Prototypen der Erdelemente betrachtet, und sie entsprachen vier Primärfarben: schwarz, rot, weiß und gelb. Aus diesen ließen sich neue Farben mischen und so neue Merkmale entwerfen. So sah der ursprüngliche Entwurf eures physischen, emotionalen und mentalen Erscheinungsbildes aus. Ihr wart die Farbpalette des Kosmischen Künstlers.

* * *

An einem fernen Punkt eurer Galaxie existiert der Planet Engan, der in seinem Gravitationsfeld und seinen atmosphärischen Bedingungen euren ausgedehnten Wüstenregionen ähnlich ist. Die Bevölkerung dieses heißen, trockenen Planeten betrachtete das knappe Wasservorkommen und den seltenen Regen als kostbares Gut, während ihr die überreichen Gold- und Erzlager nichts bedeuteten. Engan ist weit älter als Gaia und hat die Geburt und Wiedergeburt zahlloser Zivilisationen erlebt. Die letzte ging zum Zeitpunkt des Projekts Sternensaat unter, weil durch die Zerstörung der Atmosphäre eine große Dürre über den Planeten hereinbrach, die dem Leben jegliche Grundlage entzog. Es gab zahllose Tote, und die Bevölkerung stand kurz vor der Ausrottung.

Die Engena gaben als erste ihre Zustimmung, an dem Großen Experiment mitzuwirken, um ihrem Erbgut den Fortbestand in einem an Wasser so überreichen Paradies zu ermöglichen. Das Genmaterial der vor Körperkraft, Sexualität und Lebensenergie strotzenden Engena wurde dem Gen-Pool hinzugefügt und sollte zur herausragenden, dominanten Erbmasse der menschlichen DNS werden.

Ihr nennt die Engena die negride Rasse und verbindet sie mit der Farbe Schwarz.

Der von den Engena geprägte Prototyp des Homo Sapiens wurde in den heißeren Klimazonen angesiedelt – auf dem afrikanischen Kontinent und im gesamtasiatischen Raum einschließlich Australiens und dazugehöriger Inselgruppen –, die dem Ökosystem ihres ariden Heimatplaneten am ehesten entsprachen.

Die zweite Hauptrasse – die Atl – war eine hochentwickelte Zivilisation, die von den Plejaden stammte, einer Sternenkonstellation im Herzen eurer Galaxie. Ihre Nachfahren kennt ihr als »Rothäute«. Sie nahmen an dem Schaffensprozeß teil, um der menschlichen Matrix die Gabe bedingungsloser Liebe hinzuzufügen. Ihr Mitwirken am Großen Experiment stellte sicher, daß das Heilige Herz fest in euch verankert ist; ihm verdankt ihr euer großes Mitgefühl sowie die Fähigkeit, diese Energie mit allen Wesen der Schöpfung gemeinsam zu leben.

Sie erhielten das nun versunkene Atlantis mit seinen gewaltigen Gebirgsmassiven. Ihre neuzeitlichen Nachkommen leben auch heute noch im Hochland und in schneebedeckten Regionen: im Himalaya, den Anden, den Rocky Mountains ... und heute heißen sie Eskimos, Tibeter, Peruaner, Maya und Indianer.

Die dritte Hauptrasse, die ihr in den asiatischen Völkern (den gelbhäutigen Menschen) wiederfindet, entstammt einem Planeten weit außerhalb eures Sonnensystems, der so fern ist, daß er sich selbst der Kenntnis und den Teleskopen der NASA entzieht. In vielerlei Hinsicht befand sich dieser entfernte Planet in einer ähnlichen Misere wie ihr heute. Durch Überbevölkerung und eine zum Kult erhobene Technologie erfuhr diese Zivilisation einen letzten großen Höhepunkt, bevor sie sich praktisch selbst zerstörte. Durch ihre Seelenblindheit hatte sie ihre gesamte Energie auf ihre technologische Entwicklung verwandt, so daß sie schließlich vor eben dem evolutionären Abgrund stand, in den auch die Menschheit abzugleiten droht – hinab in eine Welt zunehmend mächtiger werdender Roboter und geistiger Verödung. Als dieses Volk gerade Kontakt zu anderen Planeten aufnahm (um in gewissem Sinne sich selbst zu entfliehen), empfing ihr intergalaktisches Kommunikationsnetzwerk den Ruf des *Projekts Sternensaat.*

Sie waren Meister logisch strukturierter Kommunikationstechnologie, wahre Logik-Archetypen. Sie wurden in den wärmeren Erdteilen mit möglichst konstanter Luftfeuchte angesiedelt, denn dieses Klima war dem Ökosystem ihres Planeten am ähnlichsten.

Die Arier – die ihr in der weißen Rasse wiedererkennt – stammen aus der Konstellation des Orion. Auch sie waren eine technologisch hochstehende Zivilisation. Sie hatten sich den intergalaktischen Raum erfolgreich erschlossen, hatten diesen schon weit bereist und drängten in ihrem Bestreben, die Unermeßlichkeit allen Seins zu erfassen, immer noch weiter. Sie waren entschlossene Eroberer, deren rastloses, hitziges Wesen sie immer wieder zu neuen Ufern aufbrechen ließ – wißbegierige Visionäre noch unbekannter Welten ... die es zu erobern galt.

Sie gaben ihren eisernen Willen sowie den Drang hervorzustechen und zu herrschen an euch weiter. Sie sind der Teil in euch, der unablässig auf der Suche ist, alle Grenzen zurückweist und nach Herausforderungen giert.

Ihr Planet, der fünfte von ihrem Zentralstern aus, war relativ kalt, ihre Sonne nicht so heiß wie eure, so daß ihr Genmaterial vom rein physischen Standpunkt aus vielleicht das empfindlichste war, das eurer Matrix beigefügt wurde. Ihre Haut war makellos weiß, ohne jegliche Pigmentierung, und mußte daher vor Ras intensiver Strahlung geschützt werden.

Um die erste Phase seiner Entwicklung zu überstehen, benötigte der Arier-Prototyp des Homo Sapiens daher die kälteste, dunkelste Region, die euer Planet zu bieten hatte. Man gab ihm die gemäßigten Zonen in Polnähe, wo die Sonneneinstrahlung der seiner Heimat am nächsten kam und die Abgeschiedenheit ihm die Herausforderungen bot, die er zum Leben brauchte.

Dies nun war die Hauptformel – die vier Grundelemente eures galaktischen Erscheinungsbildes. Die Engena *(Erde)*, die Herren der physischen Welt, gaben euch Stärke und Ausdauer, Zeugungskraft und Überlebensinstinkt. Die Atl *(Wasser)* schenkten euch die Fähigkeit zu lieben und das Gespür für die Verbundenheit aller Wesen. Die Asiaten *(Luft)* bedachten euch mit einer enormen Verstandeskraft und der Begabung, diesen hervorragenden Intellekt auch zu vermitteln. Und das arische Bewußtsein *(Feuer)* schließlich brachte euch den unbeugsamen Willen, Zielstrebigkeit sowie die Befähigung, dem Schicksal zu trotzen und an ihm zu wachsen.

Das fünfte Element, der dem Planeten innewohnende Geist, war Teil der DNS des Homo Erectus, des ersten Primaten der Erde. Dieser lieferte die Urform, die Struktur des Homo Sapiens und verankerte euch zugleich tief und auf ewig in Gaias Seele.

* * *

Hütet euch vor Vorurteilen gegenüber irgendeiner Rasse. **Keiner ist dem anderen überlegen**, denn ihr alle seid in beinahe jeglicher Hinsicht identisch. In jedem von euch vereint sich das genetische Material aller vier außerirdischen Rassen – zu jeweils unterschiedlichen Anteilen. Und in jedem von euch findet sich die DNS der Lichtwesen höherer Dimensionen, ebenso wie die der Ureinwohner, die seit Urzeiten schon und lange vor dem Homo Sapiens auf zwei Beinen die Erde bewanderten.

Aus sirianischer Sicht wird erkennbar, daß die Gen-Spezialisten in dem Projekt mit Bedacht die Heiligen Richtungen gewürdigt haben. Denn die vier Hauptrassen verkörpern die vier Grundrichtungen (*Norden, Süden, Osten, Westen*), die Lichtcodes der höheren Welten das *Oben* und der sich nur langsam entwickelnde Affenmensch – der euch in der Erde verwurzelt – das *Unten*. Diese Aspekte der kosmischen Struktur wurden sorgsam verbunden und brachten so die siebte Richtung hervor: euer *Innen* – den Sitz der Seele.

Wir haben bereits ganz kurz angesprochen, wie die vier Elemente der Erde – die Kernaspekte eurer Existenz – in den vier Stammrassen dargestellt werden. Dieses multidimensionale Konzept solltet ihr für das nachfolgende im Gedächtnis behalten, da wir nun in euer Tiefenbewußtsein hinabtauchen und euer Ego – der Teil in euch, der darauf programmiert ist, sich als *getrennt* von anderen zu betrachten – möglicherweise seine Stimme erhebt, um gegen die Tatsache eurer außerirdischen Abstammung und eurer Zugehörigkeit zu *allen* Rassen und *allen* Dimensionen zu protestieren.

Doch langsam kehrt eure Erinnerung an euer sternenverwurzeltes Bewußtsein und die mannigfaltige DNS eures genetischen Bauplans zurück. Dies ist die Ur-Erinnerung tief im Innern eures Unterbewußtseins ... so tief, daß eurem bewußten Verstand im Moment noch der Zutritt verwehrt ist.

Aus diesem Grund ist ein Großteil der Menschheit noch immer voreingenommen gegenüber »Andersfarbigen«. Die extreme Polarität des Erdfeldes, das die meisten von euch noch gefangenhält, lenkt euren Blick eher auf die Unterschiede anstatt auf die Gemeinsamkeiten – den wechselseitigen Einfluß und die Geschenke, die aus dem friedlichen Neben- und Miteinander der Rassen hervorgegangen sind. Denkt bitte immer daran, daß allein diese genetische Auswahl der Menschheit das Überleben gesichert hat, während auf anderen Planeten ganze Pflanzen- und Tierpopulationen aufgrund ihrer genetischen Isoliertheit ausgestorben sind.

Die Bedeutsamkeit der Rassenvielfalt sollte insbesondere an öffentlichen Einrichtungen wie Schulen und Sportvereinen verbreitet werden, da besonders unter euren Jugendlichen oft schon Spannungen keimen, die sich dann zu Rassenkonflikten und Haß auswachsen. Die Ironie hierbei ist, daß gerade eure scheinbare Andersartigkeit eure größte Stärke wie auch eure Einheit ist. Euer Artenreichtum ist für euer Überleben **ebenso wichtig** wie Luft und Nahrung. Die Vorzüge von einigen der fortschrittlichsten Zivilisationen des Universums vereinen sich in dem genetischen Material, das eure Grundlage darstellt und den Fortbestand eurer Spezies sichert.

Auch auf die Gefahr hin, uns zu wiederholen, möchten wir eine ganz schlichte Tatsache noch einmal betonen: Diejenigen unter euch, die sich noch immer als höherwertig gegenüber anderen empfinden, sollten sich vor Augen halten, daß ihr ohne all die Andersfarbigen, die Hell- und Dunkelhäutigen, das 21. Jahrhundert höchstwahrscheinlich niemals erreicht hättet.

Wenn ihr euch auf eure wahren Wurzeln – euer Einssein – einlaßt, werdet ihr die Schönheit in eurem Gegenüber neu entdecken und lernen, den anderen als Teil eurer selbst zu lieben.

Dann werdet ihr erfahren, wie grenzenlos das menschliche Herz ist.

Dann werdet ihr den Wert und das Wesen der All-Einheit erkennen.

NESTRÄUBER

- Kapitel Drei -

Während die Lichtkräfte noch Homo Sapiens in Gaias warmen schützenden Schoß legten, mobilisierten sich in der Umlaufbahn der Erde Gegenkräfte, um eure »Wiege« zu plündern, denn diese betrachteten sie als ihr persönliches Eigentum ... und zwar als ihres allein.

Laßt uns ein wenig zurückgehen in der Geschichte, um die universalen Ereignisse zu beschreiben, die zur Zeit eurer Entstehung die Erde formten.

Wie wir zuvor schon in unserem Bericht über Atlantis beschrieben haben,* schlingerte vor gut 450.000 Jahren der leicht sonderbare Planet Nebiru in euer Sonnensystem, nachdem er aus dem Umfeld des Sirius B – der aufsteigenden Sonnengottheit unseres trinären Sternensystems – verstoßen worden war. Universale Kräfte setzten eine Dynamik in Gang, die Nebiru alle 3.600 Jahre in euer Sonnensystem und zurück in die Randzonen des Sirius wirft, von wo aus er dann erneut zurückschnellt ... der Kreislauf einer ewigen Reise.

Die Annunaki (die Herrscher des Nebiru) kamen damals zum ersten Mal mit der Erde in Kontakt, und wie so viele andere Entdecker neuer Welten, frohlockten sie über das neue Land – das sie für ihre Rettung hielten. Dies ist bedeutsam für das Verständnis der Annunaki und ihrer späteren Einmischung in das *Projekt Sternensaat*: für sie, die

---

* Siehe *Atlantis Rising*, »The Struggle of Darkness and Light«

Bewohner eines (gewissermaßen) heimatlosen Planeten, stellte die Erde mit ihrem biologisch vorteilhaften klimatischen Verhältnissen den potentiellen Ausweg aus ihrem Verderben dar.

Ihr »Schicksalsbeschluß«, die Erde zu erobern, war im Grunde vergleichbar mit den gegenwärtigen Plänen eurer Geheimregierung, in andere Welten einzufallen – stehen doch eure derzeitigen Machthaber (Nachfahren der Annunaki) ihren Urahnen in punkto Arroganz in nichts nach, wenn sie meinen, andere Welten warteten nur darauf, von ihnen in Besitz genommen zu werden.

In der Tat »wiederholt« sich die ganze Geschichte.

Wie eure derzeitigen Weltraummissionen waren auch die ersten Annunaki-Truppen auf der Erde zunächst einmal an der Ausbeutung der energiereichen Bodenschätze interessiert – Ressourcen, die ihnen in der Finsternis zwischen Sirius und Ra das Überleben sichern sollten. Später erst, als ihnen bewußt wurde, daß Nebiru, ihr Heimatplanet, kurz vor dem Untergang stand, trafen sie Vorbereitungen zur Evakuierung ihrer Elite und der Wiedererstehung ihrer Zivilisation auf Gaias Boden.

Darüber haben wir ausführlich im zweiten Buch der Trilogie berichtet, *Atlantis Rising*. Dort haben wir auch dargelegt, welches universale Geschick Nebiru zum ersten Mal in eurer Sonnensystem gelenkt hat. Wir wollen diesen Teil zum besseren Verständnis seiner Verwicklung in euren Evolutionsprozeß hier noch einmal wiedergeben:

Als Nebiru der Erde nahe genug war, um eine eingehende Untersuchung des Planeten vornehmen zu können, bestiegen die Annunaki ihre »große Flotte«, begaben sich auf eine Erkundungstour und waren überrascht, einen entlegenen, vor Pflanzen- und Tierarten geradezu überbordenden Planeten vorzufinden, der keinerlei Entwicklung oder auch nur Spuren einer intelligenten Zivilisation erkennen ließ.

Dies war für die Bewohner des so viel älteren Sternensystems des Sirius eine geradezu revolutionäre Entdeckung. Es erstaunte sie, daß noch keine vernunftbegabte Spezies – eine, die in ihrer Entwicklung zumindest über den Tieren stand, die die Annunaki vorfanden – einen Planeten mit solch reichhaltigen Lebensgrundlagen kultiviert hatte.

Sie überließen die Erde ihrem natürlichen Evolutionsprozeß und hofften auf schnelle Fortschritte in eurer Entwicklung, denn sie wußten, daß sie eines Tages auf die Energieversorgung durch andere intelligente Lebensformen angewiesen sein würden. Dennoch betrachteten die Annunaki die Erde nun bereits als ihren Besitz, den sie erschließen und von dessen Weiterentwicklung sie sich von Zeit zu Zeit überzeugen wollten, was durch ihre neue Umlaufbahn durch das dreidimensionale Universum erleichtert wurde.

Jeder zyklische Wiedereintritt in Ras Körper brachte den Annunaki neue Erkenntnisse über die Planeten, die mit der Erde zusammen eure Sonne umkreisen. Sie siedelten sich auch auf dem Mars und anderen Himmelskörpern an, doch immer galt der Erde als reizvollstem aller Ziele ihr Hauptaugenmerk. Sie beobachteten Gaias Wandel und erforschten die Flora und Fauna ihrer unberührten Weiten. Wie verspielte Wissenschaftler griffen sie gelegentlich mit Technologien, die damals noch eurer Zukunft angehörten, in das Voranschreiten der Erde ein und richteten so den natürlichen Ablauf der Entwicklung auf ihre eigenen Zwecke hin aus.

Erst viel später erfuhren sie dann bei einem ihrer Besuche unseres Sternensystems von dem für Gaia geplanten Großen Experiment und waren entrüstet. Sie betrachteten uns als Eindringlinge in ihr Territorium, denn schließlich hatten sie lange gewartet, um endlich die Ernte einfahren und ihre eigenen Vorstellungen genetischer Intervention verwirklichen zu können. Diese sahen unter anderem die Kreuzung ihres Erbguts mit dem des Homo Erectus vor, um eine intelligente, aber genügsame Arbeitskraft zu erschaffen.

40

Und tatsächlich waren ihre ersten Versuche recht vielversprechend gewesen. Als die Nachricht einer erfolgreichen Züchtung des Homo Sapiens, dieser Superrasse von Lichtwesen, die Obersten der Annunaki erreichte, beschlossen sie, ihre Kontrolle durch Sabotage an dem neuen Menschen, die uns die Erde für immer verleiden sollte, wiederherzustellen.

Es schockiert euch wahrscheinlich zu erfahren, daß die ersten Entführungen durch Außerirdische bereits vor hunderttausend Jahren stattfanden, als die Annunaki zur Erde kamen und eure DNS neu definierten, indem sie zehn der insgesamt zwölf Stränge eures ursprünglichen Bauplans deaktivierten: eure Lichtkodierung. Sie beraubten euch somit eures ungeheuren Potentials und ließen euch gerade einmal das, was ihr zum bloßen Überleben und als zukünftige Untertanen der Annunaki-Herrschaft brauchtet. Denn eine plötzlich auftauchende Superrasse multidimensionaler Wesen hätte zu diesem Zeitpunkt ihre ganzen Pläne einer allmählichen Übernahme zunichte gemacht.

Offensichtlich war ihnen bekannt, daß die, die euch erschaffen hatten, ein wachsames Auge auf euer Wachstum in Gaias warmem Nest hatten. Damals, ihr Angehörigen des Homo Sapiens, in den friedlichen Zeiten, die auf eure Geburt folgten, war die ganze Aufmerksamkeit der Lichtwesen auf euch gerichtet, denn man feierte euch als die neuen Heiler der Zukunft, die sowohl inner- als auch außerhalb der Grenzen ihres Sonnensystems Großartiges bewirken sollten.

Die Annunaki wußten, daß wir auf ihr Eindringen – auf die Sabotage des Großen Experiments – reagieren würden, doch sie waren schnell. Nachdem ihre Genetiker ihre Aufgabe erfüllt hatten, legten ihre Ingenieure ein energetisches Netz um den Planeten, ein immenses Kraftfeld, das durch seine disharmonischen Schwingungen unsere Verbindung zu euch unterbrach. Zwar konnten wir mit der Zeit unsere Schwingungsfrequenz so

weit stabilisieren, daß wir nun durch das langsam schwächer
werdende Feld zu einer stetig wachsenden Zahl von euch vordrin-
gen können, doch noch immer ist dieses Netz intakt und hält euch
gefangen. Es behindert euch auf vielerlei Weise und hat zu gro-
ßer Zerrüttung auf der Erde beigetragen ... besonders dort, wo es
sich auf Gaias eigene elektromagnetische Wirbel auswirkt.«

Vermögt ihr euch das tatsächlich vorzustellen: ein multidimensionales Universum, voll von Kräften des Lichts und der Dunkelheit, in dem galaktische Wesenheiten jeglicher Gestalt und Frequenz den Lauf des menschlichen Schicksals bestimmt haben?

Allein die Geschichte eurer Entstehung ist an sich schon ein Spiegel zahlreicher »außerirdischer« Zivilisationen. Es gibt unzählig viele Wirklichkeiten, unzählige Formen des Seins. Überall stecken polare Gegensätze (die immer subtiler werden, je weiter man die Spirale hinaufsteigt, die zur Gottheit zurückführt); Seelen im Umbruch – Seelen im Wandel; Geburt und Untergang außerirdischer Nationen.

Langsam nun beginnt ihr eure Herkunft zu begreifen, und das, ihr Lieben, ist wesentlich für das Verständnis eures Ziels, denn eure Reise richtet sich weder an einer konkreten Richtung aus noch an dem allgegenwärtigen, alles durchdringenden Hauptaspekt eures 3-D-Gefängnisses: der Zeit. Sie ist vielmehr eine Reise des Wachstums: vom Dunkel, der Materie, dem Kristall hin zum Licht ... immer heller, immer leichter – bis zur erneuten ekstatischen Verschmelzung allen Bewußtseins mit der All-Einheit.

Dies ist die einzig absolute Wahrheit der Schöpfung, allen Seins und der Wesensart allen Lebens – überall, im gesamten Universum: dies ist *Alles Was Ist, Was Jemals War und Was Ewig Sein Wird.*

DIE WURZELN DES RASSISMUS
- Kapitel Vier -

Hier seid ihr nun, Homo Sapiens, einhunderttausend Jahre alt nach eurem irdischen Maß der Zeit. Neue Töne und Nuancen sind aus den Urfarben eurer sternengeborenen Ahnen hervorgegangen, denn der Strudel der Evolution hat selbst die entlegensten Kolonisationen der menschlichen Urbevölkerung erfaßt und verwirbelt alles zu einem einheitlichen Ganzen.

Die Grenzen eurer geographischen Separation sind überschritten. Die Menschen aller Winkel eurer Welt sind durch Massenwanderungen und Vermischung zusammengewachsen, genauso, wie es unsere Weisen und die Gen-Spezialisten des *Projekts Sternensaat* vorhergesehen haben.

Und dennoch hat das Bewußtsein rassischer Unterschiede beinahe jede Schicht eurer Zivilisation durchdrungen und ist tiefer in euch verwurzelt, als ihr euch vorstellen könnt – und dies dank all der Fehlinformationen und Lügen, mit denen die Menschheitsgeschichte gespickt wurde, sowie den Schwingungsdissonanzen, von denen eure Welt widerhallt.

Tief, ganz tief in euch allen steckt die Erinnerung an eure Herkunft, eure Sternensaat, denn jede einzelne eurer Zellen schwingt mit der Frequenz eurer stellaren Heimat, und verwurzelt euch zugleich in der Erde. Diese Ur-Erinnerung zieht sich durch die gesamte kristalline

43

Struktur der komplexen Doppelspirale eurer DNS wie auch durch die zehn zusätzlichen ätherischen Stränge, die **bis jetzt** inaktiv waren.

Langsam gelingt es einer stetig wachsenden Zahl von euch, diese wandlungsfähigen DNS-Codes wieder zu aktivieren und neu zusammenzusetzen. Unterstützt werden sie dabei von zu euch durchdringenden kosmischen Energien sowie der stark konzentrierten Strahlung eurer Göttlichen Sonne, gegen die das Syndikat eine solche Panikpropaganda schürt ... und euch auf diese Weise unter dem vermeintlichen Schutzschild ihrer schädlichen (und überaus profitablen) chemischen Sonnencreme-Produktpalette Schutz suchen läßt.

Doch immer mehr von euch streben inzwischen danach, den Vorgang ihrer DNS-Wandlung zu beschleunigen, und deshalb bitten wir – durch unser Medium wie auch durch all die anderen, die den extradimensionalen Einflüssen zum Wohle der Menschheit ihre Stimme leihen – um eure Unterstützung.

Und genau hier müßt ihr vorsichtig sein und zu unterscheiden lernen, denn über den Wandlungsprozeß ist viel Falsches im Umlauf – sowohl was die Methode als auch was den Verlauf angeht –, und ihr müßt daher ein inneres Gespür dafür entwickeln, was für euch persönlich richtig ist. Ihr werdet lernen müssen, die wahre Natur des Egos (eures eigenen wie auch das angeblicher geistiger Führer), eurer Erwartungen und vermeintlicher Versprechungen zu durchschauen.

Wahrheit und Aufrichtigkeit müssen euer festes Fundament sein.

Von größter Relevanz für euren Wachstumsprozeß ist auch die Aktivierung eines dritten DNS-Strangs, denn seine Öffnung macht eure DNS zu einem dreieinigen Gefüge – und bewirkt so die Auflösung der Dualität sowie den Bewußtseinssprung von der dritten Dimension hin zu weit komplexeren Systemen des kosmischen Gefüges. Dies wird euch auf eine Schwingungsfrequenz mit anderen bedeutenden Realitäten, Dimensionen und Universen bringen. Tatsächlich entwickelt sich bereits ein erhöhtes zelluläres Bewußtsein, das sich aus der Öffnung des dritten ätherischen Stranges ergibt, oder wird sich zumindest bald in Form von Veränderungen an eurem stofflichen Körper zeigen. Dieses neue Bewußtsein wird sich als exquisite kristalline Gestalt manifestieren, die sowohl in physischer als auch ätherischer Hinsicht ein Ebenbild des komplexen Sternen-Tetraeders – zwei dreiseitiger, spiegelverkehrt ineinandergefügter Pyramiden – ist, das als Mikrokosmos des Merkabah-Energiefeldes das »Ich-bin«-Gewahrsein jedes einzelnen Aspekts eures Wesens darstellt sowie eure Verbundenheit zu den Himmelsgottheiten, der Erdmutter und allem, was jenseits eurer unmittelbaren Wahrnehmung liegt.

In diesem perfekten Konstrukt, um das herum sich die übrigen DNS-Stränge ranken werden, nimmt eure zunehmende Bewußtwerdung Gestalt an. Die unabhängigen unter euren Wissenschaftlern werden euch Beweise für die Großartigkeit und Komplexität der Kosmometrie dieses höheren Bewußtseins liefern, das sich in jeder eurer Zellen herauskristallisieren und eure voranschreitende Wandlung unterstützen wird. Dieses Muster eurer zellulären Bewußtwerdung – dieses Grundkonzept allen Seins – möchten wir in diesem Buch bis in die kleinsten Details herausarbeiten.

Diejenigen, die auf ihrer Seelenreise spirituell schon weiter fortgeschritten sind, erfahren nun die Öffnung der zweiten Dreierverbindung: des vierten, fünften und sechsten Strangs. Dieser genetische »Wiederanschluß« erneuert ihre Verbindung zum galaktischen Netz und ihrem jeweiligen Sternensystem – und flutet ihre Körper und alles, was sie umgibt, mit Licht.

Deshalb gelingt es auch momentan so vielen von euch, sich auf die Frequenzen außerirdischer und extradimensionaler Wesenheiten einzustimmen und Kontakt aufzunehmen, um so Botschaften vom Bund des Lichts zu empfangen.

Seit ein paar Jahren nun ist eine weitere Folgeerscheinung der sich wandelnden menschlichen DNS die wachsende Zahl außergewöhnlich veranlagter Kinder. Mit dem herausragenden Grad ihrer Erleuchtung, bedingt durch neun aktive DNS-Stränge, vermittelt diese neue Seelengemeinschaft ein einzigartiges, bahnbrechendes Bewußtsein, das diejenigen unter euch, die sich noch im »Larvenstadium« ihrer Entwicklung befinden, aus ihrem Kokon befreien und sie zum Fliegen animieren soll. Diese Lichtwesen, die *Kinder der Hohen Violetten Seele*, werden euch so lange zur Seite stehen, bis ihr euren Wandel vollzogen und die Fesseln abgestreift habt, die euch den Eintritt in höhere Schwingungsfrequenzen verwehren.

Diese Kinder sind sozusagen »Neuzugänge« – reife, weit entwickelte Seelen ohne die Belastung eines Karmas –, die freiwillig in die dritte Dimension zurückkehren, um an eurem Wachstum mitzuwirken und so eine ganz besondere Aufgabe für Gaia und alles Leben auf ihr zu erfüllen. Es sind Lichtkörperwesen, die den zyklischen Inkarnationsprozeß in einer physischen Welt schon lange hinter sich gelassen haben und die nun mit der dreiheitlichen dritten DNS-Verbindung (der Erhabenen Dreifaltigkeit) als Vorbilder in eure Dimension kommen, um eure Fähigkeiten wachzurufen, wenn das Machtsyndikat erst einmal aufgelöst und ihr endlich wieder weit geöffnet und empfänglich seid.

Die meisten von ihnen können ihre Ursprungs-DNS »offen« halten, indem sie in Gegenden inkarnieren, in denen das den Planeten umschließende elektromagnetische Netz relativ schwach ist – wo also noch nicht einmal die hochentwickelte Annunaki-Technologie den kosmischen Strom höheren Bewußtseins dämmen kann. An diese Orten ist die kosmische Vibration eures Sonnensystems am intensivsten erfahrbar, und eine höhere Schwingungsfrequenz kann hier leichter erreicht werden.

Ihre Präsenz an diesen zentralen Punkten läßt das Licht des erwachenden Erdenbewußtseins um so heller strahlen und trägt gleichzeitig zur Neutralisierung und Auflösung des elektromagnetischen Netzes bei, das euch so lange schon fesselt. Wir werden euch bald mehr über diese hochspirituellen, kosmosverbundenen Kinder erzählen – die Hohen Violetten Seelen – sowie ihre bevorstehende Schlüsselrolle in der Hitze der nahenden Feuerprobe; und wir werden noch ganz genau darlegen, wie sie die Menschheit durch das Tal der Angst hindurch und hinauf zu Höherem führen werden.

* * *

Es ist bedeutsam zu wissen, daß die dunklen Mächte – sowohl die der Sphären als auch die auf Gaias Boden – wahre Meister der Frequenz-Verwandlung sind und daß sie regen Kontakt zu bestimmten Bewohnern der Erde pflegen. Sie nutzen die unteren Frequenzbereiche der vierten Dimension wie auch die Übertragungstechnik eurer Kommunikationsnetzwerke.

So manches Medium unter euch hat – häufig unwissentlich – ein geistiges Band zu diesen niederen Energieformen geknüpft, deren Botschaft in keiner Weise einem höheren Zweck dient. Daher lernt bitte zu unterscheiden: Nicht alle, die vorgeben, Mitteilungen aus anderen Welten zu empfangen, stehen in Kontakt zu Lichtwesen.

Ihr mußtet lange darauf warten, euch mit eurer Großen Familie wiederzuvereinen, und diese Erwartung und Aufnahmebereitschaft – diese freudige Gespanntheit – macht euch unvorsichtig und ermöglicht jenen »Energievampiren«, die sich eurer Stimme bedienen wollen, ein leichtes Eindringen. Astrale Wesen ebenso wie Menschen, die den Schatten dem Licht vorziehen, **werden euch auf die Probe stellen.**

Wie gerne würden sie ihre Klauen in euch schlagen und aus der Quelle eurer Seele die nie versiegende Energie trinken.

Diese niederen Energieformen dringen vor allem durch die Tür eures Egos in euch ein, und daher solltet ihr euch, wenn ihr überheblich von euch denkt – wenn ihr mit Selbstgefälligkeit auf eure Gaben und Talente schaut – die Quelle eurer vermeintlichen »Erleuchtung« einmal genauer betrachten.

Also hütet euch – hütet euch *gut* – vor dem Ego-Aspekt eurer Persönlichkeit.

Seid kritisch und hinterfragt Zweck und Absicht von allem, was in euren Wahrnehmungsradius rückt, und eure innere Stimme wird euch leiten. Bittet eure geistige Führung, euch in einen schützenden Mantel aus weißem Licht zu hüllen, der die zu euch durchdringenden Informationen filtert, so daß ihr im vollen Glanz eures Geistes unbeschadet alles aufnehmen könnt, um das willkommen zu heißen, was euer Herz als Wahrheit erkennt, und alles übrige zu seiner Quelle zurückzuschleudern. Diese Form von spiritueller Reinigung ist ein wesentlicher Aspekt eurer persönlichen Reifung.

Vor allem aber seid ehrlich zu euch selbst und aufrichtig in eurer Gesinnung, denn eure feste Verankerung in der Wahrheit ist von höchster Bedeutung für eure Funktion als Boten und Krieger des Lichts.

Und haltet euch stets vor Augen, daß eure Wahrheit nicht zwangsläufig auch die der anderen ist, sondern daß sie von der freien, individuellen Entscheidung eines jeden abhängt, die in jedem Fall anerkannt und respektiert werden muß.

* * *

Die geheimen Rädelsführer eures Volkes – hybride Abkömmlinge selektiver Annunaki/Atlantis-Zucht – verwehren euch willkürlich jeglichen Zugang zur Geschichte eurer wahren Wurzeln, weil sie sich bewußt sind, daß dieses Wissen euch die Macht gäbe, ihren Klauen zu entkommen. Sie tun alles, um eure Wandlung hin zu Lichtkörperwesen – zu eurer ursprünglichen genetischen »Verdrahtung« – zu bremsen, denn ihnen ist klar, daß ihr auf dem besten Weg seid, euch zu befreien und ihnen zu entgleiten.

Sie wissen es … und dennoch sind sie entschlossen, die Menschheit durch immer rigidere Kontrollmechanismen unter ihrem Joch zu halten, um euch auch weiterhin (zumindest solange wie möglich) als Diener und Sklaven zu mißbrauchen – ihr wertvollster Besitz.

Warum? Das ist ganz offensichtlich: Ihr versorgt sie mit unglaublichem Reichtum; ihr seid ihr Arbeitsvieh; ihr zerstört, tötet und sterbt für sie; ihr mästet ihr Ego; ihr verleiht ihnen die Macht über euch und reizt damit ihren Jagdinstinkt. Außerdem stellt ihr die Grundlage ihres Überlebens dar, denn ohne euch könnten sie nicht existieren. Die genauen Zusammenhänge werden sehr detailliert in *Atlantis Rising* dargestellt, und diese Informationen sind äußerst wichtig für euch. Sie setzen euch die Motive der Machthaber auseinander und helfen euch so vielleicht, Mitgefühl und Vergebung für sie zu empfinden – als Ausdruck eurer immer grenzenloser werdenden Menschlichkeit.

Denn dies ist der Weg, der euch hinausführt aus der Dunkelheit und euch dem eisernen Griff derjenigen entzieht, die euren Aufbruch zu verhindern trachten.

Indem sie die Menschheit mit dem täglichen(Über-)Leben beschäftigt halten, sichern sie sich eure Dienste als Techniker, Krieger und Sklaven. Sie richten euch auf die Befriedigung eurer körperlichen und emotionalen Bedürfnisse aus – nähren die dunkle Seite eurer emotionalen Ebene – und machen so euer Verhalten berechenbar.

Wir freuen uns, daß so viele von euch gegen ihre Manipulationen immun sind, denn das zeigt, daß ihr aus dem Herzen heraus handelt und somit in einem Austausch bedingungsloser Liebe steht mit Gaia. Das unvergängliche Licht der Liebe und das Wissen um eure Souveränität, eure Seelengröße – denn ihr alle seid Seelen auf der Durchreise – verleihen euch Kraft.

Aus der Mitte eures Wesens heraus nehmt ihr auch das Leuchten eures Gegenübers wahr – eures Spiegels – und begreift dadurch euer aller Verbundenheit. Ihr bewegt euch im Glanz eures höheren Selbst. Das macht euch **uneinnehmbar**.

Die breite Masse allerdings wird vorsätzlich darauf programmiert, den Nächsten als Fremden zu betrachten – und dessen vermeintliche Andersartigkeit zu fürchten und zu hassen. Diese Entfremdung manifestiert sich dann unter anderem als Rassentrennung, doch stehen die Grenzen zwischen euch nicht allein auf dieser Grundlage. Dennoch läßt sich ein Großteil von euch, der sich dieser korrumpierenden Machtstrukturen nicht bewußt ist, leicht in eine Rassenparanoia hineinsteigern. Aus dieser Verblendung entsteht dann die Isolation, die euch einander entfremdet.

Doch indem ihr Erwachenden zusammenrückt, um die Schwingungsfrequenz der Erde zu erhöhen, durchkreuzt ihr die Pläne der geheimen Machthaber und laßt das zerstörerische Muster der Ausgrenzung in eurem persönlichen Umfeld und eurem Gemeinschaftsbewußtsein verblassen. Diese Ausgrenzung nämlich ist Un-Sinn; sie ist nichts weiter als eine finstere Machenschaft. Eure Befreiung aus den Verstrickungen zeitlicher und materieller Illusion – euer Ausbruch – ist unvereinbar mit solch negativen und zerrüttenden Energien.

Es ist wesentlich für euer Zusammenwachsen, die Mechanismen hinter diesem Gefühl der Abgrenzung zu erkennen – wie es erzeugt wird und in euch wirkt –, damit das Phantom der Rassentrennung, das die Menschheit noch immer heimsucht, aus eurem Unterbewußtsein gebannt wird und immer mehr Menschen den Weg zu gegenseitiger Toleranz und bedingungsloser Liebe finden.

Das Licht unzähliger verwandter Seelen wird euer Herz unendlich weit machen, wodurch ihr die wahre Bedeutung eurer Existenz erfassen und eine universale Verbindung zu allem Sein eingehen werdet – durch ein multidimensionales Bewußtsein. Ihr werdet eure Vielfalt und eure Einzigartigkeit feiern in dem Wissen, daß alle ihren Teil zum Ganzen beigetragen haben – zur Bereicherung der Menschheit und Stärkung eures Gen-Pools. Ihr werdet den Rhythmus des All-Einheitlichen Herzschlags spüren und in dem Bewußtsein geborgen sein, daß ihr alle, trotz eurer unterschiedlichen Oberflächen, in eurem Innern Sternenkinder seid.

Ihr alle seid Sternensaat.

* * *

Die Geheimregierung hat stets darauf geachtet, euch durch Rassentrennung und Diskriminierung zu spalten und durch einen Karneval der Nichtigkeiten euren Blick für das Wesentliche zu betäuben, denn eure Entzweiung und Ablenkung macht euch als Masse gefügig.

Haltet euch stets vor Augen, daß das Establishment aus kaum zweitausend Personen besteht, während ihr eine »Stärke« von sechs Milliarden aufweist. Was würde wohl passieren, wenn die gesamte Menschheit sich eines Tages gegen sie erheben würde? Seid versichert, daß die Organisatoren der sogenannten »Think tanks«, aus denen die Konzepte zur Steuerung des Weltgeschehens hervorgehen, sich durchaus Gedanken darüber machen, wie fragil ihre Machtposition im Grunde ist und wie leicht das Wetter ihrer Vormachtstellung umschlagen kann – in einen Sturm menschlicher Bewußtwerdung, der ihre heimtückischen Pläne vom Tisch fegen und die Enteignung aufheben würde. Es gibt zahlreiche Methoden, die ihnen eure Folgsamkeit sichern und denen ihr seit dem Tag eurer Geburt als Erdenbewohner ausgesetzt seid. Hinter dem Prozeß eurer Unterdrückung steckt ein Plan, ein bestimmtes, recht simples Muster, das in den inneren Reihen der Geheimen Regierung nur *»Das Rezept«* genannt wird. Dieses setzt sich im wesentlichen aus sieben »Zutaten« zusammen, die die Emotionen der Masse in die gewünschte Verhaltensmixtur aus Gehorsam, Ergebenheit und Unterordnung verwandeln. Diese sind:

1. *Die »Verschließung« von zehn der zwölf lichtkodierten DNS-Stränge durch die Aufrechterhaltung des die Erde umspannenden elektromagnetischen Netzes. (Diese Störfrequenzen zerstreuen die kosmischen Lichtwellen und durchbrechen das Energiegeflecht, das einmal eure »Leitung« zum Bund des Lichts war.)*
2. *Die Manipulation des Erdfrequenzfelds, um die Erde in ständigem Ungleichgewicht zu halten und die Polarität der dritten Dimension zu verstärken.*

3. *Die Abkapselung der Bevölkerung von jeglicher außerplanetarischer Intelligenz wie auch von einander.*

4. *Das Schüren innergemeinschaftlicher Zerrissenheit durch Rasse, Geschlecht, Religion und Gruppenbildung; die Anstiftung zu Haß, Angst, Vorurteilen und Feindseligkeit im niederfrequenten emotionalen Bereich.*

5. *Die Förderung des primitiven Aspekts der Persönlichkeit durch die Stimulation der Instinkt- und Sexualebene – durch Manipulation des Unterbewußtseins und Gedankenkontrolle.*

6. *Die Installation falscher Führer – Idole, denen die Masse in guten Zeiten ihr Vertrauen schenkt und die sie in schlechten Zeiten als Sündenböcke verschreit ...*

7. *Die Gehorsamen belohnen, die Meuterer bestrafen.*

Dies ist zwar stark vereinfacht dargestellt (denn man kann das Elend der Menschheit nicht eben mal in »sieben einfachen Schritten« wegerklären), stellt aber dennoch das Grundmuster der Kontrolle dar – heute noch genauso wie zu Anbeginn der Menschheit. Und diesen Aspekten möchten wir uns in dieser Botschaft an euch besonders eingehend widmen, stellen sie doch die Grundlage des Geheimnis- und Lügengespinstes dar, das es nun endgültig zu zerstören gilt – um seine Überreste dem kosmischen Ozean allen Seins zu überantworten, wo alles verziehen und geheilt werden soll.

Denkt an das, was wir euch über die Hauptrassen erzählt haben; wie der großartige Zusammenschluß dieser verschiedenen genetischen Elemente in euch die Essenz der menschlichen Natur ausmacht. Ihr besitzt physische Kraft (euren Überlebensinstinkt), die Befähigung zu enormer Liebe und intensiven Gefühlen, einen außergewöhnlichen Verstand sowie den Drang, Großes zu vollbringen ... das Universum zu beherrschen. Ihr besitzt das fünfte Element, euren grundlegenden Kern: euer Band zu Gaia. Und auch das sechste – das höhere Bewußtsein des Lichtbundes –, das tief in euch schläft und nur darauf wartet, von euch geweckt zu werden.

Macht euch bewußt, daß all diese Aspekte eurer Ganzheitlichkeit sich zum großen Einen der Menschheit zusammensetzen und zur Einzigartigkeit des Homo Sapiens beitragen.

Und vergeßt auch nicht, daß eure Absonderung voneinander (und von der Galaktischen Gemeinschaft) in besonderem Maße euren Ego-Aspekt fördert, durch den ihr, um den Preis der Befriedigung eurer Selbstsüchte – eurer »Belohnung« – allein *ihnen* dient. Denkt immer daran, daß Rassentrennung vorsätzlich geschürt wird und daß alle extremistischen Kollektive, die eure Gesellschaft heimsuchen (die sogenannten »Skinheads«, Separatisten und Anhänger der Apartheid) ebenfalls einen Teil der komplexen Machtstruktur darstellen und von ein und derselben Zentrale finanziert und ins Leben gerufen werden. Diese offiziellen Aufrührer sind in Wahrheit Schlüsselfiguren im Plan zur Aufspaltung der Gemeinschaft – verkappte Soldaten des Establishments.

Einige von ihnen sind sich durchaus bewußt, daß das Konstrukt des Fremdenhasses eine reine Strategie der Macht im Hintergrund ist, während andere wiederum so geimpft wurden, daß sie von der Überlegenheit bestimmter Rassen oder Religionen tatsächlich überzeugt sind – und sich einreden, ihre Blindheit sei »Einsicht«.

Nehmt allein Adolf Hitler, den viele für »Satan« höchstpersönlich halten. Und in eurem Kollektivbewußtsein hat er sich tatsächlich als der Antichrist festgesetzt – als Verkörperung alles Bösen.

Dieses Individuum war mit einem überaus dunklen Karma belastet – das sich im Laufe zahlreicher und sehr schmerzvoller Inkarnationen angestaut hatte, da diese Seele die Finsternis wählte und den entsprechenden Lohn dafür erntete – sofern man hier von »Lohn« sprechen kann. In unseren Augen war er geradezu perfekt geeignet zum Einzug in die Armee des Establishments – in diese Truppe von Kriegern gegen Frieden und Freiheit.

Dieses Hitler-Konstrukt aus Haß und dem Glauben an rassische Überlegenheit wurde und wird ganz bewußt in euch wachgehalten, sowohl durch diejenigen, die durch ihn gelitten haben als auch durch die Gruppe der »Neo-Nazis«, die darauf konditioniert wurden, die Verehrung dieser düsteren Idole wiederaufleben zu lassen. Eure derzeitigen Geschichtszeugnisse, insbesondere die des Zweiten Weltkriegs, verströmen den Pesthauch des Todes zahlloser Unschuldiger, den Opfern zutiefst verabscheuungswürdiger menschlicher Grausamkeit.

Die jüdische Bevölkerung hält das Andenken an diese Taten bewußt wach und reicht es von Generation zu Generation weiter. Wir haben Verständnis für ihre Verachtung und ihren Schmerz, denn schließlich haben sie mehr gelitten als jede andere ethnische Minderheit, welche die Wucht dieser Gewalt erfahren mußte. Trotzdem möchten wir euch zu bedenken geben, daß das krampfhafte Festhalten eurer Gesellschaft an dieser Erinnerung (sei es nun aus Haß auf den Schlächter oder aus neuerstandener Verehrung dieses finsteren Helden) euch um so fester an diese Bluttat bindet und so die Schwingungen und den ätherischen Abdruck Hitlers stärken.

Diese Nabelschnur sollte lieber durchschnitten werden.

Jeder Krieg ist blutig und verwerflich, und auch wenn es uns fern liegt, das von Hitler begangene Unrecht herunterzuspielen, möchten wir euch dennoch vor Augen halten, daß jeglicher Gewaltaustausch zwischen halbbewußten Wesen immer zugleich auch ein Akt des kollektiven Unterbewußtseins ist. Indem die Macht im Hintergrund in euch den Hang zur Gruppenbildung und das Denken in ethnischen und religiösen Schemata fördert, bringt sie euch dazu, zu morden; sie weckt dabei das »Tier« in euch – oft genug durch den Einsatz von Mechanismen, die allein auf euer Unterbewußtsein wirken.

Ihr durchlauft ein bestimmtes Konditionierungsprogramm, das euch glauben läßt, euer Überleben, eure Glaubenssysteme, eure innere Ruhe und eure (Auffassung von) Stärke würden durch »die anderen« bedroht. Man pfercht euch zu Nationen, Religionen, Rassen – sogar

Nachbarschaftsverbänden – zusammen und will euch weismachen, dies sei Gemeinschaft, der Zusammenschluß Gleichgesinnter, der euch Kraft und eine Identität verleiht.

Es wird euch nicht gefallen zu hören, daß die Hitlers dieser Welt nur zu Macht kommen aufgrund ihres charismatischen Auftretens, welches sich das verdeckte Establishment zunutze macht, um das Bewußtsein der Masse durch Angst und Entmutigung zu lähmen. Auf diese Weise können Milliarden von Menschen von wenigen Tausend in Zaum gehalten werden. Adolf Hitler wurde wie auch eure derzeitigen korrupten Politiker von der Geheimregierung für die Aufgaben bezahlt, an denen diese sich nicht die Hände schmutzig machen will; gleichzeitig diente das Hitler-Regime als eine Art »Testlauf« der Eine-Welt-Regierung, die (wie ihr ja wißt) zur Zeit den letzten Schliff erhält ... durch die General-probe der *Größten Show aller Zeiten*, nun zu sehen auf der Bühne des *Globus.*

Da steckt noch so einiges hinter der Hitler-Verschwörung, das nicht ohne weiteres ersichtlich ist – denn man verrät euch vergleichs-weise wenig über den wahren Zweck dieser brutalen Offensive. Die offizielle Geschichte zumindest ist falsch: Denn entgegen der konven-tionellen Darstellung war Hitler kein Wahnsinniger, wie er auch nicht der alleinige Initiator dieser epochebildenden Schreckensherrschaft war. Vielmehr war er ein geschickter Intrigant und ein wesentliches Instrument der verkappten Machthaber – ebenso wie seine japanischen und italienischen Verbündeten. Er war lediglich ein Bauer auf dem globalen Schachbrett der Geheimen Regierung.

Hitler kam aus den Reihen verschiedener Geheimgesellschaften, die ihm mit unbegrenzten Mitteln den Rücken stärkten – Mitteln, die durchaus nicht national begrenzt waren. Damit wollen wir sagen, daß er über ein Vermögen verfügte, das nicht ausschließlich aus den Schatzkammern seines Dunklen Bündnisses stammte. Glaubt ja nicht der Propaganda von den »guten« und den »bösen Jungs«, die euch eingeimpft wurde, um das Eingreifen der Alliierten sowie den Tod unzähliger unschuldiger Ehemänner, Brüder und Söhne zu rechtfertigen. Adolf Hitler war von der Geheimregierung angeheuert worden und durfte sich, genauso wie eure gegenwärtigen Superschurken, für seine Rolle als Höllenfürst ungeniert aus deren schier unermeßlichen Goldvorräten bedienen – denn sie alle werden fortlaufend künstlich erschaffen, um euch ein Gefühl der Machtlosigkeit zu suggerieren.

Hitler verschrieb sich negativen Kräften und praktizierte die dunklen Seiten okkulter Magie, wodurch er diese schädlichen Energien schließlich manifestieren konnte – ein wahrer Schwarzmagier. Man hatte ihn in die Techniken der Gedankenkontrolle eingeweiht, und er machte durch unterbewußt wirkende Bilder und Frequenzen davon Gebrauch, um seine Armeen und die Bevölkerung zu hypnotisieren und in die gewünschten Bahnen zu lenken – indem er gleichermaßen ihren Nationalstolz und ihre Hingabe anfachte. Mit Gedankenkontrolle zog er ebenfalls gegen seine Feinde zu Felde; er betäubte sie durch Demoralisierung, um sie passiv genug für einen Übergriff zu machen und unterdrückte auf dieselbe Weise ein Aufbegehren der Bevölkerung.

Dieser Aspekt unterbewußter Unterwerfung wird in keinem Geschichtsbuch ausführlich dargelegt, denn diese Techniken bilden auch heute noch einen wesentlichen Bestandteil der Manipulationsstrategien, mit denen die Weltbevölkerung gesteuert wird. Sie sind noch immer **streng geheim**. Die Verfasser dieser Geschichtsbücher – die Chronisten des Establishments – sind nicht bevollmächtigt, die Wahrheit zu schreiben, und werden so zu Mitschuldigen an den Lügen, die seit Urzeiten benutzt werden, um die Massen zu beeinflussen und dem kollektiven Unterbewußtsein falsche Vorstellungen einzupflanzen.

Hitler verfügte außerdem über Technologien, die heute weit verbreitet sind, während sie damals glücklicherweise noch in der (Wieder-)-Entstehung begriffen waren. Darunter fallen Genmanipulation, Tesla-Technologien, biologische, chemische und atomare Kampfstoffe sowie sein größter Traum: das Klonen des arischen Prototyps, um die Erde unter die Oberherrschaft der weißen Rasse zu stellen. Sein Auftrag war es gewissermaßen, als »Testpilot« der Neuen Weltordnung zu dienen, die für eure heutige Phase damals bereits in Planung war und in Kraft treten sollte, sobald die Bevölkerung einen (vorauskalkulierten) Stand von fünf Milliarden erreicht hätte.

Diese Schätzung habt ihr jedoch um über eine Milliarde Menschen übertroffen; dies sah die Geheime Regierung schon Jahre, bevor sie das AIDS-Virus erschuf.

Während Hitler jedoch »nur« für die Vernichtung des jüdischen Volkes zuständig war, hat der gegenwärtig stattfindende Todesfeldzug – eine massive virologische und bakterielle Kriegsführung – weit größere Ausmaße. Zielscheibe dieses Programms zur drastischen Reduzierung der Bevölkerung waren zunächst Homosexuelle, Drogenabhängige sowie die schwarzafrikanische Bevölkerung. Doch wie beabsichtigt greift das Virus inzwischen weltweit um sich, und von sieben Menschen ist bereits einer infiziert – und diese Statistik wird sich noch drastisch verschlechtern.

Solltet ihr schon Probleme mit der Vorstellung haben, ein tödliches Virus sei vorsätzlich in Umlauf gebracht worden, um eure Bevölkerungszahl zu verringern, dann wird euch der Glaube an das, was derzeit auf euch zukommt, erst recht schwerfallen – an das, was die Eine-Welt-Regierung noch für euch bereithält, nun da die Testphase erfolgreich abgeschlossen ist und die Eine-Welt-Ordnung der Weltbevölkerung ganz unverhohlen auferlegt wird.

Was nun den Schwerverbrecher Hitler angeht … laßt uns noch ein paar Worte zu seinem »tragischen Ende« sagen: Er starb weder unter der Belagerung der erklärten Helden noch beging er zusammen mit seiner arischen Geliebten Selbstmord – diese Variante ist reine Erfindung. Hätte ein Mann, der geradezu besessen war von seiner totalitären Machtposition, sein Leben einfach dem Schicksal überlassen, ohne irgendeinen Fluchtplan? Vor allem aber: Würde sich eine solche Person – die sich allen anderen weit überlegen fühlte – feige durch Selbstmord aus der Affäre ziehen?

Nein, diese Version ist falsch.

Oder eher noch, wie einige inzwischen merken, ... **sie ist eine Lüge.**

Schon zu Zeiten von Atlantis war das Erdinnere bewohnt, und bereits dort verfügte man über weit entwickelte Energiebasen, die Teil eines ausgedehnten unterirdischen Netzwerks waren. Die Pläne zu diesem befinden sich nach wie vor in den Händen des Geheimen Machtkartells.

Euer Planet ist förmlich durchzogen von Militärbasen, geheimen Laboratorien und unterirdischen Kommunen, die als Zentralen verdeckter wissenschaftlicher und militärischer Transaktionen fungieren. Unterhalb von Cheyenne Mountain, in dem Gebiet, das ihr Wyoming nennt, werden ganz offiziell nukleare Abschußrampen betrieben, die sich in permanenter Einsatzbereitschaft befinden: Dort wurde sogar schon Reportern Zutritt gewährt, um Interviews zu führen – nur um euch wissen zu lassen, wie eure Chancen im Zweifelsfall stehen. Vergleichbare Basen gibt es überall.

Andere unterirdische Komplexe dagegen, wie beispielsweise die umstrittene »Area 51«, sollen so geheim wie möglich bleiben, denn was dort an außerirdischer Technologie und Anti-Gravitations-Antriebsmechanismen untersucht und erprobt wird, ist nicht für euch bestimmt.

In Berichten über den Zweiten Weltkrieg werden die geheimen Tunnelnetze mit Zugang zu Hitlers Hauptquartier zwar vereinzelt angedeutet, aber wohin diese Tunnel führen, wird nirgends angesprochen. Für manche stellen sie eine Art »Fluchtweg« dar, und grundsätzlich ist das auch richtig. Hier möchten wir noch einmal betonen, daß die am Ort des »Selbstmords« geborgenen Leichen nicht die von Adolf und »seiner« Eva waren. Denn der »Tod« war perfekt inszeniert; die ergebenen Doppelgänger der beiden stellten die Leichen, die am Schauplatz arrangiert wurden – um die Welt glauben zu machen, der Schwarzkünstler und seine Hexe seien endgültig tot und das »Gute« habe über das Böse gesiegt.

Vor der Aushebung von Hitlers privatem Bunker entkamen gewisse Personen jedoch durch die Geheimgänge, die zu unterirdischen militärischen Basiseinrichtungen des Geheimen Establishments führten. Dort, in den Tiefen des Erdinnern, gibt es keine Nationalitäten ... keine Grenzen. Ruft euch das immer ins Gedächtnis, wenn ihr wieder einmal Gefahr lauft, im Schema von »Freund« und »Feind«, von »guten« und »bösen« Führungskräften, zu denken.

Hitler lebte noch weitere zwanzig Jahre dort im Untergrund und half mit seinem strategischen Geschick bei der Konzipierung der Pläne für die Neue Weltordnung, so daß er also maßgeblich an eurer aktuellen globalen Krise beteiligt ist – und so sein Andenken (und seine energetischen Schwingungen) fortleben läßt.

Das gleiche kollektive Bewußtsein, das Hitler zum Prototypen des Schwerverbrechers machte, hat auch die Neo-Nazis hervorgebracht. Denn sie nähren sich von Haß und Abscheu der Nazi-Opfer, und daher appellieren wir an euch, einer doch sonst durchaus bewußten Gesellschaft, euch endlich von ihm loszusagen. Was wir euch über das Gesetz der Resonanz erzählt haben,* sollte euch begreiflich machen, daß seine bloße Erinnerung euch mit seinen schädlichen Energien und niederen Empfindungen verknüpft – und so die zerstörerischen Vibrationen verdichtet. Denkt daran, daß Gleiches sich anzieht, daß also euer Haß auf diesen Despoten mit der Frequenz seiner negativsten Gedanken übereinstimmt ... die, vergeßt das nie, immer noch gegenwärtig sind.

Erst wenn ihr lernt, diesen Leitbildern des Bösen zu verzeihen, könnt ihr zu höheren Ebenen aufsteigen. Erst dann wird der gespenstische Schatten, der über euch hängt, sich auflösen und verschwinden.

Vielleicht ändert es eure Einstellung zu den Dingen, wenn ihr bedenkt, daß das Establishment seine Version der Hitler-Geschichte nur verbreitet, um die schädlichen Schwingungen mit eurem Groll, eurer Bitterkeit und Rachsucht zu nähren.

* Siehe *Atlantis Rising*, Kapitel 7

Ethnische Säuberung ist eine unvorstellbar grausame Angelegenheit, und den für sie verantwortlichen Tyrannen des Todes zu vergeben, ist wahrlich nicht leicht. Vergeßt aber dabei auch nicht, daß die weiße Weste der vermeintlichen Siegermächte dieses Krieges ebenfalls nicht lupenrein ist, denn auch wenn die Medien dieses brisante Thema gerne umgehen, läßt sich nicht leugnen, daß es die alliierten Kräfte waren, die sich in Hiroshima und Nagasaki schließlich für die »Notlösung« entschieden haben.

Sie haben die hilflosen, unschuldigen Menschen dort einfach ausradiert.

Die Bevölkerung hinter den alliierten Streitkräften glaubte fest an die »Wir-konnten-nicht-anders«-Entschuldigung, die diesem Akt des Größenwahns folgte, so als würde der inszenierte Übergriff auf geheiligten amerikanischen Boden – der Pearl Harbour-Vorfall – tatsächlich eine solche Maßnahme rechtfertigen: die Explosion einer solch zerstörerischen Kraft, die Einfluß nimmt auf alles Leben dieser Erde. Haltet euch stets vor Augen, daß führende amerikanische Politiker eine komplette Nation durch Hetzkampagnen dazu gebracht haben, ihr Ja zum Krieg wie auch zum Abwurf ihrer neuen »geheimen« nuklearen Wunderwaffe zu geben – auf den einstigen Großfeind der USA, den ihr »Japan« nennt.

Diese bewußte Entgleisung zeigt unserer Meinung nach besonders anschaulich, wie leicht das Establishment euch zu lenken vermag. Während die Hitler-Geschichte geradezu gebetsmühlenartig wiederholt wird, wird auf die atomare Verwüstung, die die »guten Jungs« dieses Krieges angerichtet haben, beinahe nirgends eingegangen. Seht ihr jetzt, daß eure Wahrnehmung des Weltgeschehens sich wie Knetmasse den Formen verzerrter Wahrheiten anpaßt?

Ihr – Lichtwirker Gaias – sollt nun diese Nebel der Fälschung durchdringen, die den Weg verhüllen, der euch durch die Feuerprobe hindurch und weiter hinauf in die Zeitlosigkeit führt. Dies erfordert Aufrichtigkeit sowie ein Gespür für das richtige Handeln. Die Wahrheit muß gepackt und unter dem Leichentuch aus Lügen hervorgezerrt werden, unter dem eure Erde in Lethargie begraben liegt.

Ihr müßt diese Wahrheit *sein*.

Die Reise dorthin führt euch zuerst zur Vergebung und nimmt euch dann mit fort auf den Schwingen bedingungsloser Liebe.

WER BEHERRSCHT
DIE ERDE WIRKLICH?
- Kapitel Fünf -

Man muß kein mathematisches Genie sein, um zu erkennen, daß bei einem Verhältnis von zweitausend Rädelsführern des Establishments zu sechs Milliarden Menschen eindeutig euch die wahre Vorherrschaft über die Erde zusteht – allein schon durch eure Zahl, ganz zu schweigen von eurer geistigen Stärke, wenn ihr geschlossen zueinander steht. Auf ein Mitglied der geheimen Machtelite kommen drei Millionen von euch (**3.000.000 : 1**), und dennoch schaffen sie – eine absolute Minderheit – es bis heute, den gesamten Planeten zu beherrschen. Ihre Obergewalt ist, rein logisch betrachtet, eine mathematische Unmöglichkeit – und vollkommen gegen die Natur. Und dennoch haben sie diese – seit Anbeginn eurer Geschichte – aufrechterhalten können.

Wer diese Individuen im einzelnen sind, ist völlig ohne Belang. Einige verkriechen sich tief in den dunklen Höhlen der Anonymität – Vampire, die den Menschen das Blut aussaugen; andere dagegen sind nur halb verborgen unter dem schützenden Mantel enormen Reichtums und Macht. Anstatt nach Namen zu fahnden und dadurch nur eure Paranoia zu schüren und euch selbst vom Wesentlichen abzulenken, solltet ihr euch lieber auf ihre Methoden konzentrieren – wie sie das menschliche Verhalten beeinflussen.

Es ist außerdem gefährlich, gegen einzelne von ihnen eine Hexen-jagd zu veranstalten, daher seid umsichtig, ihr Lieben, und vor allem: **behaltet das Wesentliche im Auge.**

Viel wichtiger als ihre Namen ist der Einblick in die Mechanismen ihres Machtmißbrauchs, denn habt ihr erst einmal ihre Methoden durchschaut, könnt ihr diesen entgegenwirken und die euch zuste-hende Selbstbestimmung als Individuen, vor allem aber als *ein Volk,* einfordern. Bedient euch eures freien Willens, denkt und handelt unabhängig und in dem Bestreben, stets in allem dem Höheren Gan-zen zu dienen ... und die positive Kraft allen Seins in all eure Taten und Gedanken einfließen zu lassen.

Als Schutz bieten wir euch das folgende Mantra an, das euch ener-getisch mit der Souveränität des Universums verbindet. Damit solltet ihr täglich euren Geist reinigen:

Ich bin frei und unabhängig
und folge selbstbestimmt dem Lauf der Spirituellen
Spirale;
ich möchte mit all meinem Tun dem Höheren Ganzen
dienen und dem Licht zum Sieg verhelfen ...

Nichts kann euch unterdrücken, wenn ihr euer Ziel klar vor Augen behaltet. Ihr habt die Wahl, alles Negative an euch abprallen und euren Geist strahlen zu lassen oder aber euch durch diese Negativität lähmen zu lassen.

Seht ihr, welche Macht das Establishment in den Händen hält? Die Reaktion des einzelnen auf die Zwangsherrschaft ist überaus bedeutsam in Hinsicht auf deren Auswirkung auf das größere Ganze. Denn vergeßt nicht ... jeder einzelne von euch ist verantwortlich für die Gemeinschaft, denn ihr alle seid ihre Komponenten und daher energetisch miteinan-der verbunden, indem ihr eure machtvollen Emotionen ausstrahlt sowie die der anderen aufnehmt und widerspiegelt.

Die Geheime Regierung ist euch – neben ihrer eindrucksvollen Technologie, ihrem geheimen Wissen und ihrem schier unfaßbaren Reichtum – vor allem in einem Punkt überlegen: ihrer Geschlossenheit; denn sie agiert als unteilbare Einheit, während die meisten von euch nur auf ihre eigene kleine Welt fixiert sind. Ihr werdet darauf programmiert – und übt euch selbst täglich darin –, euch als Einzelpersonen zu betrachten, denn die Machthaber wissen, daß Teilen die Grundlage des Herrschens ist. Und solange jeder von euch auf ichbezogenen Bahnen um sich selbst kreist, können sie sich ihrer Vormachtstellung sicher sein. **Das vor allem stellt die Grundlage eures Machtkampfes dar.**

Sie spalten euch auf in unterschiedliche Religionen, Nationen, Rassen sowie einen geradezu unerschöpflichen Vorrat an gegensätzlichen Glaubenssystemen und treiben euch durch diese völlig unbedeutenden Unterteilungen in die Isolation. Sie können nach Belieben eure primitive Seite stimulieren, euch betäuben und in Abhängigkeiten treiben, euch entzweien und jeglichen Gemeinsinn ausmerzen – zu ihrem alleinigen Vorteil. Mit demselben Geschick gelingt es ihnen, euch in einen nationalistischen Wahn zu treiben, um euch für einen beliebigen Superhelden zu opfern, wenn es ihren Zwecken dient.

Während viele von euch noch in einengenden Ideologien und Empfindungen gefangen sind und nur sich selbst und ihre Familie sehen, betrachten sie euch einfach als »die Masse«, die sie sich in Nationen und Oppositionen verschiedenster Glaubensrichtungen und Kulturen einteilen. Zusätzlich nähren sie eure Entfremdung von der Regierung, der Gesellschaft und voneinander und füttern euch über die Medien – ihrer »globalen« Stimme – zudem noch mit einem Brei aus Horrormeldungen und Bildern des Grauens.

Wie gebannt starren die Leute auf den Bildschirm und versinken in der Verzweiflung all der Verhungernden und Sterbenden fernab ihrer eigenen Wohlstandgesellschaft. Gleichzeitig schürt man Neid und Minderwertigkeitskomplexe auf die modisch magersüchtigen »Sexobjekt«-

Models der Werbung, die die Abendnachrichten sponsert – wo dann Menschen gezeigt werden, die an Hunger sterben.

Dieses Paradox bringt die menschliche Misere auf den Punkt.

Die meisten denken in Kategorien wie »begünstigter«, »sicherer« oder »ehrbarer als andere« – doch solche Einteilungen verstärken nur die Abkapselung vom vermeintlich »anderen«.

Euer Schicksal, Homo Sapiens, liegt ganz gewiß nicht darin, zu einer Roboterrasse abgestumpfter, verunsicherter Fernsehsklaven zu verkümmern; die Werte, die euch der Bildschirm vermitteln möchte, entsprechen in keiner Weise denen, die zu verwirklichen ihr auf die Erde zurückgekommen seid. Er liefert euch kein wahres Bild eurer großartigen Möglichkeiten!

Schaut euch nur einmal die Kinder genauer an. Nur wenige entgehen heute noch der Videospiel-Konditionierung, denn die meisten von euch akzeptieren diese einfach als ein Erscheinungsbild der neuen Generation. Doch diese lähmenden Mechanismen, die immer mehr in ihren Bann ziehen, verstopfen Verstand und Geist – denn sie hindern Intuition und Intellekt daran, ihre außerordentlichen Anlagen zu entfalten.

Glücklicherweise gibt es viele, die, wie ihr, langsam aufwachen – um das globale Bewußtsein ebenfalls zu wecken. Es freut uns zu sehen, daß ihr euch nicht im Räderwerk der Macht verfangen habt. Das beweist, daß es jedem freisteht, sich in die diktierte Apathie mit hineinziehen zu lassen oder sich aber gegen die Mächte der Finsternis zu behaupten.

Wir wollen die Schlafenden wachrufen und sie aus ihren dunklen Höhlen treiben, in die sie sich in dem falschen Glauben geflüchtet haben, dort den Winter des sozialen Verfalls unbeschadet zu überstehen. Dies ist angesichts eures immer näherrückenden Aufstiegs und der Wucht von Gaias energetischem Wandel von zentraler Bedeutung für eure »Zukunft«.

Werdet ihr uns dabei zur Seite stehen? Werdet ihr – Boten des Neuen Lichts und der Sonnenwende eurer Wiedergeburt – mit uns in die Höhle des Löwen ziehen?

* * *

Was den innersten Kern der Geheimen Regierung angeht, so ist es falsch, daß er in sich gespalten ist. Diese Information wird vorsätzlich in Umlauf gebracht, um diejenigen zu täuschen, denen die Existenz des Machtkartells langsam dämmert und die ihr Wissen öffentlich proklamieren. Denn wenn das Kartell euch dazu bringen kann, in ihm einen Zusammenschluß von Einzelpersonen anstatt ein zusammengeschweißtes Ganzes zu sehen, kann es sich sicher sein, daß ihr eure von Vereinzelung geprägten Vorstellungen auf dieses übertragt und so einen falschen Eindruck gewinnt – und das, ihr Lieben, macht dann die Stärke, die ihr aus der Erkenntnis ihrer Existenz bezieht, wieder zunichte.

Wir werden die verdeckten Methoden, mit denen gegen den menschlichen Geist zu Werke gegangen wird, später noch genauer darlegen. Jetzt ist es erst einmal wichtig, daß ihr eure Verantwortlichkeit für die kommenden Entwicklungen erkennt und anerkennt, denn trotz aller verdeckten unterbewußten Manipulationen des Establishments dürft ihr nie vergessen, **daß ihr einen freien Willen besitzt.**

Denkt nur an die wahren Führungspersonen aus Vergangenheit und Gegenwart, die das unverfälschte Wesen des menschlichen Geistes verkörpern – diejenigen, deren Schweigen und Gehorsam nicht durch materielle Köder oder körperliche Genüsse erkauft werden kann. Sie strahlen so hell, daß der bloße Versuch, ihr Licht zu löschen, ihren Glanz nur noch anziehender macht, so wie eine Sonnenfinsternis erst recht alle Blicke auf den gleißenden Kranz dieses Gestirns lenkt. So sind herausragende geistige Führer wie der Boddhisattva Dalai Lama Vorbilder an Menschlichkeit und innerer Reinheit. Und andere wie Mahatma Gandhi und Martin Luther King haben gezeigt, wie durchdringend die Stimme eurer Einheit und des friedlichen Widerstands sein kann. Wieder andere dienen als Beispiel dafür, wie der außergewöhnliche menschliche Intellekt gepaart mit großem sozialen Engagement und Anteilnahme die Mauern eures Gefängnisses zum Einsturz bringen können. Und dann sind da noch die Lichtwirker unter euch, die auf so vielfältige Weise Schatten vertreiben und ihre Umgebung wie auch die gesamte Welt heller machen und heilen.

Stellt euch einmal die Kaufkraft von sechs Milliarden Cent vor, ein Cent pro Erdenbewohner. Insgesamt würde sich die Summe auf sechzig Millionen Euro belaufen (ein recht beachtlicher Betrag – ein Betrag, der einen nicht unerheblichen Einfluß auf so manche Reform im sozialen oder umwelttechnischen Bereich haben könnte), während ihre einzelnen Teile praktisch wertlos sind. In den meisten Staaten eurer »zivilisierten« Welt ließe sich mit einem einzigen Cent so gut wie nichts kaufen. Nicht einmal in den ärmsten der Länder würde ein Cent einen erstrebenswerten Gewinn darstellen.

Ihr seht also, daß die Verteilung von sechs Milliarden Cent auf alle Individuen eurer Erde, ihre Vereinzelung also, kaum einem Kind zu einem kurzen Glücksmoment im Süßwarenladen verhelfen würde. Die Macht einer ganz beachtlichen »Summe aller Teile« kann also durch die Isolation ihrer einzelnen Komponenten – in gewissem Sinne also durch einen simplen Formwandel – in ein großes Nichts verwandelt werden. Ihr, die Menschheit, seid gewissermaßen diese sechs Milliarden Cent, wenn jeder für sich allein handelt ... aber bedenkt, daß das Potential eures Zusammenschlusses – der Einfluß von sechs Milliarden Menschen – geradezu überwältigend wäre.

Denn wie könnte man euch noch unterdrücken, wenn ihr alle auf ein gemeinsames Ziel hinarbeiten und euch ganz und gar in den Dienst des Höheren Ganzen stellen würdet? Euer Chor würde jeden Mißton schlucken und die Fesseln des elektromagnetischen Netzes einfach auflösen. Denn der Klang des Kosmos, euer Stimmenverband, würde alles durchdringen.

Die Armee der Zweitausend würde von diesen Resonanzwellen einfach fortgeschwemmt.

Daher fragen wir euch: Wer beherrscht die Erde nun wirklich?

* * *

Vor wenigen Jahren seid ihr Zeugen des Dramas um die Präsidentschaftswahl in den USA geworden, der zentralen Basis der Geheimregierung. Schaut genau hin: Diese beiden farblosen Marionetten, beide von demselben Monopol erschaffen, hielten nicht nur ihre eigene Nation, sondern die ganze Welt in Atem darüber, wer wohl als »Sieger« hervorgehen und der »mächtigste Mann der Welt« werden würde.

Die US-Bevölkerung ging für diese Statisten auf die Straße und verschwendete ihre Energie in diesem völlig sinnlosen Wahlkampf in dem Glauben, einer der beiden solle das Volk vertreten … auch wenn letztlich allen klar war, daß keiner von beiden Verstand oder auch nur Willen genug besaß, irgend jemanden wirkungsvoll zu repräsentieren. Die Leute gehen zur Wahl, weil dies für sie der Inbegriff der Demokratie ist – bis sie dann merken, daß ihre Stimmen gar nicht zählen und der ganze Vorgang letzten Endes reine Augenwischerei ist!

Und die ganze Zeit über treiben die Medien und die Hintermänner den Keil tiefer in die Bevölkerung und fördern deren Gefolgschaft für (irgend)eine der Parteien – während die wesentlichen Belange wie der allmähliche Zusammenbruch des Ökosystems auf der Strecke bleiben und ernstgemeinte Reformen in den Sitzungssälen der vermeintlichen »Weltherrscher« totgeredet werden.

Durch die Kampagne des Establishments ist aller Welt der Eindruck vermittelt worden, die Präsidentschaft der Vereinigten Staaten von Amerika stelle den Thron uneingeschränkter Macht dar. Diese Illusion soll euch auf die Eine-Welt-Regierung vorbereiten, die **angeblich** von dort aus gelenkt wird. Aber wir möchten euch noch einmal daran erinnern, daß diejenigen, die offiziell in Erscheinung treten (seien es nun Staatshäupter oder Weltherrscher) lediglich Strohmänner sind. Sie treffen ihre Entscheidungen nicht selbst: Das ist nur Verputz, der für euch – die Masse – von den Strategen des Machtsyndikats aufgetragen wird.

Wie mächtig sie auch erscheinen mögen, behaltet stets im Blick, daß sie alle nur Schachfiguren sind ... Ablenkungsmanöver der Wahren Regierung. Sie erteilen ihre Befehle auf Betreiben der Zweitausend und fördern so deren Reichtum wie auch ihre dunklen Machenschaften.

Diejenigen, die unerschütterlich für Wahrheit und Gerechtigkeit einstehen und sich nicht einfangen lassen – die *wahren* Repräsentanten der Menschheit –, werden ausgemerzt, noch bevor sie »Schaden« anrichten können. Ihr kennt ihre Namen. Werft einfach einen Blick in die Chroniken des Weltgeschehens, und ihr werdet feststellen, daß ein Großteil aller ermordeten Persönlichkeiten uneingeschränkt für weltweiten Frieden, Gleichberechtigung und humanitäre Werte eintrat.

Die US-Wahlkomödie 2000 sollte den Lobgesang auf das demokratische System noch höher schallen lassen und den Glauben der Bevölkerung in dieses festigen, denn ihr alle sollt auf eure endgültige, absolute Versklavung hin konditioniert werden. Die Wahl war praktisch ein Vorbote der Vollendung zentrierter globaler Kontrolle über diesen Planeten – die Eine-Welt-Regierung.

Verliert nie aus den Augen, daß die internationale Politik immer von der einzig wahren Supermacht (dem von den USA aus gesteuerten, übernationalen Militärregime) diktiert wird, die auf diese Weise die Weltwirtschaft reguliert. Dies nennen sie dann die »Demokratisierung« der Welt.

Und noch einmal fragen wir euch: Wer herrscht denn jetzt tatsächlich?

Einige von euch sehen, daß die Fäden der Machtelite – die fast ausnahmslos glaubt, sie besitze tatsächlich die uneingeschränkte Herrschaft über die Erde – auf der höchsten Ebene der Geheimregierung zusammenlaufen.

Andere wiederum glauben immer noch an den Mythos, die
»gewählten« Politiker hätten in eurer Welt das Sagen.
Mancherorts krallen sich Despoten verzweifelt an die Illusion
ihrer Macht.
Und in manchen Stammesverbänden regieren tatsächlich
noch die eigenen Reihen.
Und dann sind da die Priester mit ihren religiösen Hierar-
chien, die behaupten, sie brächten euch das Wort des Höchsten,
und die euch durch eure Sünden vor Gott das Fürchten lehren
wollen.
Doch sie alle sind nicht die wahren Herrscher der Erde, dieses
herrlichen Gestirns, das die Hoffnung der Menschheit im gesamten
Kosmos der Seele erstrahlen läßt ...
Werdet ihr euch jetzt aus dem Staub erheben, um nie wieder
auf die Knie zu fallen vor diesen Fürsten der Verdunkelung?
Habt ihr euch nicht lange genug gebeugt?
Habt ihr euren Frondienst aus Selbstaufopferung, Sklaventum
und Gehorsam nun nicht abgeleistet?
Werdet ihr, Kinder, von diesem Tag an für die Wahrheit
einstehen?

Hört uns.

Letztendlich ist es Gaia selbst, die Große Göttliche, die über eure Welt herrscht – diese Wahrheit muß stets in euch lebendig sein. Als kosmische Göttin ist sie ein Element des universalen Bewußtseins und bestimmt am Ende selbst über das Geschick allen Lebens, das sie hervorbringt. Ihr, ihre intelligenteste Lebensform, seid lediglich bewußte Einheiten ihrer belebten Natur, so wie eure Zellen und Atome Komponenten eures Ganzen sind.

Wenn es also überhaupt irgend etwas Verehrungswürdiges gibt, dann die Große Erde selbst. Geht in die Wälder, steigt auf die Berge und betrachtet den Ozean – damit heiligt ihr sie. Atmet ihre Weisheit, nehmt ihre ganze Pracht in euch auf und fühlt eure Seelen im Herzschlag eurer Großen Mutter pulsieren.

Singt ihr Lied.

Lehrt eure Kinder, Verantwortung zu tragen und Einfluß zu nehmen auf den weiteren Verlauf der Dinge, indem ihr ihnen von der Disharmonie erzählt, unter der die Erde so lange schon leidet. Sie wird diese Liebe zurückgeben und so den heißen Zorn lindern helfen.

Durch die Entwirrung des Lügengeflechts, in das eure Gesellschaften (sowohl alte als auch neue) so unentrinnbar versponnen sind, möchten wir euer Gespür für die in euch schlummernde Kraft wieder wachrufen. Wir möchten, daß ihr für Gaia eintretet, für sie wie auch für jeden Mann, jede Frau und jedes Kind aus ihrem Schoß.

Möge das, was ihr hinter noch verschlossenen Türen und in düsteren Kellerlöchern findet und ans Licht bringt, euch stärken anstatt euch zu ängstigen.

Die erfolgreiche Harmonisierung von Gaias Energiefeld hängt hauptsächlich von eurer Immunität gegenüber den Machtmechanismen des Kartells ab, die ihr erreicht, indem ihr in die Dunkelheit ihrer irregeleiteten Absichten hinabtaucht und ihre geheimen Machenschaften ans Licht zerrt – wo sie dann geheilt und vergeben werden können.

Dabei wollen wir euch unterstützen.

Der Prozeß beginnt mit der sich neu herauskristallisierenden Weisheit ringsherum, mit eurer Aneignung von Wissen durch diesen und viele andere Texte, die euch dabei helfen, die Wahrheit direkt vor euren Augen auch *wahr*-zunehmen. Wir vertrauen darauf, daß ihr unserer Botschaft offenherzig begegnet – denn wie sonst sollen wir euch erreichen? Gebt eure Erkenntnisse an diejenigen weiter, die den Weg noch nicht gefunden haben, aber nach ihm Ausschau halten … oder zumindest nach einer ungefähren Richtung.

Laßt uns die dunklen Herrscher ihrer Geheimnisse berauben, indem wir ihre Hallen der Habgier mit gleißendem Licht fluten.

Beraubt das Blendwerk falscher Herrschaft seines Glanzes.

WIDER DIE DUNKLEN MÄCHTE
- Kapitel Sechs -

Äußerst geschickt rühren die dunklen Mächte an den richtigen Saiten in euch, um eure Ängste zu schüren und so die Wahrnehmung der Masse (oder zumindest derer, die den Schein für Wirklichkeit halten) zu täuschen. Wie erfahrene Bühnenbildner ziehen sie in den Köpfen der Arglosen eine Kulisse nach der anderen auf, so daß die Menschen sich schon beim bloßen Gedanken an die finsteren Idole der materiellen und geistigen Welt völlig ausgeliefert fühlen.

Durch Musik, Kino, Fernsehen und die neuen Cyber-»Welten« werden ihnen sowohl offen als auch auf unterbewußter Ebene Botschaften vom »Bösen« in jeglicher Form vermittelt, und die Vorstellung, diese Alpträume könnten einen packen und verschlingen, lassen Kinder wie Erwachsene erschaudern.

Denkt daran, ihr Lieben, daß ohne »Sünde« keiner nach dem Priester rufen würde, ohne Verbrechen die Polizei überflüssig und ohne eure **Lenkbarkeit** die **Kontrolle** über euch unmöglich wäre ... und macht euch immer und immer wieder bewußt, wie diese euch auferlegt wird.

Die Nachrichten überhäufen euch mit Katastrophen und Massenspektakeln, und das Schreckgespenst menschlicher Grausamkeit und die fanatische Verehrung von Idolen macht euch blind für die Tatsache, daß eure Welt langsam in Dunkelheit zu versinken droht.

Das gesellschaftszersetzende Narkotikum der Religion gibt den Weg zum Heil genau vor, indem es den Menschen die Scheuklappen absoluten Gehorsams und ergebender Befolgung des Dogmas auferlegt und den vom konventionellen Weg kirchlicher Doktrin abweichenden Schafen das ewige Höllenfeuer in Aussicht stellt. Dieses Kontrollsystem funktioniert seit Tausenden von Jahren – seit der letzten Generation von Atlantis, als das Syndikat der Macht diesem Kontinent durch sein Experiment den Untergang bescherte und kurz darauf der Mythos von rachsüchtigen Göttern in den frühen Zivilisationen der Sahara auftauchte.

In jeder Epoche waren es vor allem die religiösen Führungspersonen, die über Gedanken, Verhalten und Lebensweise der Bevölkerung bestimmten. So läuft es schon seit Anbeginn der menschlichen Zivilisation. Nun, da das Zeitalter der Aufklärung seinem Ende zugeht, rotten sich die organisierten Religionen zu einem letzten großen Eroberungsfeldzug auf eure Seelen zusammen. Sie treiben euch den vermeintlichen Heilsweg entlang, während ihre Taschen vom Gold eurer Ergebenheit und Mühen überquellen.

Aber auch die Herrscher religiöser Weltreiche verkünden – ebenso wie all die politischen Galionsfiguren – ihre »spirituellen« Lehren gemäß den Anweisungen des Regimes, denn auch sie unterstehen der Geheimen Regierung. Ihre Eine-Welt-Regierung sieht nur *eine* Glaubensrichtung vor, auf die ihr systematisch hingelenkt werdet – und die ist weder christlicher noch muslimischer Natur noch entspricht sie irgendeiner anderen herkömmlichen Konfession.

Die »eine Religion«, die wir meinen, ist eure vollkommene Hingabe an eine euch richtende Institution (und ob diese sich nun in eurer Vorstellung als rachsüchtiger Gott oder als die Neuen Inquisitoren manifestiert, ist nebensächlich), die jede Eigenmächtigkeit bestraft und eure Bußfertigkeit belohnt. Dies ist dann die Religion der Macht: die absolute Kontrolle über euer Tun und Denken durch spirituelle Nötigung (Gottes »Zorn« über euch – die Ewigen Sünder), und sie ist bei weitem die abscheulichste Ausgeburt ihrer Herrschaft.

Ihr solltet diejenigen einmal genauer in Augenschein nehmen, die euch weismachen wollen, der Weg zur Erlösung müsse in gebeugter Haltung gegangen werden, denn *aufrecht* und nicht unterwürfig sollt ihr den Pfad beschreiten, den eure Seele für euch vorgesehen hat.

Christus, der auf die Erde kam, um euch die Augen zu öffnen, war ein Rebell – ein echter Anarchist. Doch diese Tatsache scheint in Vergessenheit geraten zu sein. Er wies den Weg zum wahren Heil in eurem Innern, wo eure eigene Göttlichkeit im Licht der Schöpfung strahlt. Er verkörperte Vergebung, Mitleid und bedingungslose Liebe. Er heilte die Kranken, gab sein Wissen weiter und führte die Menschheit zum Licht. Er zeigte, daß die einzig wahre Religion – euer Band zum Urgrund allen Seins – *in* euch liegt und daß **die Liebe selbst der Weg und die Erlösung** ist.

Die Priesterschaft sah Christus' »schädlichen« Einfluß auf ihre Vorherrschaft wie auch auf die organisierte Religion im allgemeinen – und sorgte für seine Ermordung. Sie manipulierte auch die Geschichtsschreibung, so daß nachfolgende Generationen einen völlig anderen Eindruck von Jesus haben würden als seine Zeitgenossen. Die Priester entwarfen das Bild des Märtyrers und selbstlosen Opferlamms, das (gehorsam) »für eure Sünden starb«. Und der Besitz der echten Dokumente sollte ihre Vormachtstellung noch verstärken.

Wie es möglich ist, daß die Kirche des Rachsüchtigen Gottes ungestraft den Messias umbringen und euch gleichzeitig einen unauslöschbaren Schuldkomplex einbrennen konnte? Nun, die Kirche gewann diese Partie, indem sie dem römischen Statthalter Pontius Pilatus den Mord anlastete, der der Hinrichtung als Zugeständnis an die Priesterschaft zustimmte – die sich so (zumindest bedingt) des größten Rebellen aller Zeiten entledigte.

Seid euch stets bewußt, ihr Lieben, daß der Schein oft trügt, und prüft daher ... prüft *genauestens* die vermeintlichen Zeugnisse der Menschheitsgeschichte.

Ihr, die neuen Lichtwirker, vermögt durch die Oberfläche hindurch bis in die finstersten Abgründe der Illusion zu schauen, und dieser Scharfblick entwindet euch langsam den Klauen des »Phantoms« und vermittelt euch ein Gefühl von Freiheit und innerer Klarheit.

Doch als Weckrufer eures Volkes werdet ihr zugleich zur Zielscheibe, denn eure erhöhte Schwingungsfrequenz sorgt für beträchtliche Störungen im ausgetüftelten Kontrollnetz des Establishments, das die Masse in einem niederfrequenten Lähmungszustand hält – dieses Netz kann nämlich durch entsprechende Gedanken und Taten aufgelöst werden ... wenn das Trugbild erst einmal durchschaut ist.

Glaubt ja nicht, daß das Geheime Regime keine Kenntnis nähme von eurer stetig steigenden Zahl, oder daß eure wachsende Bewußtwerdung als »unbedeutend« abgetan würde. Das Leuchten eures Wissens und eurer Zielstrebigkeit gefährdet die Verdunkelungsstrategien der verkappten Machthaber ganz erheblich und bringt diese in Zugzwang, ihrerseits Gegenmaßnahmen zu treffen, um eurem Licht entgegenzuwirken. Denn immer zahlreicher, immer mächtiger werdet ihr; ihr verleiht der verstummten Wahrheit erneut eine Stimme und werdet so zur akuten Bedrohung für ihren »Plan«.

Die Erkenntnis der höheren Intelligenz allen Seins entfacht die Universale Flamme in euch zu ungeahnter Helligkeit und macht euch – innerlich wie auch gemeinschaftlich – stark. Noch vor kurzem (vor knapp fünfzig Jahren) sah man nur hier und da ein schwaches Flackern, während es heute ein wahres Flammenmeer ist, verheerend für sie und nicht so leicht zu löschen.

Ein wirkungsvoller Plan mußte her, um euch, die »Aufständischen«, mundtot zu machen ... und er kam.

* * *

Der beste Weg, eure Organisationen zu unterwandern, ist es, eure Methoden, euer Erscheinungsbild und eure Sprache zu imitieren. Die wahren Dunkelmänner kleiden sich niemals in Schwarz; das sollte euch inzwischen bewußt sein. So offenkundig würden sie sich niemals präsentieren – denn gerade ihr Wirken im Verborgenen bedingt ihre Stärke.

Nein, die systematische Prägung des Unterbewußtseins durch teuflische Idole und blutige Bilder sind Bauernfängermethoden für das einfache Volk – die paralysierte Masse –, das in seiner suggerierten Angstneurose durch das bloße Heraufbeschwören dieser Bilder sofort den falschen »Rettern« verfällt – das Verhalten braver, »gottesfürchtiger« Bürger, die Opfer ihrer eigenen Blindheit sind.

Ihr dagegen stellt eine weit größere Herausforderung dar.

Diese Plagegeister (die wir »das Establishment« nennen) geben sich nicht zu erkennen, indem sie mit totenkopfverzierten Zeptern umherstolzieren, also laßt euch nicht von diesen Prototypen auf eine falsche Fährte der Angst setzen. Ihr findet die wahren Intriganten unter den Lichtboten selbst, unter Staatsmännern, Intellektuellen, Priestern, Heilsverkündern und geistigen Führern. Sie geben vor, wie ihr die Wahrheit zu suchen, und sie täuschen euch, wo sie nur können – denn sie sind wahre Meister der Tarnung.

Sie sind schon eifrig am Werk und infiltrieren eure Organisationen. Deshalb wollen wir das hier einmal in aller Deutlichkeit verkünden, damit ihr gewarnt seid. Ihr müßt heute vorsichtiger sein als je zuvor – ihr dürft nicht länger wie vertrauensselige Kinder nach allem greifen, was sich euch darbietet – sondern müßt weise vorgehen und lernen, euch **in einem Rosenbeet immer vor Dornen in acht zu nehmen.**

Bereits in früheren Botschaften haben wir betont: Ihr dürft nicht blindlings alles und jedem glauben, der oder das euch Erleuchtung oder gesellschaftlichen Wandel verheißt, denn die Wege und Methoden der Dunkelmänner sind vielseitig und oft nicht sofort zu durchschauen, so daß ihr ständig auf der Hut sein müßt … haltet eure »Antennen« stets in Alarmbereitschaft. Stellt in Frage. Haltet alles prüfend ans Licht eurer inneren Weisheit, um sicherzugehen, das ihr nicht dem trüben Aufguß verwässerten Scheinwissens erliegt, sondern dem gleißenden Licht unverfälschter Wahrheit folgt.

Manche Gurus bringen euch im Dienste der »Erleuchtung« um all eure irdischen Besitztümer, während sie ihren eigenen Prunk und Protz ungeniert zur Schau stellen – und trotzdem schenken ihre Jünger ihnen Glauben und Vertrauen.

Wie ist das möglich?

Man braucht sich bloß einmal anzuschauen, wie selbstverständlich so mancher Politiker in frömmlerischer Ehrerweisung Gottes Namen äußert und im gleichen Atemzug im Rahmen einer Kriegs- oder Vergeltungsmaßnahme den Tod zahlloser Unschuldiger anordnet und dabei gar nicht zu merken scheint (da er sich schließlich nicht rechtfertigen muß), daß beides im Grunde unvereinbar ist. Und das merkt keiner? Es scheint zumindest ganz so, als würden die fragenden Rufe nach Sinn und Zweck brutaler nationaler und internationaler Militärpolitik durch die borniertn Devisen von »Einheit« und »Macht« tatsächlich erfolgreich zum Schweigen gebracht.

Sieht denn hier keiner den Widerspruch?

Wir wollen damit nicht etwa behaupten, daß ihr, die Erwachenden, so leicht zu täuschen wärt, denn die meisten von euch durchschauen die Scheinheiligkeiten durchaus. Vielmehr möchten wir euch davor warnen, daß die Geheimregierung mit immer raffinierteren Manövern aufwartet, um euch auszuspielen, und daß sie diese in euren eigenen Reihen unternimmt. Ihr seid gut beraten, alles, was an euch herangetragen wird, äußerst gründlich zu prüfen … und zwar ab sofort und künftig.

Das Ausmaß an vorsätzlicher Fehlinformation, die eure spirituellen Vereinigungen bereits durchsetzt hat, ist enorm – und weitet sich rasch aus. Von ganz offenkundigen Irrtümern bis nur unterschwellig erahnbaren Täuschungen ist alles dabei und will euch vorgaukeln, daß ihr tatsächlich Einblick in undurchdringliche Mysterien erhaltet und ungeahntes

Wissen erlangt, obwohl es sich in Wahrheit nur um die falschen Fährten des Establishments handelt.

Ihr müßt von nun an sehr sorgfältig vorgehen, alles mit eurem Herzen prüfen und eure innere Stimme fragen, was euch von Nutzen ist und dem Höheren Ganzen dient und was zurückgewiesen werden sollte.

Wir empfehlen euch vor jeder anstehenden neuen Erfahrung, vor jedem Gang in unbekanntes Terrain, das Mantra der Souveränität zu sprechen, das neuerworbene Wissen genauestens zu begutachten und dann die alles entscheidende Frage zu stellen:

Macht diese Erfahrung stark, ruft sie Freude, Kraft und Ehrfurcht hervor, oder aber erzeugt sie Angst ... ein Gefühl von Hilflosigkeit und Schwäche?

Natürlich kreisen eure Gedanken zur Zeit hauptsächlich um Verschwörungstheorien, und hier ist es ganz besonders wichtig, jede Information erst einmal in Frage zu stellen, denn man wird durch alle möglichen Tricks und Finten versuchen, euch vom richtigen Kurs abzubringen – schließlich können sie sich keine offizielle Zensur erlauben (dafür seid ihr zum einen zu viele, und zum anderen würde das die Fassade ihrer »Demokratie« zu offensichtlich bröckeln lassen).

Eine viel weitreichendere Methode ist es ohnedies, eure Aufmerksamkeit in eine falsche Richtung zu lenken – dies geschieht durch ein Netzwerk, das gezielt Fehlinformationen verbreitet und das die geheimen Machenschaften des Regimes und die Identität seiner einzelnen Mitglieder so unverhüllt zu präsentieren scheint, daß das Gefühl der Aufdeckung und der Bestätigung schon immer gehegter Verdächtigungen euch förmlich trunken macht. Kurzum, ihr werdet den Informationsköder bereitwillig schlucken und seine dunkle Essenz an andere weitergeben, und so (völlig unbedarft) selbst zum Schattenträger werden.

Während ihr euch gierig auf die Bissen an »Insider-Information« stürzt, die euch vermeintliche Aussteiger des Establishments hinwerfen (damit meinen wir diejenigen, die ihrerseits vorgeben, das Regime auszuspionieren), werdet ihr gleichzeitig mit dem Gefühl hilfloser Unterlegenheit gefüttert. Euch wird suggeriert, das Komplott gegen die Menschheit sei noch viel verstrickter als angenommen und die Wurzeln des Bösen reichten so tief, daß ihr am Versuch, sie auszureißen, unweigerlich scheitern würdet. Euch wird der Glaube eingeflößt, die Menschheit werde **scheinbar** vom Sog absoluten Kontrollverlustes hinab ins Verderben gezogen.

Sollten die Informationen, die ihr erhaltet, euch also schwächen, euch frustrieren und eure niederfrequenten Instinkte wie Angst, Sexualität oder den Überlebenstrieb anregen … dann entspringt dieses »Wissen« definitiv keiner Quelle des Lichts.

Daher seid wachsam.

Der Große Schöpfer erfüllt euch wie auch alles, was euch umgibt; ihr seid fest mit dem großen Planeten Erde verbunden, und der universale Geist leitet euch hinauf zu höheren Ebenen. Euer Weg führt nach oben, nicht in den Abgrund.

Ihr habt den Weckruf vernommen, Lichtwirker Gaias! Wann also schüttelt ihr endlich die Taubheit ab?

Während das Establishment euch immer schärfer zu überwachen sucht, hilft euer Gesang der Menschheit, dem unmelodischen Tumult aus Angst und Unwissenheit zu entkommen und einer Ahnung nachzuspüren … einer Erinnerung … an den eigentlichen Grund eurer irdischen Existenz.

Die Aneignung von Wissen und Wahrheit fördert euren Heilungsprozeß; ihr findet dadurch eure Basis und eure Mitte. Die Weisheit, die ihr daraus zieht, verleiht euch eine offenere Sichtweise und gibt euch neue Impulse – beides der Hauptnährboden für die Früchte der menschlichen Evolution. Das Wissen, das euch jetzt erreicht, läßt euch aus allen Herausforderungen nur noch stärker hervorgehen, und der Wind des Wandels richtet euch auf, anstatt euch niederzudrücken.

Dies ist der Weg aller wahrhaft Suchenden, und wir empfehlen ihn euch zur Stärkung eurer Einsicht, eures Mutes und eurer Überzeugungskraft.

Euer immer profunderer Einblick in die zugrundeliegenden Strukturen der Eine-Welt-Regierung wirken diesen entgegen und machen euch frei, dem Kurs eurer Seele zu folgen – die wunderbare Spirale hinauf. Je mehr ihr über ihren Plan für die Menschheit in Erfahrung bringt, desto entschlossener werdet ihr – und beginnt zugleich Dinge anzuzweifeln oder zurückzuweisen, die ihr vorher einfach hingenommen habt. Euch werden die Augen geöffnet und ihr *seht*, daß das Gefüge aus Krieg, politischen Krisen und Gewalt nicht so wahllos zusammengesetzt ist wie es einst schien, sondern daß ihm eine konkrete Struktur schleichender Konspiration zugrundeliegt. Euch wird klar, daß der Globalisierungsprozeß allein den Industriemagnaten, den Reichen, dient, während er gleichzeitig eine Verarmung an Menschlichkeit darstellt. Ihr seht also, welch irreparablen Schaden die Welt in den schmutzigen Händen der Machthaber nimmt.

Doch die Zahl der Menschen, die sich von Brot und Spielen des Establishments in Bann ziehen läßt, schwindet zusehends, denn immer mehr von euch durchschauen den wahren Zweck der Fanfaren und Aufmärsche. Ihr erkennt die Absichten, die sich hinter den grotesken Masken des Zirkus verbergen, und seht genau, wohin man euch treiben will. Diese festgelegte Marschrichtung stellt das schwache Glied in der Kette ihrer Machenschaften dar – und an genau diesem müßt ihr sägen.

Ihrer Vorgehensweise liegt eine ganz bestimmte Struktur zugrunde, und auch wenn es auf den ersten Blick nicht unbedingt so aussieht, ist es doch ein Vorteil zu euren Gunsten – denn Ordnung ist leichter zu bezwingen als Chaos.

Allein indem ihr die einzelnen Elemente dieses Musters erkennt, werdet ihr es bereits (durch den Einfluß eurer Bewußtseinsenergie) ändern. Bedenkt nur, daß sich allein schon das Beobachten eines Experiments auf dessen Resultat auswirkt. Ganz unbewußt vielleicht wer-

det ihr seinen Wandel und letztlich seine Zerrüttung herbeiführen –
denn die Geheime Regierung hat in ihren Plan nicht eine so große
Menge an Rebellen einkalkuliert, die sich ausgerechnet zu einem so
bedeutsamen Zeitpunkt erhebt. Ebensowenig wie sie eure erneute
Kontaktaufnahme zum Bund des Lichts eingeplant hat. Man hat
schlicht und einfach nicht erwartet, jemals »entdeckt« zu werden,
denn ein solcher Tiefblick wurde euch nicht zugetraut.

Schaut euch an. Seht ihr, wie strahlend euer Glanz ist?

Wir sehen es. Wir sehen den edlen und mitfühlenden Kern eurer
Menschlichkeit – das in euch schlummernde Wunder zahlreicher Veranlagungen und die ganze Pracht der euch alle verbindenden Seele.
Und dies alles hilft euch, selbst in vermeintlichen Niederlagen noch
die großartigen spirituellen Chancen wahrzunehmen, die sich euch
darbieten. Das Establishment arbeitet sich durch eure Unterdrückung
also im Grunde selbst entgegen, indem es dadurch euren Geist stärkt.

Die Konstrukteure der Neuen Weltordnung unterziehen euch
einer Feuertaufe – der letzten, großen Initiation –, aus der ihr entweder
als Eingeweihte der Neuen Menschlichkeit hervorgeht oder aber im
Kugelhagel vollkommener Einkesselung vernichtet werdet.

Indem sie sich abmühen, euch zu entzweien und verstummen zu
lassen, schweißen sie euch im Gegenteil nur noch stärker zusammen
und verleihen euch erst recht eine gemeinsame Stimme. Der Deich ihrer
Heimlichkeiten bricht – erst hier und da und dann an immer mehr
Stellen bricht der Damm des Schweigens, und sie müssen erkennen,
daß sie die Sturzflut eurer Rebellion nicht länger aufhalten können.
Indem sie an ihrer maroden Wehr zusammenlaufen und sich verzweifelt dagegenstemmen, wenden sie euch ihre Achillesferse zu.

Seid also umsichtig – aber furchtlos in dem Wissen, daß aus dem
fruchtbaren Boden der Bewußtwerdung eure Freiheit sprießen und
unter der Sonne der Wahrheit erblühen wird. Fordert also eure uneingeschränkte Unabhängigkeit als souveräne Individuen, und seid aufrecht

und ehrlich gegenüber allen, denen ihr begegnet. Vor allem aber verliert nie aus den Augen, daß jeder Aspekt eurer dreidimensionalen Wirklichkeit ein polares Gegenstück besitzt – das diesen Aspekt ergänzt und vervollständigt ... sozusagen seinen Spiegel darstellt.

Wo also eine dunkle Kraft gegen euch am Werk ist, da wirkt ebenfalls (entsprechend der Dualität aller Dinge) eine gleichermaßen starke Lichtkraft an ihrer eigenen »Neuen Weltordnung«: der Kosmischen Enthüllung.

Wir glauben fest daran, daß sich in eurer Welt ein großer Aufbruch anbahnt. Wir fühlen, wie ihr euch streckt, euch vorbereitet; wir hören, wie das Blut durch eure Adern rauscht; wir hören euch tief Atem schöpfen und sehen mit euren Augen. Wir möchten euch dabei helfen, eure Gedanken, eure Gefühle und eure Entschlossenheit auf euer *eines* Ziel auszurichten ... damit sich der Wandel in jedem Winkel eurer Welt vollzieht – zum Wohle der gesamten Menschheit.

Dieser Prozeß hat bereits begonnen.

Es ist wichtig, daß ihr den dunklen Schatten ruhig und umsichtig begegnet, denn ihr müßt den Wogen des Umbruchs **furchtlos** standhalten, die über euch hinwegfluten werden. Eure Angst nährt nur die dunklen Einflüsse, indem sie euch energetisch an diese bindet – weshalb wir mit euch gemeinsam in ihre finstersten Höhlen vordringen wollen ... sowie in eure eigenen dunklen Abgründe.

Schon eure bloße Anwesenheit lenkt das Licht der Liebe in diese Schattenwelten. Und auch, wenn euch dies vielleicht nicht bewußt ist, werdet ihr die Orte auf diese Weise heilen. Denn letzten Endes gibt es dort nichts, gegen das ihr euch nicht behaupten könntet, und indem ihr eure düstersten Ängste anerkennt, werdet ihr diese aus eurem Bewußtsein lösen und frei sein für eure Energiearbeit an Gaia.

Denn dafür seid ihr hier ...

Das ist eure Aufgabe.

DIE NEUE WELTORDNUNG
- Kapitel Sieben -

Die Eine-Welt-Regierung – die keine Notwendigkeit mehr darin sehen wird, ihre Lügen und Intrigen zu verbergen – rückt mit großen Schritten näher. Das fällt nicht nur denen auf, die unmittelbar betroffen sind, sondern allen, die auch nur den winzigsten Tropfen der großen Flutwelle abbekommen, mit der die Neue Weltordnung über die Menschheit hinwegbrandet ... denn die größte Sturmflut, die die Menschheit je erlebt hat, strömt auch bereits durch die Vorgärten der unbewußten Masse.

Jeder von euch wird sie mit unterschiedlicher Intensität zu spüren bekommen, und ihre ambivalente Natur – sowohl zerstörerisch und tyrannisch als auch reinigend und befreiend – wird euren freien Willen fordern durch die zu fällende Entscheidung, wie ihr diesen Sturm am besten überstehen werdet.

Auch wenn die derzeitige Entwicklung der Ereignisse eher erschreckend und bedrohlich wirkt, solltet ihr euch stets bewußt machen, daß der aggressive Ausfall, den das Regime zur Eroberung des Planeten unternimmt, der längst fällige Peitschenhieb ist, der die Menschen aus der Narkose der Gleichgültigkeit reißen und sie aufstehen lassen wird, um für sich und die Gemeinschaft einzustehen. Durch ihren allgegenwärtigen Machtapparat und ihr alle Bereiche infiltrierendes Kontrollsystem untergraben die Mächtigen ganz unverblümt die persönliche Freiheit und schänden euren Planeten auf geradezu eklatante Weise. Keiner kann sich daher noch wahrhaft der Illusion von Aufrichtigkeit und guter Absicht hingeben, mit der ihr alle so lange geblendet wurdet.

Immer mehr von euch durchdringen inzwischen die Nebel der Scheinwirklichkeit – und das ist in dieser schwierigen Phase eurer Entwicklung ein äußerst positives Zeichen. Seht daher bitte vor allem die guten Seiten, die die dunklen Ränkespiele des Establishments für euch persönlich haben ... denn indem sie euch an die Kandare nehmen, wecken sie erst recht eure Entschlossenheit und Begierde, endgültig davonzulaufen – hin zum Licht.

Und das, Kinder, ist **Gerechtigkeit** im wahrsten Sinne des Wortes.

Außerdem ist es ein ganz besonderes Beispiel dafür, daß das Licht letztendlich die Oberhand behält. Laßt euch von diesem Licht leiten, wenn die nahende Feuerprobe euch ins Schattenreich zu verschlagen droht, das stets so nahe ist – inmitten der dunklen Hügel, durch die sich euer sternenbeleuchteter Pfad windet.

* * *

Das Konstrukt ihrer Allmachtsphantasie beginnt zu bröckeln, die Pfeiler der Macht zu wanken, um schließlich endgültig zusammenzubrechen, wie es die Katastrophe um das World Trade Center schon vorausgedeutet hat. Die Stoßkraft dieses Ereignisses, die Öffnung des *11:11-Portals,* brachte all jene in ihrer Entwicklung voran, die entweder mit Gaia aufsteigen werden oder aber noch einmal als Lichtwirker in die materielle Welt zurückkehren. Deshalb verschließt nicht die Augen, ihr Lichtwirker, vor den Möglichkeiten, die ungeahnt aus Staub, Verzweiflung und Zerstörung erwachsen, und seht, wie diese unheilvollen Schattenwelten das Licht geradezu magisch anziehen.

Und im Grunde habt ihr doch gewußt, was kommen würde, habt ihr doch maßgeblich auf verschiedenste Weise dazu beigetragen: als berufstätiges Mitglied eurer Wegwerf-Gesellschaft und als »Aussteiger«;

als umweltbewußter Mitmensch und als gedankenloser Verschwender natürlicher Ressourcen; als mitfühlender, anteilnehmender Bürger eurer problemgebeutelten Gesellschaft wie auch als gleichgültiger Passant. Und daher appellieren wir an euch alle: Laßt euch nicht vom scheinbar unüberwindlichen Ausmaß der über euch schwebenden Bedrohung in Bann schlagen und steckt auch nicht die Köpfe in den Sand der Resignation, der (zur Zeit) so viele Seelen unter sich begräbt, sondern analysiert mit wachem Verstand die Methoden der weltweiten Diktatur über euch wie auch den Anteil, den ihr selbst in Gemeinschaft mit anderen daran habt ... und **konzentriert euch auf das, was ihr dagegen zu tun gedenkt.**

Der europäische Kontinent, ein Konglomerat verschiedenster Kulturen und Sprachen, hat von den USA das Modell der *Einen Nation* übernommen und sich zu einem einheitlichen »Europaland« zusammengeschlossen – wodurch das Establishment alte Traditionen und kulturelles Wissen im Einheitsbrei untergehen lassen will, um so die Weisheit der Ahnen auszulöschen und eure Verbindung zu eurem kulturellen Erbe wie auch zur Erde selbst zu durchtrennen. Der relativ neue Zusammenschluß wird schließlich über fünfundvierzig Staaten durch ein gemeinsames System von Währung, Wirtschaftspolitik, Militär und Handel verbinden.

Die osteuropäischen Staaten rücken zur Zeit ebenfalls in das Einzugsgebiet dieses Bündnisses, bedingt durch das (vom Zerfall der Sowjetunion begünstigte) Phänomen der »Globalisierung«. Rußland – oder vielmehr das, was davon noch übrig ist – wird inzwischen als »frühere« Supermacht gehandelt, doch zeigt sich immer deutlicher, daß sich das Land seinen ursprünglichen Rang zurückerobert.

Die Einstufung Rußlands als gescheiterte Supermacht sollte in euren Köpfen die Vorstellung installieren, der Kommunismus liege am Boden und der »böse Feind« sei somit besiegt. Doch Rußland formiert sich bereits neu – in Gestalt einer sehnigen Raubkatze wird sich das Land als vorsichtiger Neuling der »demokratischen« Horde anschließen, die

Weltpolizei spielt – oder vielmehr versucht, »Demokratie zu verbreiten«, wie ihre Anführer euch weismachen wollen.

Gemäß den Anweisungen des Geheimen Regimes hält sich Großbritannien wartend abseits – eine mächtige Säule sowie eine Stütze der USA und Schlüsselfigur in den Sitzungssälen des Machtapparates. Einen Fuß hat Großbritannien stets auf kontinentaleuropäischem Boden – um sofort hinüberzuspringen, sollten die Machthaber dort einen Verbündeten mehr brauchen.

Dieses neue, zentralisierte »Europaland« wird sehr schnell zu einem wesentlichen Bestandteil der Neuen Weltordnung werden, deren Transaktionen vom Pentagon und anderen US-Militäreinrichtungen des unterirdischen Netzwerkes aus gesteuert werden. Dort befinden sich die Schalthebel des Weltgeschehens; von dort führen die verdeckten Machthaber ihre strategischen Schachzüge aus.

China entwickelt sich gegenwärtig zu einem mächtigen Gegenspieler, bedrohlich auf der einen, wirtschaftlich interessant auf der anderen Seite. Auch dieses Bild ist jedoch lediglich Teil des Plans, eure Aufmerksamkeit stets auf den falschen Gegner zu lenken und immer einen offiziellen Riesen bereitzuhalten, der euch zu fressen droht und vor dem euch allein eure jeweiligen Regierungen schützen können.

Bis zum Zusammensturz der Twin Towers, dem *11:11-Portal* zu einem neuen Bewußtseinszustand, glaubten die meisten von euch an dieses Märchen. Doch der 11. September zerriß provokativ den Schleier eurer vermeintlichen Geborgenheit ... und genau das bezweckte man. Nun, da eine totalitäre Weltregierung die Bühne betritt, muß verstärkt sichergestellt werden, daß eure schlummernde Nemesis, der Drang nach Vergeltung in euch allen, nicht erwacht und ihre Pläne durchkreuzt. Sie werden versuchen, eure letzten, tiefsten Ängste anzufachen und sie als Argumente zur Errichtung eines globalen militärischen Netzwerks zur Bekämpfung des »Bösen« zu nutzen ... das schließlich die gesamte Erde überzieht.

Die Geheimregierung hat das Monster wieder zum Leben erweckt, um euch eure vermeintliche Schwäche vor Augen zu halten, so daß ihr euch bedingungslos ihrem »Schutz« anvertraut – und sie euch so lächerliche Vorrichtungen wie das von den USA geplante *National Missile Defence System*, ein riesiges Raketenabwehrschild, verkaufen können, das (auf ganz unspektakuläre Weise) plötzlich wieder zum Thema geworden ist. Ihr werdet in solch sinnlose Apparaturen geradezu »hineinterrorisiert«, als könne euch der Abschuß eines atomaren Sprengkopfs vom Weltraum aus tatsächlich vor der nuklearen Vernichtung bewahren. So als wäre das Management von Krieg und Zerstörung so einfach strukturiert wie ein Videospiel ... wo Feindschiffe über den Monitor kreuzen und sie, die Helden, diese eliminieren.

Und so als ob es irgendwo auf der Erde noch einen »sicheren« Ort gibt, wenn diese Raketen erst einmal in der Luft sind.

Die eindrucksvollen thermonuklearen Waffenlager, die die zehn größten Militärnationen ihr eigen nennen, sind mit automatischen Abschußvorrichtungen ausgestattet. Diese sind für den Fall eines Angriffs auf die Millisekunde genau programmiert – und dank einer ausgetüftelten Satellitenanbindung an den Weltraum stets monitorüberwacht.

Was nun die zeremonielle Übergabe der dubiosen Black Box – dem Startknopf zur nuklearen Katastrophe – von einem »Oberbefehlshaber« der USA an den nächsten angeht ... laßt euch gesagt sein, daß die Knöpfe im Ernstfall von ganz anderer Stelle gedrückt werden, von Personen, die weit mächtiger sind als gewöhnliche Präsidenten. Die erste atomare Rakete wird einen wahren Dominoeffekt auslösen, der in einen weltweiten nuklearen Holocaust mündet, und kein Raketenabwehrsystem der Welt wird dies verhindern können. Nichts kann dies verhindern.

Die Erdbevölkerung sollte, sofern ihr der Frieden am Herzen liegt, ihre Regierungen auffordern, das *Star Wars*-Weltraumprojekt zur

Abwehr von Langstreckenraketen zu boykottieren, und besonders die Bürger der USA sollten sich dafür einsetzen, daß die Milliarden von Dollar, die in dieses Projekt fließen, lieber zur Abwendung der viel akuteren nuklearen Bedrohung genutzt werden, die von den extrem ungesicherten und unterbesetzten Atomreaktoren ausgeht – denn diese sind im Moment die realste Bedrohung.

* * *

Die Strategie, China als mächtigen Gegner zu präsentieren und sogenannte Schurkenstaaten, deren einziges Ziel die Zerstörung von »Recht und Ordnung« ist, wie Pilze aus dem Boden schießen zu lassen, soll in euren Köpfen ein festgelegtes, polarisiertes Denkschema installieren. Es soll im Sinne von »durch Waffen Frieden schaffen« das demokratische Ideal verherrlichen, das als »das Gute« über alles triumphiert. Unter diesem Vorwand wollen sich die Herrscher der sogenannten »freien Welt« endgültig der Feinde des vermeintlichen Weltweiten Demokratischen Bündnisses entledigen – um dann allerorts ihre »Moral«vorstellungen zu verwirklichen.

Und dann, ihr Lieben, wird nur noch die eine »demokratische« Regierung über euch herrschen – die Eine-Welt-Regierung.

Ihr, die Bevölkerung unter diesem rechtschaffenen Bündnis, werdet mit all diesem Unsinn in die Irre geleitet – und spielt weiterhin Cowboy und Indianer im aufrichtigen Glauben an diese »gute Jungs/böse Jungs»-Politik. Wann bloß wird die Weltbevölkerung endlich erkennen, daß dieses ganze Kriegstheater ein reines Ablenkungsmanöver ist?

In Wahrheit nämlich ziehen sie gegen *euch* in die Schlacht: ihr, das Volk, seid das eigentliche Ziel der Geheimen Regierung – **ihr alle** seid die »Indianer«.

Nehmt euch in acht vor dem vermeintlich »richtigen Weg«, den sie euch predigen, denn er ist Teil der an euch vorgenommenen Konditionierung, die euch blindlings auf dem »einzig wahren« Weg hin zur Neuen Weltordnung führen soll. Denn aus dem Innern dieses Käfigs, aus diesem Labyrinth der Illusionen, wieder herauszufinden, wäre ein sehr schwieriges Unterfangen.

Um das Konzept der »richtigen« Seite attraktiv und wirkungsvoll zu machen, muß die Gegenkraft des von Grund auf »Bösen« ebenfalls ins Leben gerufen werden – denn im polarisierten Denkschema ist »richtig« gleichbedeutend mit »gut«. Ein Kommunist sieht im Kapitalismus dasselbe wie ihr im Sozialismus – die Wurzel des gesellschaftlichen Verfalls; er betrachtet sein System wie ihr das eure – als das einzig »richtige«, denn genau das ist es, was euren Glauben an das jeweilige Prinzip festigt.

Kaum einer scheint dabei zu merken, daß das eine politische System das genaue Gegenstück zum anderen ist und daß die Spannung, die aus dieser Zweiteilung erwächst, dem einen *tatsächlichen* Machtsystem in die Hände spielt – dem Establishment! Beide Ansichten bedingen sich gegenseitig, denn jedes Dogma baut vor allem auf der Angst vor einer Gegendoktrin auf, die eine angebliche Gefahr für die eigenen Überzeugungen darstellt ... weshalb es so ungemein wichtig ist, euch in dem Glauben zu bestärken, euer Weg sei der einzig richtige und jeder andere von Grund auf falsch.

Zur Sicherung eurer politischen Loyalität will man euch ebenfalls weismachen, die Staaten »falschen« Glaubens seien allein auf eure Vernichtung aus. Dies ist die Triebfeder der polarisierenden Bewußtseinsbildung, wie sie die Welt zur Zeit erfährt.

Und sie ist zudem das Salz in der politischen Suppe, in der ihr alle schwimmt.

Die Machtelite weiß, daß ihr dieser niemals folgen würdet, sollte sie offiziell in Erscheinung treten, und daß eine unbemäntelte Versklavung nur euren Widerstand weckt und euch »unbrauchbar« macht. Oft genug haben sie die offene Diktatur geprobt und feststellen müssen, daß ihr letzten Endes immer gegen die Peitsche aufbegehrt. Als viel effektiver hat sich die Strategie erwiesen, euch glauben zu machen, ihr würdet selbst über euch bestimmen. Das ist ihr Patentrezept.

Laßt uns dies am Beispiel der USA erläutern: Denn mit diesem Staatengefüge schufen sie den Urtyp der unbesiegbaren Nation – eine eigenmächtig handelnde Oberhoheit, die aus dem Zweiten Weltkrieg hervorgegangen ist. Dort entstand ihr Image als Freiheitskämpfer und Tyrannentöter, das die USA nach ganz oben auf das Siegerpodest brachte, wo sie dann das Gold einstrich – im buchstäblichen Sinne. Großbritannien nahm sich Silber und Rußland wurde Bronze **zugestanden** – das ihm dann wenig später schon wieder entzogen wurde.

Als Bürgern der »freien« Welt wird euch die Vorstellung vermittelt, alle anderen Systeme seien eurem gegenüber minderwertig und die Welt werde ein regelrechtes Paradies sein, wenn euer Moral- und Glaubenskonzept erst einmal überall Einzug gehalten hat (denn selbstverständlich gilt eure Freiheit nicht für diejenigen, die man zu ihrem Glück zwingen muß). Ihr seid leichter zu lenken, wenn ihr aufrichtig von eurem System überzeugt seid und somit die Vorwände und Ausflüchte glaubt, mit denen man die brutalen Maßnahmen gegen andere schönzureden versucht.

Durch die »Zerschlagung« der Sowjetunion wurde euch einmal mehr suggeriert, daß das »Gute« stets über das »Böse« triumphiert und daß ihr als Bürger der Demokratie in jedem Fall auf der richtigen Seite dieses Ewigen Krieges zwischen Licht und Schatten steht – den man ebenfalls zur Rechtfertigung solch unglaublicher Taten wie dem Abwurf der Atombombe über Japan heranzieht.

Ihr dürft niemals aus den Augen verlieren, daß diese politische Haltung wie auch die Kriege und die nicht enden wollende Gewalt, die aus dieser hervorgehen, einer ganz bestimmten Absicht dient; euch wird die Überzeugung förmlich eingeimpft, daß letztendlich nur eine zentralisierte Machtstruktur in der Lage sei, für weltweite Ordnung,

Sicherheit und wirtschaftliches Wachstum zu sorgen wie auch euch vor dem Verlust eurer westlichen Lebensqualität zu bewahren, die man euch ansonten direkt aus den Wohnzimmern stehlen wird.

Sie sind der festen Überzeugung, daß ihr ihre dunklen Machenschaften auch weiterhin billigen werdet, haben sie doch in relativ kurzer Zeit große Fortschritte erzielt, während ihr nur stillschweigend zugeschaut habt. Ihr alle habt ihr Tun zugelassen. Mehr noch, ihr habt dazu beigetragen und ihnen sogar geholfen, und ein Großteil der Menschheit tut dies noch immer. Und daher fordern wir euch, die Erwachenden, mit aller Dringlichkeit auf, endlich aktiv zu werden und all euer Wissen und eure Erfahrung – die vereinte Kraft von Geist, Herz und Seele – auf die Vereitelung ihrer Pläne zu verwenden.

* * *

Afrika ist bereits von den Annunaki kontinuierlich geschröpft worden, und weite Teile dieses Kontinents sind ihrer Bodenschätze weitestgehend beraubt – wenn auch an bestimmten Stellen noch wahre Reichtümer zu bergen sind. Manche Gebiete sind unfruchtbar und lebensfeindlich; andere wiederum sind durch Bürgerkriege völlig verwüstet und man überläßt sie einfach sich selbst – denn dieser Boden ist praktisch wertlos geworden.

Im Grunde genommen betrachtet das Establishment Schwarzafrika als die größte Müllhalde der Erde.

Und was die Menschen und die vielfältige Tier- und Pflanzenwelt dort angeht, die verzweifelt um ihr Überleben kämpfen ... nun, sicherlich ist euch bereits aufgegangen, daß die Maßnahmen der UN nicht viel mehr sind als Aspirin für einen Sterbenden. Denn trotz all der Hilfsaktionen, die eure Regierungen als humanitäre Unterstützung proklamieren, wird so gut wie nichts gegen Hunger und Krieg in diesen desolaten Gebieten unternommen.

Dabei möchten wir auch noch einmal darauf hinweisen, daß Schwarzafrika schon immer als Versuchslabor zur Entwicklung und

»Verbesserung« synthetischer Superviren gedient hat: sowohl für die bekannteren, für Ebola und AIDS verantwortlichen, als auch für neuere, wie beispielsweise das des West-Nil-Fiebers. Für das Regime ist Afrika allerdings insbesondere ein Absatzmarkt für alte Waffen und ausgemusterte Kriegsausrüstung und bietet somit gleich zwei Vorteile: Zum einen ist der dort florierende Waffenhandel recht einträglich, und zum anderen helfen die Schlachtfelder geschürter politischer Konflikte dabei, die Bevölkerung drastisch zu dezimieren.

Im großen und ganzen inszeniert man also ein zutiefst absurdes Kriegstheater. Die Stammesfehden – all die Massaker und Bürgerkriege – erledigen auf bequeme Weise den schmutzigen Teil der Arbeit des Regimes. Denn nicht genug damit, daß das unaufhörliche Morden das Establishment vom »entbehrlichen« Teil der Bevölkerung befreit, bezahlen die Regierungsmarionetten dieser Länder die Machthaber auch noch für die Hinrichtung ihrer eigenen Leute.

Dasselbe gilt für Indien und seine Nachbarstaaten, in denen unvorstellbares Elend aufgrund von Armut, Krankheit und Überbevölkerung herrscht. Diese Länder verfügen jedoch neben (wie leider deutlich geworden ist) einer Reihe nuklearer Waffenlager auch über große Uranvorkommen, an denen das Establishment sehr interessiert ist. In den Plänen zur Ausarbeitung eines globalen Militärregimes nimmt Indien daher einen strategisch wichtigen Platz ein und wird sich daher bald schon entweder der Oberhoheit der Geheimregierung beugen müssen oder aber mit Repressalien durch die sogenannten »Rechtsvertreter« zu kämpfen haben.

Der große Inselkontinent Australien ist ebenfalls reich an Uran und deshalb von strategischer Wichtigkeit. War Australien einst ein fernab gelegenes, heiliges Land, so ist es heute fester Bestandteil des wirtschaftlichen und politischen Weltforums.

Eine zentrale Position nehmen auch die ölproduzierenden Staaten des Nahen Ostens ein, die neben ihrem Öl (das aus der Erde direkt in die Taschen der Mächtigen fließt) durch ihre Funktion als Krisenherd der Nationen auch noch reichlich Material für willkommene globale »Spannungen« liefern. Das elektromagnetische Netz ist über diesem Erdteil am intensivsten. Aus diesem Grund wählte Christus einst diesen Ort für sein Erscheinen in eurer Dimension, und auch die Große Pyramide wurde aus strategischen Aspekten genau dort errichtet.

Der Nahe Osten ist ganz bewußt zum Treibhaus der Gewalt gemacht worden, und das Klima des Hasses wird aus wirtschaftlichen und politischen Gründen auch weiterhin kräftig angeheizt. Die derzeitigen Krisen in dieser Region werden allesamt vom Establishment angefacht und geschürt, um sowohl ihren Reichtum zu mehren als auch ihre Kontrolle über die Menschheit auszudehnen, und dienen daher alle einem gemeinsamen Zweck … das blutige Gaukelspiel der Gegner, die nicht nur eure geographischen, sondern auch eure philosophischen Grenzen zu bedrohen scheinen, fungiert als Rechtfertigung für die geradezu größenwahnsinnigen Unsummen – eure Steuerabgaben –, die sie in die Kriegsindustrie stecken (beziehungsweise in dieser ver-stecken), welche wiederum als Deckmantel für die Aufrüstung zur globalen Kontrolle dienen.

Natürlich hegt das Establishment noch an weiteren Ländern ein Interesse, denn (neben der Ausbeutung von Rohstoffen) läßt sich auch durch den internationalen Drogenhandel der materielle Reichtum mehren.

Bedenkt nur, wie vergleichsweise mühselig es ist, ein paar Gramm Gold aus den Tiefen der Erde zu fördern, wenn die gleiche Menge an Heroin (einem Opiumderivat) von den Feldern Asiens und Südamerikas auf den Weltmärkten das Zehnfache dieses Edelmetalls wert ist. Die Länder, die sich durch hochverzinste Anleihen bei den westlichen Industrienationen verschuldet haben, müssen diese Summen irgendwie zurückzahlen, und woher, glaubt ihr wohl, stammt das Geld? Glaubt ihr wirklich, eure Regierungen könnten mit all ihrem militärischen Rüstwerk und ihrem immensen Vorrat an giftigen Chemikalien dem Anbau illegaler Substanzen nicht erfolgreich zu Leibe rücken, wenn sie denn wollten?

Macht euch bewußt, daß der weltweite Drogenhandel sowie die Abhängigkeit unzähliger Menschen weitere Teile ihres Plans sind – ein wirtschaftsstrategischer Schachzug –, wobei es den Drahtziehern und ihren Hintermännern nicht unbedingt in erster Linie um den daraus resultierenden Reichtum geht.

Denn zum einen, ihr Lieben, lassen sich diese Kräuter bedeutend leichter ernten als Edelmetalle oder auch das flüssige Gold der Ölfelder, und das macht sie zu einem enorm profitablen Wirtschaftszweig; zum anderen aber treibt dieses relativ junge Phänomen der Sucht weltweit Millionen von Abhängigen in die Isolation und Entkräftung und macht sie so *lenkbar* ... denn vergeßt nie, daß **Kontrolle das Hauptanliegen der Eine-Welt-Regierung** ist.

Und falls es euch immer noch nicht überdeutlich vor Augen steht: der Geheimen Regierung ist praktisch jedes Mittel recht, um endlich von Alaska bis Zaire ihr totalitäres Regime errichten zu können. Sie träumt von einer Welt ohne Grenzen, in der euch jeder einzelne Aspekt eurer Lebensweise durch eine zentrale Obergewalt diktiert wird – einer Welt, in der freies Denken und Handeln für immer ausgemerzt sind ... oder vielmehr verdrängt durch bedingungslosen Gehorsam in geistiger, emotionaler und physischer Hinsicht. Diese Welt wird keinerlei Grundlage mehr bieten für Revolten und Meuterei.

Glücklicherweise jedoch wird dieses Szenario der Tyrannei nicht stattfinden, denn sowohl euer Bewußtseinswandel als auch die zahlreichen Lichtwesenheiten geben dem Kurs der Menschheit eine andere Richtung.

Denn auch wenn der Schatten unbezwingbar aufzuragen scheint, so ist doch mehr Licht vorhanden, als er zu schlucken vermag.

Der bevorstehende Aufstieg Gaias – der so nahe ist, daß ihr förmlich spürt, wie ihr mitgerissen werdet – läßt die Machenschaften der Mächtigen, ihre Pläne der Diktatur und Zerstörung, ganz einfach nicht zu, und euer gewaltiges inneres Potential wird euch alle persönlich wie auch als Gemeinschaft durch die Große Feuerprobe eurer Erde geleiten.

DROGEN & WAFFEN:
ES IST ANDERS, ALS IHR DENKT

- Kapitel Acht -

Die beiden einträglichsten Wirtschaftszweige überhaupt sind der Verkauf von Drogen (legal wie auch illegal) und der Waffenhandel. Hinter diesen Geschäften steckt das unstillbare Verlangen des Establishments nach immer mehr Reichtum, Macht und Kontrolle über jeden einzelnen von euch wie auch über die Gesellschaft als ganzem … und deshalb wird es Zeit, daß ihr erkennt, wie und warum sich diese Übel dermaßen ausbreiten konnten und was ihr dieser Entwicklung entgegensetzen könnt.

Denn die Wahrheit im Hintergrund ist wieder einmal eine ganz andere als die, die man euch weiszumachen versucht. Der Mechanismus hinter dem ganzen ist sehr komplex und hat sich über Jahrtausende hinweg schleichend zu einer gezielten Kampagne gegen die gesamte Menschheit etabliert – die in der Neuen Weltordnung und der intendierten weltweiten Kontrolle zutage tritt.

Durch die Stimulation der primitiveren Aspekte menschlichen Verhaltens entstand ein gesellschaftliches Gepräge, aus dem ihr als genau die Art von Konsumenten und Geldgebern hervorgegangen seid, die das Establishment für seine unlauteren Geschäfte benötigt – so schuf es sich eine Welt, in der Habenichts und Krösus in ein ewiges Ringen um ihren Teil des käuflichen »Himmels« verstrickt sind.

Ihr wart als Rasse gerade euren Kinderschuhen entwachsen, als man euch bereits den Armen eurer Erdmutter entriß und zu gesellschaftlichen Herden zusammenpferchte, in denen ihr bis heute gefangen seid. Seid eurer Frühgeschichte seid ihr permanent unter das Joch des Regimes gespannt worden. Jeder bemühte sich, unbedingt besser und erfolgreicher zu sein als die anderen, und die Elite zog auf diese Weise einen enormen Profit aus euch. Ihr habt für sie Kriege geführt, und jede Seite war überzeugt davon, die jeweils »richtige« zu sein. Ihr habt dankbar ihre Drogen entgegengenommen und seid blindlings in die Abhängigkeit gedriftet … ihr habt euch von ihren Medien vereinnahmen lassen, die gnadenlos das »Tier« in euch ausgebeutet haben. Und ihre Rücksichtslosigkeit und euer aller vollkommen vermeidbarer Abfall haben Erde, Wasser und Luft verpestet.

Diese Entwicklung hat uns sehr enttäuscht – waren wir doch an eurer Geburt beteiligt und wissen um das eigentliche Vermächtnis des Homo Sapiens.

Jahrhundertelang hat man euch einzureden versucht, Menschen aus euren eigenen Reihen seien für die Unterdrückung und Versklavung eures Volkes verantwortlich – eine falsche Fährte, die ihre Abdrücke auf dem kollektiven Bewußtsein Gaias hinterlassen hat. Betrachtet man diese Fährte jedoch eingehender, so entdeckt man eindeutig die Krallenabdrücke der dunklen Jäger, die sich tief in das Fleisch der Menschheitsgeschichte gegraben haben.

Es ist nun an der Zeit aufzudecken, daß diese Furchen in Wahrheit von denen stammen, die die Herrschaft über euch für sich beanspruchen, denn je eher diese blutigen Male ans lindernde Licht gebracht werden, desto schneller können sie vernarben … so wie auch der Schmerz verschwindet, wenn die Heilung erst einmal eingeleitet ist.

Werdet ihr mit uns zusammen dafür sorgen, daß die Chronik der Menschheit im Lichte Ras gesunden kann?

Der internationale Drogenhandel

Auf den illegalen Drogenhandel und seine wahren Hintergründe sind wir ganz kurz schon eingegangen, doch gibt es da noch ein ganz anderes Drogenproblem, das großenteils unbemerkt inmitten eurer Wohlstandsgesellschaft schwelt.

Jede Art von abhängigkeitsfördernden Substanzen mindert Gesundheit und Wohlbefinden, wie sie auch der Entwicklung der Seele abträglich ist, und daher würde ein in sich ruhendes, harmonisches Wesen niemals auch nur dem Gedanken verfallen, seinem Organismus Tabletten oder andere Gifte zuzuführen ... oder zweifelt das irgend jemand an?

Drogen sind reiner Irrsinn – ein Ausdruck von Selbsthaß und mutwilliger Zerstörung –, und für die meisten von euch ist ein solch abartiges Verhalten auch undenkbar. Doch schaut euch den Zustand eurer Gesellschaft einmal genauer an, wie er euch in euren Massenmedien vermittelt wird und wie ihr selbst ihn auf den Straßen eurer Städte erlebt: Ihr könnt nicht leugnen, daß immer mehr Menschen genau diesem Wahnsinn zum Opfer fallen – indem sie sich vom Mahlstrom packen und hinab in die Dunkelheit ziehen lassen.

Manche geben sich willentlich in die Hände dieser schädlichen Substanzen – und werden dann als »Abschaum« der Gesellschaft abgetan, als »schwarze Schafe« einer ansonsten doch so »weißen« Gemeinschaft. Die vermeintlich Suchtlosen scheinen die bewußte Abgrenzung von den Opfern dieser Selbstzerstörung als beruhigend zu empfinden, so als könnten sie sich auf diese Weise der Gefahr wie auch dem Problem als solchem entziehen; als wäre völlig undenkbar, daß sie selbst oder Angehörige eines Tages zum Opfer werden könnten; als wäre das alles einfach kein Bestandteil ihrer Welt, doch das ist es nun einmal ... nicht wahr?

Denn Sucht und Drogenhandel beschränken sich nicht allein auf die Welt der Fixer und der finsteren Seitenstraßen – der Heruntergekommenen und Außenseiter. Neben dem Schwarzhandel, der all eure

Gesellschaftsschichten tief durchdringt, existiert noch ein alternativer Drogenmarkt, der ein breites Sortiment an ganz legalen und überteuerten pharmazeutischen Drogen anbietet (die von ehrbaren Establishment-Apothekern über die Ladentheke gereicht werden) und den ein riesiger multinationaler Kundenkreis florieren läßt. Eine ganze Reihe von gut angesehenen Establishment-Ärzten sind ebenfalls in diesen Handel verstrickt, indem sie gemäß der ihnen eingeimpften Doktrin jeder Unpäßlichkeit sofort die durchschlagende (und völlig überflüssige) chemische Keule verpassen ... ebenso wie eine breite Patientenmasse diesen Handel unterstützt, indem sie diese Art der Behandlung toleriert.

Viel zu viele Menschen schlucken tagtäglich völlig unbesonnen irgendwelche pharmazeutischen Produkte, und die Industrie boomt – und bringt ein wahres Vermögen ein – durch den Glauben all dieser Menschen an ihre Krankheiten wie auch an die Notwendigkeit, Symptome jeglicher Fasson sofort zu betäuben und auszumerzen. Wann endlich werden sie einsehen, daß sich die menschliche Misere durch all diese »Soforthilfe«-Mittelchen nur noch verschlimmert?

Denn im ganzen betrachtet werden die Menschen eurer sogenannten Industrienationen durch all eure technischen und medizinischen Errungenschaften zwar stetig älter ... aber letztendlich um den Preis ihrer geistigen, körperlichen und auch spirituellen Gesundheit.

Wer also verächtlich mit dem Finger auf all die Drogenabhängigen weist und gleichzeitig sein Medikamentenschränkchen mit einer bunten Mischung freiverkäuflicher und gesellschaftlich sanktionierter Pharmaprodukte füllt, sollte die Bedeutung des Begriffs »Abhängigkeit« noch einmal überdenken. Denn auch, wenn diese Leute ihre Drogen nicht vom »Dealer an der Ecke« beziehen, heißt das noch lange nicht, daß sie nicht etwa am Haken der Sucht baumeln würden.

Ihr, die Erwachenden, sollt diese Erkenntnis weiterreichen – und so das Wissen vom Geist als Basis und Ursprung der Materie – des Körpers – wie auch von der allem innewohnenden Lebensenergie neu wecken. Als Gegengewicht zum Establishment ist genau dies eure Aufgabe!

Um aber glaubwürdig und überzeugend auftreten zu können – um wirklich einen tiefgreifenden Wandel herbeizuführen – müßt ihr selbst als gutes Beispiel an Aufrichtigkeit, Gesundheit und Lebensfreude dienen.

Bevor ihr also anderen den Weg weisen könnt, werdet ihr zunächst an euch selbst »arbeiten« müssen.

* * *

Die wild wuchernde Pharmaindustrie wird von einem internationalen Politikerkartell mit Milliardensummen gedüngt und wächst auf dem Boden dreier strategisch vorteilhafter Aspekte, die für eine erfolgreiche und dauerhafte Betäubung der Menschheit weltweit sorgen.

Der erste besteht in der Bereitschaft eurer »westlichen« Gesellschaften (den ur-kapitalistischen Nationen), leichtfertig schnelle Hilfe in Mitteln zur »sofortigen Schadensbekämpfung« zu suchen, anstatt ihren Organismus als Ganzen wahrzunehmen (warum also und wie sich das Verhalten einer Person dort niederschlägt) und sich auf diese Weise wirklich zu *heilen* und dauerhaft geistige, körperliche und seelische Gesundheit zu erzielen. Durch diese antrainierte kollektive Denkstruktur bringt man euch dazu, bereits beim kleinsten Niesen oder Ziehen zur nächsten Apotheke zu hasten, um »in Sekundenschnelle Erleichterung« zu erfahren.

Zweitens macht man sich die zunehmend schädlicher werdende Umwelt zunutze wie auch all die giftigen Nahrungszusätze und die Schwarzmalerei der Medien, die eine immer kranker werdende Gesellschaft suggerieren – Faktoren, die in euch ein Grundgefühl des Unwohlseins erzeugen, das dem Regime wiederum einen blühenden Absatzmarkt verschafft. Denkt immer daran, daß ihr euch diesem Teufelskreis entziehen könnt, indem ihr an eure Gesundheit *glaubt* und somit diese Harmonie tatsächlich in euer Leben und euren Körper zieht und all die ertragsreichen Pülverchen und Pillen somit überflüssig macht.

Haltet euch stets vor Augen, daß die vom Gesundheitsministerium sowie seinen internationalen Pendants »überwachten« Pharmakonzerne nicht das geringste Interesse an eurer Gesundheit haben, sondern euch im Gegenteil so krank wie möglich sehen wollen. Denn in Wahrheit sind diese »Kontrollinstanzen« der Arm des Establishments, der die höchst profitable Pharmaindustrie hütet und nährt – oder dachtet ihr tatsächlich, sie stünden auf eurer Seite? Macht euch bewußt, daß diese »Chemielabore« *ohne* euer permanentes Un-Wohlsein, eure Massen-hypochondrie und euren Glauben, der Körper werde mit Krankheiten nicht alleine fertig, keinen Absatzmarkt hätten.

Eure Gesundheit, ihr Lieben, ist einfach kein gutes Geschäft.

Seht ihr jetzt, daß ein Großteil eures kollektiven Un-Wohlseins und eurer Leiden seine Wurzeln tief in den gesellschaftlichen Strukturen hat und dort eifrig Nahrung erhält, damit ihr auch weiterhin ihre »Allheilmittel« zu brauchen glaubt und kauft?

Wir nennen das Abhängigkeit. Und ihr?

Alternativen Heilmethoden wird von Seiten der Gesellschaft oft Argwohn und Spott entgegengebracht, und das ist durchaus beabsichtigt. Denn darauf legt es das Pharmakartell an: Alternativmethoden und vor allem eure *Wahl*möglichkeit sollen im Keim erstickt werden – um zu verhindern, daß ihr die Verantwortung für eure Gesundheit selbst in die Hand nehmt. Denn ihr müßt bedenken: Wenn ihr alle erkennen würdet, daß eure Gesundheit allein von euch selbst und keineswegs von ihren Drogen abhängt – wie würde sich das wohl auf ihre Gewinne auswirken?

Der dritte Aspekt im Rücken der Arzneimittelindustrie ist die Devise, daß nur eine kranke Gesellschaft eine einträgliche Gesellschaft ist ... und worauf läuft das wohl hinaus? Solltet ihr also noch immer der Überzeugung sein, ein derart profitabler Wirtschaftszweig, der an euren »Krankheiten« Milliarden verdient, sei auch nur im geringsten an eurer *Gesundheit* interessiert, dann seid ihr naiver als ihr denkt.

Wir sind jedenfalls der Meinung, daß das legale Geschäft mit pharmazeutischen Drogen weit gefährlicher ist als der illegale Drogenhandel, denn durch seine Kommerzialisierung und Gutheißung durch die Regierung wird die Menschheit zu dem Glauben verführt, diese Medikamente seien »harmlos« und »gut« und sogar notwendig für die Aufrechterhaltung eurer Gesundheit, damit ihr euch auch nicht einen Augenblick lang unwohl fühlt.

Schaut in eure Medikamentenschränkchen. Untersucht euren Tablettenvorrat einmal genauer. Braucht ihr diese Chemiecocktails wirklich, über deren Zusammensetzung ihr im Grunde so wenig wißt? Fragt euch einmal, was für Substanzen ihr da eigentlich tatsächlich durch all die Impfungen, Pillen und Mixturen in euren Organismus eindringen laßt.

Auch wenn das Problem der Umweltverschmutzung so akut ist wie nie zuvor, benötigt der menschliche Körper (der durch eine ausgewogene Ernährung, eine gesunde, natürliche Umgebung sowie eine positive Grundeinstellung im Gleichgewicht gehalten wird) ganz gewiß keine Chemikalien für seine innere Balance. Die meisten von euch wissen um die Bedeutung einer gesunden Ernährung, ausreichender Bewegung und genügend Schlaf, so daß wir auf diese grundlegenden Dinge hier nicht näher eingehen wollen. Viel wichtiger ist es uns an dieser Stelle, euren Arzneimittelkonsum herauszustellen, durch den ihr die Anzeichen körperlicher Disharmonie zu unterdrücken versucht – Symptome, die als Alarmsignale des Körpers erkannt und mit Sicht auf den gesamten Organismus behandelt werden müssen.

Es ist mehr als unvernünftig, beispielsweise bei Kopfschmerzen sofort zur chemischen Lösung zu greifen, um die Schmerzen einzudämmen – denn diese zeitigt auf lange Sicht erhebliche Nebenwirkungen. Aspirin zum Beispiel führt zu Magenblutungen – dieser Effekt des Medikaments ist wohlbekannt. Und dennoch konsumieren die Menschen Unmengen davon, so als wären innere Blutungen harmloser als die durch Kopfschmerz bedingten Unannehmlichkeiten.

Nebenwirkungen werden ganz gezielt in viele Medikamente integriert, damit ihr Konsum zur Einnahme weiterer Chemikalien verleitet, die wiederum diese »unerwünschten« Nebenwirkungen bekämpfen sollen.

Ein abgekartetes Spiel, bei dem die Menschheit der Verlierer ist.

Es gibt die verschiedensten Pillen gegen Kopfschmerzen, Muskelverspannung, Erkältung und Grippe, Verdauungsbeschwerden, Abgespanntheit und Erschöpfungszustände. Doch all diese Erscheinungsbilder weisen auf ein inneres Ungleichgewicht hin, dessen *Ursache* beseitigt werden muß – anstatt einfach nur die Symptome zu betäuben.

Tranquilizer zur Beruhigung, Energizer zum Aufputschen; Mittel, die die Hirntätigkeit anregen oder solche, die sie lahmlegen ... und das Geschäft blüht, da das Phänomen der Depression inzwischen alle Altersgruppen und Bevölkerungsschichten durchsetzt hat und weiter auf dem Vormarsch ist.

Gerade über Psychopharmaka wißt ihr relativ wenig – und doch werden sie regelrecht wie Bonbons unters Volk geworfen, und viel zu viele von euch greifen danach. Sie sind der vielleicht deutlichste Ausdruck für euer Unvermögen – als Gesellschaft *und* als Individuen –, mit den emotionalen Störungen eurer Zeit fertig zu werden.

Kaum einer von euch ist ausgebildeter Chemiker – doch diejenigen, die sich auf diesem Gebiet auskennen, wissen, welch gravierende Auswirkungen diese radikalen Cocktails auf das endokrine System wie auch auf die Funktion der Nerven haben können. Wir wagen durchaus zu behaupten, daß viele dieser Nebeneffekte zu Zwecken der Bewußtseinskontrolle mutwillig »eingebaut« werden, um so auf bestimmte Gesellschaftsgruppen einwirken zu können. Denn es gibt wohl kaum einen besseren Weg, euren Widerstand zu brechen, als euch durch veränderte Bewußtseinszustände ganz gezielt der Realität wie auch euch selbst zu entfremden.

Die Menge der konsumierten Psychopharmaka erhöht sich praktisch proportional zu eurer inneren Verödung und eurem gesundheitlichen

Verfall, und immer noch entgeht vielen von euch der enorme Profit, den man aus eurer geistigen Orientierungslosigkeit und euren Krankheiten zieht – oder vielmehr den Krankheits*bildern*. Wenn ihr euch krank, unglücklich oder innerlich labil fühlt, dann ist dies der Spiegel für einen zugrundeliegenden negativen Aspekt in eurem Leben, der behoben werden muß, um Körper und Geist wieder zu Gesundheit und der Seele zu ihrem ursprünglichen Strahlen zu verhelfen.

Anstatt jedoch zur Quelle dieser dunklen Empfindungen vorzudringen, die wie ein Schatten über der Lebensfreude hängen, neigen die meisten Ärzte leider dazu, Depressionen einfach zu narkotisieren – und sie betäuben damit zugleich alle positiven Emotionen. Mit der Zeit fühlt der Betroffene dann überhaupt nichts mehr – weder Leid noch Freude –, und das wiederum ist eine recht reizvolle Aussicht für diejenigen, die über eure Gedanken und Verhaltensweisen verfügen wollen.

Durch eure Straßen wandeln leere menschliche Hüllen, denen sich Psychopharmaka und andere bewußtseinsverändernde Drogen wie eine klebrige Zuckerschicht um das Hirn gelegt haben. Es sind ganz normale Leute, Stützen der Gesellschaft – diskrete, unbemerkte Opfer. Und dann die Kinder: Wir sehen mit Entsetzen, wie eure zutiefst verstörte Jugend, frustriert über den Zustand eurer Welt und ihre unsichere Zukunft, systematisch zur Einnahme hochschädlicher Medikamente verleitet wird – und sich der Taubheit des Glaubens hingibt, so ihre Depressionen »in den Griff« zu bekommen.

Immer mehr von ihnen werden der Empfindungsfähigkeit allgemein beraubt; fragt euch bitte, ob dies wirklich eine erstrebenswerte Alternative zu einem emotionalen Tief ist – wie verzweifelt der betroffene Mensch auch immer sein mag. Und fragt euch ebenfalls, wie diese Erwachsenen von Morgen auf diese Weise lernen sollen, mit euren jetzigen und ihren künftigen Problemen fertigzuwerden.

Es ist, als würde eure gesamte Gesellschaft vor ihrer eigenen wachsenden Verzweiflung davonlaufen, um sich ja nicht den wirklich bedeutsamen Aspekten ihrer Existenz stellen zu müssen, denen ihr, die Erwachenden, zur Zeit **direkt** ins Angesicht schaut. Denn die Lethargie beraubt die breite Masse ihrer Spiritualität und läßt die wesentlichen Aspekten des Lebens und des Todes unheimlich und fremd erscheinen.

Die Betäubung von Körper, Geist und Seele ist nicht einfach nur ein vollkommen falscher Heilungsansatz – man weist damit gleichzeitig auch die Freiheit einer ganzheitlich bewußten Existenz zurück. Deshalb, ihr Erwachenden, lehnt Drogen jeglicher Art ab und klärt auch die übrigen Menschen über deren wahre Natur auf. Denn ihr selbst bestimmt euer Schicksal, und indem ihr das Räderwerk im Hintergrund zu durchschauen beginnt, übernehmt ihr die Verantwortung für euch selbst wie auch für eure Mitmenschen; eine Verantwortung, die darin besteht, all ihre Drogen zurückzuweisen und eine Existenz in innerem Frieden und im Glanze guter Gesundheit zu führen.

Denn macht euch stets bewußt ... ihr seid hier, um Großes zu vollbringen – Kinder des Unendlichen Universums, Wesen mit einem eigenen, freien Willen. Ihr alle seid Funken des Göttlichen Lichts, grenzenlos und strahlend – perfekt in jeder Hinsicht. Allein Angst und Unwissenheit vermögen euch in die unergründlichen Tiefen eurer selbst zu ziehen ... also laßt euer Licht bis in die finstersten Abgründe dringen, und ihr werdet staunend feststellen, daß selbst die Undurchdringlichkeit dieser kalten, harten Schwärze neue und einladende Perspektiven bereithält.

Und diese Einsichten werden euch wachsen lassen.

Trotzt allen Widrigkeiten und seid stark, denn ihr seid frei und unabhängig – euer Wohlbefinden wie auch das Gaias liegt in euren Händen. Daher befreit euch von jeglicher Form der Abhängigkeit – sei sie mental oder körperlich –, entreißt den Machthabern, was von Rechts wegen euch gehört, und gebt der Großen Göttin zurück, was immer ihr von ihr genommen habt.

Hat euer Ziel und eure Entschlossenheit euch erst einmal innerlich gefestigt, könnt ihr anderen bei der Bewältigung dieses Prozesses behilflich sein. Dies ist dann der reinste Ausdruck eures Strebens nach der Einheit von Körper, Geist und Seele.

Was könnt ihr tun?

- Auf jeden Fall solltet ihr euren Fernsehkonsum drastisch reduzieren und auch jede andere Form von Reklame oder Propaganda von euch fernhalten, die euren inneren Frieden stört und euch die Notwendigkeit pharmazeutischer Produkte suggeriert. Außerdem sollten Eltern und andere Aufsichtspersonen Kindern den Zugang zu gewaltverherrlichenden Filmen oder Videospielen verwehren, um psychotischen Verhaltensweisen und Aggressionen entgegenzuwirken.
- Werft einen Blick auf euren Medikamentenvorrat (vor allem auf die freiverkäuflichen Produkte): Lest die Beipackzettel, schaut euch die Liste der Inhaltsstoffe an und überlegt, ob ihr nicht vielleicht auch ohne diese Medikamente auskommt – laßt weg, was immer ihr könnt.
- Noch einmal: *Lest* die Etiketten und Beipackzettel. Diese radikalen Chemikalien sind gesundheitsschädigend und zudem völlig überflüssig. Sie verdecken nur die wahre Ursache eures inneren Ungleichgewichts. Die wenigsten von euch werden die chemischen Fachbegriffe durchschauen, aber meist sagen schon die »möglichen Nebenwirkungen« einiges über das Medikament aus – fragt euch: Was gebe ich meinem Körper da eigentlich?
- Achtet darauf, euch nicht von den Krankheitsbildern anderer beeinflussen und »anstecken« zu lassen, sondern konzentriert euch auf eure Gesundheit – *verlangt* diese von eurem Körper. Redet über Gesundheit und strahlt Wohlbefinden aus, damit auch andere es wahrnehmen. Denn euer Leuchten wird den Heilungsprozeß der Erde unterstützen.

- Verzichtet so weit wie möglich auf synthetische Lebensmittel-
  zusätze und Nahrungsergänzungsmittel wie zum Beispiel
  Vitamine, denn sie bringen euren Körper aus dem Gleichgewicht. Solltet ihr dennoch auf einen Vitaminzusatz angewiesen sein, dann achtet darauf, daß es sich um ein natürli-
  ches Präparat handelt. Besser wäre es allerdings, die
  Ernährung so zu gestalten, daß die erforderliche Menge an
  Vitaminen, Nährstoffen und Enzymen von der Nahrung
  selbst abgedeckt wird.
- Zieht alternative Heilmethoden und ganzheitliche Ansätze
  in Betracht. Viel zu oft nämlich greift ihr bereits zu irgendei-
  nem Mittel, noch bevor der Körper sich durch ein Symptom
  sein Leiden »von der Seele reden« konnte. Es ist sehr wichtig, zunächst einmal die Quelle des Unwohlseins oder der
  Schmerzen ausfindig zu machen; denn meist »sagt« euch
  der Körper durch die jeweilige Krankheit, was nicht stimmt
  – daher hört ihm zu ... ihr müßt euch auf ein Symptom
  einlassen, es *zu*lassen, um herauszufinden, was sein
  »Beweggrund« ist.
- Informiert euch über Massagetherapien, Yoga und Prana-
  Heilung; geht hinaus in die Natur, lauscht dem Gesang der
  Vögel und atmet tief die frische Luft ein ... und umgebt
  euch auch zu Hause mit Blumen und Topfpflanzen.
- Wenn ihr müde seid, ruht euch aus. Eine Grippe läßt sich
  durch kein Medikament der Welt heilen – und darauf legt
  eure Pharmaindustrie es auch gar nicht an, stellt doch die
  radikale Unterdrückung all eurer Erkältungs- und Grippesy-
  mptome eine ihrer Haupteinnahmequellen dar. Oft ist eine
  Krankheit auch einfach die Notbremse an dem Gedanken-
  karussell, das euch permanent in einen Zustand der
  Erschöpfung und Entkräftung hineinwirbelt und euch daran
  hindert, zur Ruhe zu kommen. Anstatt euren Körper des-

halb mit Hustensaft, Nasenspray und Antibiotika noch mehr außer Gefecht zu setzen, solltet ihr euch lieber warm halten und viel schlafen. Ihr werdet feststellen, daß ihr die Krankheit auch ohne »Hilfsmittel« übersteht und eurem Körper auf lange Sicht damit einen Gefallen tut.

- Wenn ihr nervös oder gereizt seid, ist dies ein Anzeichen dafür, daß euer Leben aus dem Gleichgewicht geraten ist, und anstatt euch mit Beruhigungsmitteln oder Psychopharmaka zu betäuben, solltet ihr in eurem Innern nach dem eigentlichen Grund eurer Verstimmung forschen. Dann nämlich werdet ihr feststellen, daß ihr einfach mehr Ausgleich benötigt ... mehr Erholung ... mehr Bewegung. Geht nach draußen ... in den Wald oder ans Meer, und atmet die reine Luft eurer Großen Mutter. Dies gilt ganz besonders für die Kinder, die **völlig unnötig** Medikamente erhalten, deren Auswirkung auf ihre körperliche, geistige und seelische Gesundheit gar nicht abzusehen sind.
- Verzichtet so weit wie irgend möglich auf Schadstoffe und Gifte: auf Kaffee, Tee, Alkohol, Zucker, Nikotin, Nahrungsergänzungsmittel sowie chemische Zusatzstoffe, denn sie bringen die natürliche Balance aus dem Gleichgewicht.
- **Testet eure eigene Schmerzgrenze.** Ihr werdet zu dem Ergebnis kommen, daß ihr leichte Kopfschmerzen und andere Beeinträchtigungen durchaus auch ohne Tabletten bewältigen könnt.
- Sprecht mit euren Ärzten über ihre Behandlungsmethoden: Laßt euch genauestens darüber aufklären, was euch da eigentlich verschrieben wird. Und denkt immer daran, daß die meisten Ärzte darauf hintrainiert werden, **die Symptome zu bekämpfen** und nicht die eigentlichen Ursachen; man hat ihnen beigebracht zu verschreiben, anstatt zu heilen.

Ein Volk in Rüstung

Mit derselben Taktik, die euch blindlings und unbesonnen in die toxischen Arme der Pharmaindustrie treibt, hält man euch stets ein ganz bestimmtes Feindbild vor Augen, daß euch veranlaßt, den Handel des Großen Kartells mit Massenvernichtungswaffen, Kriegsausrüstung und anderem Tötungswerkzeug zu finanzieren.

Eine eingehende Betrachtung der globalen Buchhaltung und der für militärische Zwecke verwendeten Haushaltsmittel würden euch schier die Augen übergehen lassen vor Staunen. Mit diesen Unsummen vor Augen malt euch dann einmal das gesamte Ausmaß des weltweiten (offiziellen wie inoffiziellen) Waffenhandels aus – all die geheimen militärischen Transaktionen, die illegalen Geschäfte sowie das eifrige Wettrüsten vor der eigenen Haustür. Die Summen, die aus der Kriegsmittelindustrie gezogen werden, entziehen sich ganz einfach eurem Fassungsvermögen ... ebenso wie der tatsächliche Umfang der weltweiten Waffendepots.

Und doch seid paradoxerweise gerade ihr es, die **Kriege finanzieren** und damit Öl ins Feuer der Gewalt gießen – womit wir keineswegs behaupten wollen, ihr alle wärt zwangsläufig aggressionsliebende Individuen. Vielmehr wird eure Apathie wie auch eure Unkenntnis über die Machenschaften eurer Regierung ganz gezielt geschürt und ausgenutzt, damit die wahren Kriegstreiber ihre astronomisch hohe Summen an militärischen Zuwendungen einstreichen und euch die völlig absurde Vorstellung verkaufen können, Waffengewalt führe ernstlich zu Frieden.

Um dieses Konzept in der »zivilisierten« Gesellschaft erfolgreich verkaufen zu können, muß ein Feind her, den man bekämpfen, sowie Grenzen, die man verteidigen kann. Es muß zudem den »richtigen« Weg (das *»Wir«*) im Gegensatz zu allen übrigen (die *»Anderen«*) geben. Im Laufe der Zeit sickert diese stereotype Vorstellung dann so tief in das Bewußtsein jedes einzelnen, daß alle guten Glaubens sind, Gewalt sei tatsächlich die einzige Lösung für buchstäblich alles. Im

Sinne des euch vorgelebten Modells kauft ihr also Waffen, um zu schützen, was ihr euer eigen nennt, wie auch um euch gegenseitig Eigentum zu rauben. Mischt diesem Giftcocktail noch die Gewaltverherrlichung eurer Medien, eurer sogenannten »Spielzeuge« und der Unterhaltungsindustrie bei sowie die breite Palette an Drogen zur Betäubung und Kaschierung eurer mentalen und emotionalen Disharmonie … und siehe da! Urplötzlich findet ihr euch inmitten einer martialischen, völlig zerstörten Gesellschaftsruine wieder.

Schaut euch den Zustand eurer Welt an, und ihr beginnt zu ahnen, daß der vermeintliche Weg, den sie nimmt, in Wahrheit ein trostloses Trümmerfeld ist.

Seht den Tatsachen ins Auge. In Krieg und Waffen steckt der dicke Mammon, und auf eine ganz perfide Weise seid ausgerechnet ihr – die ihr doch nach Frieden und Lebensfreude strebt – die Hauptgeldgeber. Und das ist nur ein Beispiel von vielen dafür, wie euch die dunklen Kräfte zu ihrem Vorteil zu manipulieren wissen – das dürft ihr nie aus den Augen verlieren, auch (oder gerade) wenn ihr der festen Überzeugung seid, nur und ausschließlich dem Licht zu dienen.

Neben Steuergeldern liefert eure Gesellschaft zudem ganze Armeen junger Menschen, die in diesen Kriegen die »unschönen« Aufgaben des Schlachtens und Sterbens übernehmen. Man drillt sie zu brutalen Mördermaschinen, die durch ihre tägliche Ration an Patriotismus und unbarmherzigem Training zu abgestumpften aber gehorsamen Soldaten werden. Man will euch weismachen, sie würden dort »Disziplin und Pflichttreue« lernen, doch in Wirklichkeit werden eure jungen Männer und Frauen in diesen Kasernen systematisch zu gefühllosem Material umprogrammiert, das auf den Kriegsschauplätzen dann für ein völlig sinnloses Blutvergießen herhalten muß.

All diese Menschen sind Ehemänner, Töchter und Söhne, die darauf gedrillt werden, auf Befehl die Brüder, Ehemänner, Söhne und Töchter von Menschen zu morden, die man euch eingeschärft hat, als »Feinde« zu betrachten.

Unglaublicherweise scheint die Tatsache, daß sie alle als **legale Mörder** eurer Nationen auftreten, die Hinrichtung des »Feindes« zu einer verwegenen Heldentat zu machen – während ihr beim bloßen Gedanken an Mord und Totschlag in euren eigenen Reihen bestürzt zusammenzuckt.

Wie bloß schafft es eine vermeintlich »zivilisierte« Gesellschaft, eine solche Divergenz in sich zu vereinen?

Es soll hier nicht unser Anliegen sein, Ursprung und Wesen der Gewalt herauszustellen, denn das würde den Rahmen dieses Buches sprengen. Von Bedeutung ist uns, hier darzulegen, auf welch vielfältige und subtile Weise euch die vermeintliche Notwendigkeit von Gewalt eingeflüstert wird ... und wie man euch dazu anhält, durch eure Steuergelder anderer Leute Kriege zu finanzieren und diese somit zu einem ewigen Geschäft zu machen.

Denn das Übel des Krieges entspringt nicht etwa irgendeiner Ideologie – der Tatsache, ein Glaubenssystem sei besser oder richtiger als das andere. Krieg ist auch keine Frage unterschiedlicher religiöser Überzeugungen – der Intoleranz von Menschen im Namen ihres »einzig wahren« Gottes. Und am allerwenigsten stellt Krieg einen Akt der Gerechtigkeit oder gar Menschlichkeit dar oder etwa die unvermeidliche Reaktion auf einen festgefahrenen politischen Konflikt.

Krieg ist schlicht und einfach ein lohnender Wirtschaftszweig – und wird daher von den waffenproduzierenden Industrienationen arrangiert. In den Heiligen Hallen der Regierungskommissionen und Führungsspitzen wird hart und unbarmherzig geschachert ... ein regelrechtes Haifischbecken. Ebenso wie sie Drogen schaffen, die euch krank machen, inszenieren sie Kriege, um ihre Waffen zu verkaufen. All ihre Rechtfertigungen und die mutmaßliche Bedrohung durch irgendwelche »Feinde« sind pures Blendwerk – oder vielmehr undurchdringliche Schatten, hinter denen die unheilige Wahrheit sich euren Blicken entzieht.

Zwar gibt es innerhalb der UNO durchaus Menschen, die aus Überzeugung für den Frieden tätig sind, doch im großen und ganzen ist diese Organisation eine reine Fassade. Die Gewinne, die der internationale Waffenhandel erzielt, sind viel zu einträglich, als daß der UN-»Sicherheitsrat« als Schiedsrichter in globalen Konflikten tatsächlich mehr sein dürfte als eine bloße Staffage.

Denn die Regierungen hinter den Vereinten Nationen und ihren »Friedenstruppen« haben ein berechtigtes Interesse an Konflikten, und letztere sind geradezu eingeschworen auf Krieg – denn dieser ist ihre einzige Daseinsberechtigung. Ohne Krieg oder zumindest die unmittelbare Gefahr eines Krieges gäbe es nämlich keine Rangordnung, keine militärischen Auszeichnungen, keine Budgets in Billionenhöhe und keine Truppenmanöver.

Nehmt beispielsweise die Jugoslawien-Krise vor einigen Jahren: während eure Führungselite untätig zusah, wurde euch – der Weltbevölkerung – die Abschlachtung Unschuldiger rund um die Uhr in allen Massenmedien präsentiert. Diese blutige Flut aus Grauen und Grausamkeit trieb euch innerhalb kürzester Zeit hinter einen Schutzwall aus Stumpfheit, ohne den ihr ein solches Maß an Brutalität nicht hättet bewältigen können. Euer Entsetzen schlug schnell in »Desinteresse« um, so daß die Medien sich aus Angst um ihre Quoten bemüßigt sahen, den brodelnden Kessel – die Blutsuppe Jugoslawiens – vom Herd zu nehmen.

Hinter den Kulissen trieben derweil die »demokratischen« Staaten (diese selbsternannten »Friedenssicherer«) wie auch ihre politischen Gegenstücke fleißig Handel mit gebrauchten Waffen, Munition und anderer Kriegsausrüstung – und zwar mit beiden Konfliktparteien. Riesige Gewinnsummen ließen Privatunternehmer wie Regierungen als alleinige Sieger aus diesem Krieg hervorgehen … und erst, als der Markt völlig übersättigt war, ließ sich der jugoslawische Flächenbrand plötzlich eindämmen, und ein Übereinkommen wurde unversehens möglich.

Im Grunde ist es allein den zahlreichen, wirklich großen (und meist unerkannten) Kämpfern für Frieden und mehr Menschlichkeit zu verdanken, daß euer Volk sich nicht schon längst selbst ausgerottet hat ... so versessen scheint man darauf zu sein, die Welt in Schutt und Asche zu legen.

Und was ist mit dem Krieg direkt vor eurer Haustür, auf euren Straßen – wo es doch angeblich nicht erlaubt ist, einander zu töten? Ihr seid Zeugen totalitärer Staatssysteme, die zur Sicherung ihrer Vormachtstellung der Bevölkerung jeglichen Waffenbesitz untersagen (davon ausgenommen ist natürlich die gut abgerichtete Militärpolizei). Diese Diktatoren gehen ganz unverhohlen zu Werke und verhängen offen ihr Kriegsrecht über das Volk, um gezielt einzuschüchtern und jeglichen Gedanken an einen möglichen Aufruhr im Keim zu ersticken.

Als Gegenbeispiel ist es der Bevölkerung der USA, dieser von Grund auf »demokratischen« Nation, verfassungsmäßig (bisher noch) durchaus erlaubt, Waffen zu besitzen – denn die Urheber ihrer Verfassung waren allesamt Gegner der absolutistischen Herrschaft britischer Monarchie und sich daher der Gefahr eines möglichen Machtmißbrauchs bewußt. Inzwischen jedoch hat die Waffengewalt in diesem Land derart überhand genommen, daß die Bevölkerung immer deutlicher eine gesetzliche Neuregelung ansteuert, die den Waffenbesitz unterbinden soll.

Dies würde zwar erhebliche wirtschaftliche Einbußen für die Regierung bedeuten, doch nach einer sorgfältigen Abwägung hat man sich dennoch für die verstärkte Kontrolle entschieden, die sich dadurch erzielen läßt. Die Kampagne, die den Leuten diese Neuregelung schmackhaft machen und sie zur Abgabe ihrer Waffen bewegen soll, läuft bereits und wird tatkräftig unterstützt durch mediengeschürten Sensationalismus und politisch gewandte Rhetorik.

Der gesetzestreue Bürger kann den Sinn des ganzen durchaus nachvollziehen, und diese Leute begrüßen das neue Konzept – das Schußwaffenverbot –, denn es scheint das einzige Mittel gegen all die

Ausschreitungen und Konflikte in den Großstädten zu sein. Doch sollte man dabei folgendes nicht vergessen:

Sollten Schußwaffen in den USA verboten werden, dann werden nur noch …
der National Security Service,
der Secret Service,
das Militär,
das FBI,
die CIA,
Interpol,
die Bundespolizei,
die Bezirkspolizei,
die Autobahnpolizei,
die National Guard,
das Sicherheitspersonal,
Privatdetektive,
die »friedenssichernden« Streitkräfte und
Verbrecher Waffen besitzen.

Für uns stellen Waffen und auch bereits jeglicher Gedanke an Krieg oder Gewalt das genaue Gegenteil von Zivilisation im eigentlichen Sinne dar, und wir würden mit Freude die Erde als einen gewaltfreien Ort sehen, wo alle miteinander in Frieden leben. Leider jedoch steht dem immer noch die extreme Polarität eurer dreidimensionalen Wirklichkeit im Wege, die mit ihrer Disharmonie alles durchdringt.

Im Moment solltet ihr euch daher über folgendes Gedanken machen: Wenn die Geheimregierung es jetzt plötzlich für angebracht hielte, Kriegsrecht zu verhängen – erst in Nordamerika und dann weltweit –, was dann …?

Denn genau darauf steuert die derzeitige US-Führung die Menschen hin, indem sie ihnen eine permanente Bedrohung durch irgendwelche unsichtbaren (in- wie ausländischen) Feinde vorgaukelt, sie in die Kirchen lockt, ihren Patriotismus anheizt und ihnen immer wieder suggeriert, sie seien »den anderen« gegenüber im Recht. Während diese Elite woanders den »bösen Feind« foltert und abschlachtet, verurteilt sie in ihren eigenen Städten die Saat der Gewalt, um die Bevölkerung langsam aber stetig auf eine Akzeptanz des Schußwaffenverbots hinzulenken – das in der BRD ja bereits durch den Waffenschein recht rigide gehandhabt wird –, und deshalb *beobachtet genauestens,* worauf diese Entwicklung hinauszulaufen droht und was für Konsequenzen mit ihr einhergehen.

Wir wollen keineswegs das US-amerikanische Volk zu einem gewalttätigen Aufstand gegen seine Regierung bewegen (so wie **diese** es mit dem jugoslawischen Volk getan hat, als sie zum Sturz des Diktators aufrief). Wir sind im Gegenteil der Überzeugung, daß die Basis jeglicher Rebellion allein aus (auf-)richtigen Gedanken, Worten und Taten bestehen und daß Protest nur durch Geschlossenheit und die Macht der Mehrheit kundgetan werden sollte – und nicht durch Waffengewalt.

Die Gründer der US-amerikanischen Demokratie haben ihre Verfassung mit zahlreichen Sicherheitsklauseln versehen, um jeder potentiellen Diktatur vorzubeugen. Das Recht auf Waffenbesitz wurde ganz bewußt in dieser Verfassung verankert, der sich auch die Regierung verpflichtet hat. Daher sollte die US-Bevölkerung es sich unserer Meinung nach zweimal überlegen, bevor sie bindend ihren Verzicht auf dieses Privileg erklärt, denn die Macht im Hintergrund würde ein solches Entgegenkommen als Kapitulation werten.

Und nicht nur die weise Voraussicht der Gründerväter könnte durch diese Entscheidung untergraben werden.

VERSTECKTE KAMERAS & GEHEIMWAFFEN IM WELTRAUM

- Kapitel Neun -

Das Weltraumprogramm der Geheimen Regierung gestaltet sich in Wirklichkeit ganz anders, als offiziell dargelegt wird. So ist die Kolonisierung des Mondes beispielsweise bereits in vollem Gange. Die NASA hat den Nachweis von Wasser auf Mond, Mars und weiteren Himmelskörpern eures Sonnensystems erbracht – diese »sensationelle« Neuigkeit haben wir euch ja bereits im ersten Buch unserer Trilogie mitgeteilt –, und eure Wissenschaftler sind nun eifrig dabei, die notwendigen Schritte zur Erschließung von Mond und Mars auszuarbeiten.

Eure Wissenschaft hat inzwischen zahlreiche Beweise für unsere Informationen geliefert, und was vor einigen Jahren noch recht futuristisch klang, erscheint heute in einem ganz anderen, **wissenschaftlichen** Licht.

Eure Entwicklung schreitet rasant voran.

Diese »neuen« Erkenntnisse und Entdeckungen – die den übrigen Mitgliedern eurer Universalen Familie längst wohlbekannt sind – werden euch häppchenweise und »überarbeitet« verabreicht, damit ihr der globalen militärischen Föderation auf ihrem Weg ins All nicht mit unbequemen Fragen in die Quere kommt. Die militärischen Machthaber haben von der Geheimregierung Order erhalten, den Weltraum als vorteilhafte Ausgangsposition zur Lösung der weltweiten Krise zu nutzen und gleichzeitig von dort aus eine möglicherweise notwendig werdende Evakuierung vorzubereiten.

Einige von euch messen diesen scheinbar revolutionären Entdeckungen viel zu viel Bedeutung bei.

Und wie üblich finanziert mal wieder ihr, das Volk, die Umtriebigkeit des Machtkartells im Weltraum, wobei ihr nicht einmal ansatzweise ahnt, was dieses Weltraumprogramm tatsächlich beinhaltet, und die Menschheit im allgemeinen scheint dies auch gar nicht groß zu kümmern – noch nicht.

Die Erdbevölkerung wird wohl erst verstört ins All blicken, wenn UFOs direkt über ihren Dächern schweben, um sich dann endlich mit der Tatsache konfrontiert zu sehen, daß die Erde nun von genau den Intentionen und Energien heimgesucht wird, die ihre Geheimen Machthaber in den Weltraum hinausgesandt haben.

Die Basis des Weltraumprogramms befindet sich keineswegs in Cape Canaveral, sondern dort draußen, in der bewaffneten Verteidigungszone – in der äußeren Umlaufbahn der Erde. Während euer Volk mit dem Kopf in den Wolken ferner Welten schwebt und bereits imaginäre Reisen ins All unternimmt – von den »großen Schritten für die Menschheit« träumt –, schnüren die Nachfahren der Annunaki eure Fesseln des Gehorsams immer enger und schröpfen die gebändigten Energien ihrer menschlichen Herde. Dies ist zumindest die Botschaft, die den übrigen Welten eurer galaktischen 3-D-Realität vermittelt wird.

Gerade jetzt, da ein Teil von euch sich ihr zu entwinden droht, glaubt die Macht im Hintergrund, eure Verknechtung durch die Erneuerung des elektromagnetischen Netzes erfolgreich aufrechterhalten zu können.

Doch je schwerer die Last ist, die man euch auf die Schultern packt, desto freier werdet ihr ironischerweise.

Zahlreiche »Wunderwaffen« und automatische, weltraumstationierte Abschußvorrichtungen werden bald schon die Bilder von blutigen Schlachtfeldern und massiven Truppenaufmärschen in die militärische Vergangenheit verbannen. Die äußere Erdumlaufbahn wimmelt bereits von unzähligen Satelliten, und die meisten von ihnen sind zu Spionagezwecken auf eure Grenzen ausgerichtet ... und bis zum Jahre 2005 eurer Zeitrechnung soll eine neue Generation von militärischer Spitzentechnologie in Gaias immer schwächer werdendem Aurafeld installiert werden.

Auf dem Konstrukt einer wahrhaft surrealistisch anmutenden Militärzone im Weltraum scheint man das Utopia eines friedlichen Miteinanders errichten zu wollen, von dem durch Hightech-Überwachungskameras, Spionagevorrichtungen und futuristische Abwehrsysteme vorgeblich alle »Feinde des Friedens« wie auch alles sonstige Böse ferngehalten werden soll. Man erzählt euch, dies alles sei absolut notwendig, damit die Demokratie – dieser illusorische, doch ewig strahlende Leitstern – endlich uneingeschränkt herrschen und »das Gute« über »das Böse« triumphieren könne.

Soweit zumindest die Theorie, doch inoffiziell trägt eine künstlich erzeugte Welle irrationaler Angst die gesamte Menschheit längst hinfort in die eisigen Wasser einer Erde wie Weltraum umfassenden Militärdiktatur – während ihr auch weiterhin gutgläubig am Projekt »Sternenkrieg« werkelt.

Die fiktiven Weltraumspionage-Apparaturen und Superhelden im James Bond-Format von einst werden nun nach und nach durch überaus authentische Magnetfeldtechnologie, Satellitenüberwachung und weltraumstationierte Laservorrichtungen ersetzt (die euch angeblich gegen potentielle Angreifer schützen sollen), mit denen man auf eure Köpfe zielt ... euch belauert und abhört ... und euer Verhalten studiert.

Ironischerweise werdet ausgerechnet ihr, die ihr doch angeblich die »guten Jungs« seid, rund um die Uhr genauestens unter die Lupe genommen. Eines der perfektioniertesten Spionagesysteme überhaupt ist das hochkomplexe *Echelon*-Überwachungsnetzwerk aus der Zeit des Kalten Krieges – dieser »Balance« militärischen Potentials auf der weltpolitischen Waage –, welches derart hermetisch unter Verschluß gehalten wurde, daß selbst führende Regierungsvertreter jahrzehntelang nichts von seiner Existenz ahnten. Es ist einigermaßen beunruhigend, daß dieses hocheffektive System dafür konzipiert wurde, weltweit Industriekomplexe, Geschäftsunternehmen, Vereinigungen und auch *Privatpersonen*, wie beispielsweise euch, zu beschatten – auch in euren sogenannten freien Nationen, in denen das demokratische Ideal doch so hochgehalten wird.

Das Prinzip von *Echelon* beruht hauptsächlich auf dem Abfangen elektronischer Daten (von Telephon, Internet, Fax usw.), die dann an einen Hauptcomputer der Regierung weitergeleitet und dort durch eine Art elektronisches »Wörterbuch« bearbeitet werden – das System aktiviert sich durch bestimmte Stichwörter, die auf einen verdächtigen Informationskontext schließen lassen. Grundsätzlich seid ihr alle Zielscheiben dieser Bespitzelung, und daher solltet ihr stets damit rechnen, daß »subversiv« anmutende Konversation (Kommunikation mit »beunruhigender« Thematik) jederzeit abgehört wird.

Jawohl, offensichtlich macht ihr Big Brother nervös.

Fragt euch doch einmal, wieso.

Und betrachtet stets kritisch die vermeintlichen Prototypen von Gut und Böse, denn den Götzen der Finsternis wurde viel zu oft schon das Blut Unschuldiger geopfert. Dringt zu dem wahren Wesen der mit den hehren Zielen »Frieden« und »Freiheit« bemäntelten militärischen Operationen durch, und ihr werdet nur allzu deutlich die von Tyrannei und Gewalt durchtränkten Strukturen hindurchschimmern sehen – den Nährboden weltweiten und unendlichen Leids.

Die offiziellen Herrscher eurer Welt – dieser vermeintlich so »freien« Welt – steuern hartnäckig und unbeirrbar auf eine militärische Durchdringung und Besetzung der Erdumlaufbahn wie auch angrenzender Sphären zu. Wir beobachten seit geraumer Zeit schon, wie die Pläne hierfür entworfen werden, und nehmen die ätherischen Spiegelungen dieser Konzeptionen in den zeitlosen Dimensionen wahr. Man ist dabei, das Umfeld eures Planeten in ein gigantisches militärisches

Bollwerk zu verwandeln, dessen vorläufig noch auf die Erde zielende Geschütze und Observationstechnologien auf Kommando jederzeit auch auf den Weltraum – die Galaktische Föderation – ausgerichtet werden können.

Sollte also eines Tages ein **unerwünschtes** außerirdisches Objekt in die Flugverbotszone eures aufgerüsteten Planeten eindringen, das sich nicht in das Friedensabkommen zwischen den galaktischen Nationen einfügt, wird es schlicht und einfach pulverisiert.

Viele hat dieses Schicksal schon ereilt.

Viele andere haben die Erde wie auch andere feindlich gesinnte Planeten deshalb einfach gemieden.

*   *   *

Dem Massenbewußtsein eures Volkes wird immer noch erfolgreich vorgespiegelt, der Vorstoß eurer Machtelite in unbekannte Welten diene tatsächlich der Entdeckung neuer Galaxien wie auch der Erweiterung des menschlichen Horizonts. Viele Informationen über mögliches Leben im All jenseits eurer Grenzen wird euch inzwischen von eurer Wissenschaft zugänglich gemacht – doch ein Großteil der Wahrheit wird euch noch immer vorenthalten. Dieser Teil wird hinter einem vagen Schleier aus Unwirklichkeit verborgen, wird zu einer nebulösen Mischung aus ScienceFiction und »weit in der fernen Zukunft« liegenden Möglichkeiten, deren Erschließung zukünftigen Generationen vorbehalten bleibt … denn *eurer* Generation soll ein unmittelbarer **Kontakt** anscheinend verwehrt bleiben.

Die wahren Pläne absoluter Kontrolle über Erde und All werden weiterhin geheim gehalten. So gut wie nichts dringt beispielsweise über die Erneuerung des uralten elektromagnetischen Netzes oder auch über den wahren Zweck der Weltraum-Überwachungssysteme an die Öffentlichkeit.

Euch wird nicht der kleinste Einblick in diese streng gehüteten Maßnahmen gestattet.

Durch bestimmte, zur Bewußtseinskontrolle entworfene Technologien meint man, Gedanken und Verhalten eures gesamten Volkes auf die niedrigstmögliche Schwingungsfrequenz herabsenken zu können. Die Geheimen Machthaber glauben, Gaia selbst auf Nebiru-Wellenlänge bringen und die Erde so durch einen Vortex in die Umlaufbahn ihres Heimatplaneten befördern zu können – wie sie auch immer noch wie ihre Annunaki-Vorfahren der Überzeugung sind, ihre Machenschaften bis zur Erreichung ihres Ziels verheimlichen und das Licht Höheren Bewußtseins durch ihre elektromagnetischen Vorkehrungen fernhalten zu können.

Doch da liegen sie falsch.

Denn nicht einmal das düsterste Netz, sei es nun aus Intrigen oder elektromagnetischen Strahlen gesponnen, wäre zu diesem Zeitpunkt eurer Erhöhung noch in der Lage, die von Gaia entwickelten Energien oder den unglaublichen Glanz eures freien Willens zu bezwingen.

Eure vermeintlichen Herrscher haben den einen groben Fehler begangen, euch, den Homo Sapiens, gewaltig zu unterschätzen.

Man hat einem Teil von euch erfolgreich den Glauben einpflanzen können, ihr wärt ein zerrüttetes Volk ... und die Flamme eurer Zivilisation flackere bedrohlich. Die Apokalypse ist das täglich Brot dieser Leute – denn ihr Blick richtet sich unwillkürlich auf all die Gewalt, die jegliche Vernunft wie auch Mitgefühl und humanitäre Ideale verschlungen zu haben scheint.

Doch haben die geheimen Machthaber nicht mit der Fähigkeit eurer Rasse gerechnet, jede Widrigkeit zu überwinden, so wie sie sich selbst noch immer die Barmherzigkeit der Allumfassenden Liebe versagen – Liebe, die alle Dimensionen durchdringt und die sich weder von Raum, Zeit noch Dunkelheit eindämmen läßt.

* * *

Ihr solltet euch bewußt machen, daß der Plan, die äußeren Sphären eures Planeten mit einer Armee hochkomplizierter elektromagnetischer

Kontrollsysteme auszurüsten, weit perfidere Absichten birgt als nur die offensichtlichen militärischen Vorteile einer verbesserten (offiziellen wie auch geheimen) Spionage. Die euch zugetragenen Informationen über eine optimierte Feindabwehr sind bloße Tarnung. Dringt ein wenig tiefer vor und fragt euch, warum und auf welche Weise Big Brother sich wohl die Mühe macht zu erkunden, wie ihr auf seine Frequenzwellen reagiert, die das zelluläre Bewußtsein jedes einzelnen eurer Wesenselemente beeinflussen.

Und das alles nur, weil ihr immer noch nicht gelernt habt, *»nein«* zu sagen.

Weltweit werden eure Gespräche abgehört, eure Daten kopiert und weitergeleitet und eure E-Mails gelesen – die Regierungen durchleuchten ungeniert, wen sie wollen ... jederzeit. Dies geschieht im Namen der »nationalen Sicherheit« und dient vorgeblich der Aufrechterhaltung des Friedens in einer von Feinden, Terroristen und »Schurkenstaaten« durchsetzten Welt.

Nehmt euch besonders vor der für 2005 geplanten neuen Satelliten-Generation in acht – denn sind diese Systeme erst einmal installiert, kann das globale Militärnetzwerk nicht nur jegliche Information über »Feind«bewegungen abrufen, sondern über **jede beliebige Person** auf eurem Planeten ... überall, rund um die Uhr.

Ist dies etwa kein eklatanter Akt von Terrorismus – ist dieser Verstoß gegen euer unveräußerliches Recht auf Souveränität nicht etwa der niederträchtigste aller Übergriffe?

Die Vereinigten Staaten, das »Mutterschiff« der Geheimregierung, haben in ihren Weltraumoperationen weitestgehend freie Hand und verstecken ihre Räubermethoden in den Programmen der NASA, deren Operationen vollständig aus den Taschen der Steuerzahler finanziert werden. Die offiziellen Führungskräfte der USA wollen nun mit aller Macht ihr umstrittenes *Space Wars*-Raketenabwehrsystem durchsetzen, indem sie den Leuten weiszumachen versuchen, dieses diene lediglich als Abwehrschild gegen feindliche Raketen – dessen enorme Zerstörungskraft jedoch in Wirklichkeit gegen alles und jeden einsetzbar ist. Euch ist sicherlich schon aufgefallen, daß eine solche Vorrichtung den bereits angesprochenen atomaren Waffen, wie sie die USA »für den Frieden« gegen Japan eingesetzt haben, an Fragwürdigkeit in nichts nachsteht.

Trotz aller Beeinflussung durch die Medien ist es schwer nachvollziehbar, daß einem Großteil von euch der inszenierte *Pearl Harbour*-Vorfall sowie der darauf folgende »gerechtfertigte« nukleare Vergeltungsschlag bereits zu entfallen sein scheint. Erinnert euch noch einmal daran und malt euch dann die möglichen Auswirkungen weit gefährlicherer Waffen aus – Teslas Skalarwellen-Apparaturen etwa, oder auch seine absolut tödlichen Teilchenstrahl-Waffen – und all dies in den Händen obiger »Friedens«kämpfer.

Und ihr könnt euch sicher sein, daß dieses angeblich auf Defensive ausgelegte Weltraumprojekt **offensiver** kaum sein kann.

Laßt uns einmal eine gewagte These aufstellen: Laßt uns einmal annehmen, daß ein mit Abwehrvorrichtungen ausgestattetes Satelliten-Kommunikationsnetzwerk im All – welches elektromagnetische Signale an die Erde sendet – auch zur Bewußtseinskontrolle der gesamten Menschheit mißbraucht werden könnte. Ruft euch nur einmal den *Woodpecker*-Vorfall ins Gedächtnis, diese sowjetische »Grüße« an die USA in Form von hochpotenter Radarstrahlung, die wir bereits in früheren Botschaften angesprochen haben.* Hier drängt sich folgende Frage auf (mit der ihr euch intensivst auseinandersetzen solltet): Können diese hochempfindlichen Apparaturen dort draußen vielleicht weit mehr, als euch einfach nur zu »beobachten« und »auszuhorchen«? Wenn sie jetzt etwa nicht nur Frequenzen von euch **auffangen**, sondern ebenfalls eigene Wellen auf euch **abschießen** könnten?

* Siehe *Atlantis Rising,* »The Struggle of Darkness and Light«, S. 81f.

Denn denkt bitte immer daran, daß die dunklen Herren im Hintergrund nicht eigentlich daran interesiert sind, euch zu beobachten, sondern vielmehr daran, euch in bestimmte Verhaltensmuster hineinzumanipulieren. Wenn sie euch mit ihren Systemen ausfindig machen können, ist es kein großes Kunststück, euch mit diesen auch zu beeinflussen – es sei denn, ihr schafft es, ihre elektromagnetischen »Botschaften« mit eurer ganzen Willenskraft zu zerstreuen. Diese Kraft könnt ihr aus der Einheit von Körper, Geist und Emotionen – aus eurer Ganzheitlichkeit – schöpfen, und indem ihr aus den richtigen Motiven heraus handelt und diese niemals aus den Augen verliert. Dann nämlich kann die Wirkung ihrer Mechanismen euch höchstens leicht streifen … wenn überhaupt.

Diese Kraft zu sammeln ist fast so einfach, wie wir es oben beschrieben haben – vorausgesetzt, ihr seid bereit, ein paar eurer modernen technologischen »Annehmlichkeiten« zu opfern und euch mit eurer ganzen Entschlossenheit auf eure Aufgabe zu konzentrieren. Mit der Hilfe unseres Wissens steht einer Entmachtung der Großen Verbrecher dann nichts mehr im Wege. Denn euch dieses Wissen zu liefern ist unsere Aufgabe, während die Lichtwesenheiten höherer Dimensionen euch durch uns ihre Energie senden, um eure Schwingungsfrequenz zu erhöhen.

Doch aktiv erzeugen müßt *ihr* diese »Sicherheitszone«.

Denn nur ihr selbst könnt in eurem **Innern** wirken.

* * *

Ihr werdet nicht allein vom Weltraum aus überwacht. Eure Kreditkarten beispielsweise geben bei jedem Kauf euren jeweiligen Standort an, womit ihr dem Machtkartell gleich doppelt in die Hände spielt – denn durch eure Kreditkarten bezahlt ihr das Establishment praktisch noch dafür, daß ihr es mit genauen Informationen zu eurem jeweiligen Aufenthaltsort, euren Interessen und eurer Kaufkraft versorgt. Jedes einzelne Mobiltelefon ist eine eigene, kleine Satelliten-Ortungseinheit.

Die automatische und ebenfalls elektromagnetisch gesteuerte Begleichung von Straßen- und Autobahnmautgebühren gibt genauestens Aufschluß über eure Reisetätigkeit. Überall befinden sich Überwachungskameras, die jede eurer Bewegungen auffangen, während ihr unbedarft euren Geschäften nachgeht und nicht einmal im Traum daran denkt, ihr könntet gerade jetzt virtuell abgetastet werden.

Mikrochips in Haustieren, Strichcodes, Sensoren, Satelliten, Kameras ... was um alles in der Welt führt ihr bloß im Schilde, das eure Behörden und Regierungen so brennend interessiert?

Ja, in der Tat, Big Brother beobachtet euch.

Laßt uns auch noch schnell einen Blick auf das werfen, was euch in den kommenden Jahren so alles erwartet.

Euch steht eine neue, kyberbionische Welt bevor, die unter anderem die Implantation von Mikrochips in euer Nervensystem vorsieht – für die Öffentlichkeit wird an staatlichen Forschungsinstituten gerade eine »Testphase« inszeniert, doch ist diese Technologie in Geheimdienstkreisen bereit voll funktionsfähig und wird demnächst auch offiziell publik gemacht. Im Rahmen dieser Roboter-Technologie soll dem Menschen eine Art Magnetstreifen eingepflanzt werden, der mit bestimmten Nervenbahnen verbunden wird. Dieser vermittelt dann jede beliebige Information vom Nervensystem an einen Großcomputer, der die Signale auswertet, in Daten umwandelt und so auf dem Bildschirm sichtbar macht – und der seinerseits **Daten übertragen** kann.

Man wird dadurch in der Lage sein, einem Computer durch bloße Gedankeneinwirkung Befehle zu übermitteln ... doch was geschähe, wenn dieser Austausch zwischen Mensch und Maschine beispielsweise eine Welle von Haß in digitale Daten transformieren könnte? Und wenn diese Reize dann wiederum in elektromagnetische Frequenzen umgesetzt würden ... was dann?

Verliert nicht aus dem Blick, daß dieser Mikrotransmitter nicht nur Nervenimpulse abrufen, sondern auch seinerseits elektromagnetische

Reize übermitteln kann, da das menschliche Nervensystem sowohl Sender als auch *Empfänger* ist! Dies könnte euch »auf Knopfdruck« zu willenlosen Maschinen machen. Diese Technik wäre in der Lage, praktisch jede Art von Gedanken und Emotionen in euch zu erzeugen und euch auf diese Weise alle möglichen Befehle ausführen zu lassen.

Einigen von euch ist vielleicht schon der Gedanke gekommen, daß so manches Politiker-Attentat auf ein solches Implantat zurückzuführen ist, das den jeweiligen »Mörder« auf einen bloßen Impuls hin handeln läßt – indem dieser in einer Art Trancezustand gehorsam den Tötungsbefehl ausführt. Seid versichert, daß dem durchaus so ist, ja daß sogar ein Großteil aller Attentäter, denen friedliebende Persönlichkeiten zum Opfer fielen, solche »Mordmaschinen« waren – stumpfsinnige Sklaven der Geheimen Regierung. Einigen sind sie besser bekannt unter ihrem Codenamen: die *Manchurian Candidates – diese mentalen, auf Kommando tötenden menschlichen Roboter, die aus einem Gehirnwäsche-Projekt der CIA hervorgegangen sind.*

Versucht, euch vorzustellen, was mit dieser Art Technologie noch alles möglich wird … und was wiederum für neue Technologien aus diesen Möglichkeiten erwachsen. Ein wahrer Teufelskreis – oder eher noch, ein Mahlstrom hinab in die Finsternis. Man braucht keine allzu blühende Phantasie, um sich die Richtung ausmalen zu können, die hiermit eingeschlagen wird – denn das eigentliche Ziel tritt immer deutlicher hervor, und um seiner gewahr zu werden, müßt ihr nur den Mut aufbringen, es auch sehen zu *wollen*.

Der Menschheit droht ein vollkommen neues, übernationales Identifikationssystem. Alle bisherigen Erkennungszeichen und Identifizierungsmöglichkeiten wie Steuernummern, Führerscheine und andere Kennziffern werden bald schon durch einen einheitlichen Barcode für jedes einzelne Mitglied der Weltbevölkerung ersetzt werden. Dieses neue System wird dem Establishment alle bedeutsamen Informationen über euch liefern – so daß euer gesamter »Lebens-Lauf« elektronisch abrufbar wird –, und man wird euch katalogisieren und sortieren wie die Waren eurer gigantischen Konsumgüterindustrie.

Diese Technologie der menschlichen Datenverarbeitung – die Kodierung von sechs Milliarden Menschen – ist *kein* Hirngespinst, sondern ist hinter euer aller Rücken bereits in die zweite Phase eingetreten. Der sogenannte Strichcode, der all eure Konsumgüter ziert, wird bald ebenfalls auf jedem Individuum eures Planeten prangen – doch mit einem entscheidenden Unterschied.

Denn dieser neuartige Strichcode wird ein drahtloses Mikro-Kommunikationssystem mit enormer Speicherkapazität sein: Und dieses wird Daten sowohl empfangen als auch **übermitteln** können. In der Anlaufphase werden diese noch als Dateneinheiten dienen, die nach und nach herkömmliche Dateien und elektronische Datenbanken ersetzen, doch schlußendlich wird es auf eine Massenimplantation hinauslaufen – bei euch allen. Manche von euch kennen das ja bereits von ihren Haustieren ...

Und das, ihr Lieben, ist nur ein Bruchteil dessen, womit die Geheimdienste und Militärnetzwerke des Establishments noch aufwarten werden. Es sind lediglich die ersten Tropfen einer wahren Flut von Überwachungstechnologien, die die Führungskräfte eurer »freien Welt« in nächster Zeit auf euch loslassen werden.

Wie nun könnt ihr dagegen angehen?

- Macht euch stets bewußt, daß auch die allermächtigsten dieser feindseligen Instrumente euren Lichtpanzer nicht durchdringen können – der die Manifestation eurer Überzeugung darstellt, daß nur dem Höheren Ganzen dienliche Aspekte euch zu erreichen vermögen. Gerade jetzt solltet ihr Visualisierungs- und Konzentrationstechniken zum Schutz eures Selbst erlernen. Ruft den Bund des Lichts um Unterstützung an, und wir werden euch gemeinsam mit anderen Höheren Wesenheiten zur Hilfe kommen; vertraut auch auf die euch umgebenden Geist- und Engelwesen; fühlt die Ganzheitlichkeit und innere Reinheit eures Wesens und seid aufrichtig in euren Absichten.

- Macht es euch zur Gewohnheit, täglich Körper, Geist und Seele zu reinigen – indem ihr eure Aura glättet und aufladet und euch darauf konzentriert, daß eure Gedanken *allein die eurigen* sind. Eine gesunde Aura gleicht einer praktisch uneinnehmbaren Festung, doch dafür müßt ihr sie regelmäßig von angestauten Unreinheiten befreien und eventuelle Löcher und Risse schließen, die während der langen Phase entstanden sind, in der ihr eure multidimensionale Identität vergessen hattet. Macht euch auch bewußt, daß euer ätherischer Körper den physischen **formt.**

- Sprecht morgens unmittelbar nach dem Erwachen sowie abends vor dem Einschlafen (dann, wenn ihr kurz davor seid, mit eurem Astralkörper auf Sternenreise zu gehen) folgende Anrufung:

Ich rufe den Bund des Lichts um Beistand an: möge er mich in einen schützenden Mantel aus gleißendem Licht hüllen.

Als ein freies und unabhängiges Wesen verfüge ich, daß dieser strahlende Schild alle Energien abweist, die nicht dem Höheren Ganzen dienen, und ich rufe euch, Engelskrieger des Lichts, hierbei um eure Unterstützung an.

Wehrt alle negativen Einflüsse ab und laßt sie, durchwoben mit dem Leuchten der Allumfassenden Liebe, zu ihrem Ursprung zurückkehren.

- Widersteht sowohl im Berufs- als auch im Privatleben der Sucht nach Elektronik. Bevor ihr wieder einmal einen neuen,

verführerischen Tand ersteht, solltet ihr euch eingehend
fragen, ob ihr diesen wirklich benötigt, oder ob er nicht eine
unnötige Spielerei mehr ist, die ihr im Grunde nicht braucht.

- Schränkt euren Kreditkartengebrauch ein (ja, das geht tatsächlich!) und zahlt wo immer möglich bar ... oder besser
noch: *tauscht* mit anderen Leuten Waren und Dienstleistungen.

- Verzichtet so weit wie möglich auf elektronische Gerät-
schaften – besonders auf solche mit Satellitenverbindung
wie zum Beispiel Überwachungs- und Navigationssysteme
oder Satellitenschüsseln. **Macht Satelliten überflüssig.**

- Wenn ihr mittels elektronischer Medien kommuniziert,
benutzt Abkürzungen und Verschlüsselungen für alles, was
nicht die Aufmerksamkeit von *Echelon* auf sich ziehen soll.

- Wehrt euch gegen das geplante Weltraum-Militarisierungs-
projekt, indem ihr euer Wissen darüber weitergebt und euch
für eine friedliche Rebellion stark macht.

- Unterstützt kleinere Geschäfte und Händler vor Ort. Denn
ohne sie würde es bald nur noch die auf Massenkonsum ausgerichteten Großunternehmen geben, die dem weltweiten
Strichcode für die Menschheit den Weg ebnen und euch
auch auf andere Weise ein Stück Menschlichkeit rauben.

- Vor allem geht hinaus in die Natur. Denn dort, zwischen
ausladenden Baumkronen und tiefem Wurzelwerk, seid ihr
geschützt. Wenn ihr in der Stadt lebt, dann holt euch Grün-
pflanzen in die Wohnung; und wenn ihr auf dem Land lebt,
dann pflanzt selbst Bäume, um der Erde zurückzugeben,
was ihr andernorts genommen wird.

- Lebt jeden einzelnen Moment in dem Bewußtsein eurer
Einzigartigkeit und Freiheit, und laßt dieses Gefühl in jedem
Wort, jedem Atemzug und jedem Aspekt eures Seins mit-

schwingen. Denn auf diese Weise äußert sich der freie Wille eurer Souveränität.

- Haltet engen Kontakt zur Erde. Fahrt an die See und geht in die Wälder, und verliert nie aus den Augen, daß ihr alle Kinder Gaias seid.

- Nehmt die vier Elemente als Aspekte allen Seins wahr und spürt sie in allem, was Erde, Wasser, Luft und Feuer bevölkert. Denn diese Elemente konstituieren die Basis und das Wesen der Erde wie auch des Menschen – und ebenso der Erzengel und all der erleuchteten Weisen, die ihr verehrt. Denkt immer daran, daß im Großen Kosmos der Seele letztendlich alles Eins ist.

- Und vergeßt niemals, daß eure Seelen **unsterblich und ewig** sind – Funken, die sich für einen kurzen Moment nur in einer physischen Matrix manifestieren, um dann wie Schneeflocken wieder mit dem breiten Strom des Lichts zu verschmelzen.

MEDIEN
&
MASSENMANIPULATION
- Kapitel Zehn -

Die Menschheit ist einem psychologischen Dauerfeuer aus Werbung
und Moralvermittlung ausgesetzt – künstlichen Illusionen, durch die
euch bestimmte Produkte, Konzepte und sogar politische Meinungen
förmlich in die Seele gebrannt werden. Dieser Beschuß prasselt pausen-
los auf euch nieder: auf den Straßen genauso wie in U-Bahnen und
Bussen, zu Hause und am Arbeitsplatz, überall und jederzeit.

Eure selbsternannten Herrscher überschwemmen euch mit einem
zähen Schlamm aus Werbung und politischer Propaganda, der noch in
die tiefsten Spalten und Ritzen eures Alltags sickert. Ihr seid einer permanenten Reizüberflutung ausgesetzt, die euch durch Fernsehen,
Radio, Internet, Reklameflächen und Zeitschriften in Millionen und
Abermillionen von Slogans, Spots und Schlagworten regelrecht
ertränkt – und eure sensiblen Sinnesorgane nehmen jede Einzelheit
auf ... in jeder wachen Minute.

Dieser Feldzug vereinnahmt einfach alles, und niemand kann sich
ihm vollständig entziehen – zumindest niemand, der eine aktive Rolle
im Geschehen eurer »zivilisierten« Welt spielt.

Wir wollen euch dadurch jetzt ganz bestimmt nicht in Einsiedeleien und Höhlen treiben, hinaus aus der Gesellschaft und in die vollkommene Isolation. Ganz im Gegenteil ist es ja gerade unser Bestreben,
euch aus eben diesen Höhlen hinaus und ans grelle Tageslicht *zurück*

in die Gemeinschaft zu zerren. Doch ihr könnt die Wucht dieses radikalen Reklameansturms zumindest bremsen – indem ihr einen Blick hinter die verzerrenden Blenden der Werbeindustrie werft und bloßlegt, mit welchen Kniffen und Tricks sie sich die Köpfe der Menschen zurechtformt.

Damit gewinnt ihr einen Großteil der Autonomie zurück, den die Medien euch – als Einzelpersonen, »Zielgruppen« wie auch als Volk – genommen haben, und so könnt ihr euch schließlich der Willenslenkung durch Militärapparat und Konsumgüterindustrie vollends entziehen. Durchschaut ihre Absichten, befreit die Menschheit auf diese Weise Schritt für Schritt von deren Einflußnahme und feit sie gegen jede Art der Massensuggestion. Dies führt euch zurück zu eurer ureigensten Identität, zu einer freien Persönlichkeit, und macht euch in vielerlei Hinsicht ganzheitlicher, was sich wiederum positiv auf eure Gemeinschaft wie auch auf Gaias Gesundungsprozeß auswirkt.

Befreit euch *jetzt* – ein für allemal – aus den Fängen der Kontrollinstanzen, die euer Bewußtsein strangulieren, und fordert die euch zustehende Souveränität zurück.

Wir werden euch bei dieser Loslösung mit all unserer Kraft zur Seite zu stehen – sobald ihr das Startsignal gebt, indem ihr die Augen öffnet, die Ketten abstreift und nicht länger als apathische, willenlose Sklaven des Establishments dienen wollt.

Ihr leitet diesen Befreiungsprozeß ein, indem ihr euch den dunklen Machenschaften und eklatanten Problemen eurer Welt ganz bewußt stellt. Ihr müßt zu einer universalen Perspektive gelangen und diese dann auf euer persönliches Umfeld übertragen – damit sich diese allumfassende Sichtweise in eurer unmittelbaren Umgebung in den richtigen Gedanken und Taten niederschlagen kann. Erforscht genauestens, was man euch gewaltsam aufzudrängen und heimtückisch einzuflüstern sucht und erkennt, in welchem Maße die äußere Wirklichkeit euren inneren Frieden wie auch Gaias Gleichgewicht zu stören vermag.

Dazu müßt ihr praktisch Detektivarbeit leisten und die Werbung mit »Röntgenaugen« durchleuchten, um sowohl die reißerisch offensichtlichen als auch die subtilen tiefenpsychologischen Taktiken aufzudecken.

Stück für Stück sollte es euch dadurch gelingen, euch der Vermittlung trivialer Werte und oberflächlicher Ideale zu entziehen und den Stachel negativer Berichterstattung, die Ursache schleichender Vergiftung, zu entfernen – all dies Strategien, die euch zum Konsum wie auch zur Übernahme vorgekauter Meinungen anhalten sollen. Mit der Zeit werdet ihr euch immer unbeschwerter und beflügelter fühlen. Ohne dieses dauernde Reizbombardement wird sich das Leben sehr viel intensiver und bedeutsamer anfühlen, und wenn die manipulatorischen Klauen dieser menschenverachtenden Botschaften nicht länger an eurem Geist zerren, wird euch eine ungeahnte innere Ruhe überkommen.

Denn ohne all die oberflächliche Berieselung werdet ihr tiefer zu euch selbst durchdringen und euch auf Höheres, Wesentlicheres konzentrieren können – auf die wirklich wichtigen Aspekte eurer Existenz wie auch darauf, die gesamte menschliche Gemeinschaft an euren Kenntnissen und Erfahrungen teilhaben zu lassen.

Denn erst die Einsicht, daß der Gedanke Ursprung und Grundlage der äußeren Wirklichkeit ist – wie auch diese Realität wiederum die persönliche Wahrnehmung prägt –, bedingt die Freiheit des einzelnen wie auch das spirituelle Voranschreiten einer ganzen Zivilisation. Denn vergeßt nie: Alle Aspekte, Dimensionen und Welten sind letztendlich eine Widerspiegelung der All-Einheit. Ihr alle seid dies; und wir sind es auch.

Und die Dunkelheit genauso wie das Licht.

Ihr seid niemals, nicht einen Moment lang, wirklich und wahrhaftig von der Einheit getrennt: nicht bei eurer Geburt, wenn eure Seele in eine feste Form schlüpft; nicht bei eurem Tod, wenn ihr die Last dieser Hülle wieder abstreift und schwerelos entgleitet; und auch jetzt nicht, da ihr als körperhafte Wesen durch die Welt des Samsara wandelt.

Es ist durchaus verständlich, daß ihr den Regen aus beängstigenden Meldungen und bedrohlichen Entwicklungen am liebsten einfach abschirmen und nicht an euch heranlassen würdet. Wir können gut nachvollziehen, daß man vor einer solch scheußlichen Aussicht gerne die Augen verschließt – doch diese dunkle Seite des Seins einfach zu ignorieren, wird sie nicht zum Verschwinden bringen. Denn je stärker ihr diese Energie, diese Angst in euch, zu unterdrücken sucht, desto heimtückischer und bösartiger wuchert sie – und wächst sich zu einem riesigen Ungetüm aus, das in den sumpfigen Tiefen eures Seelengrunds einnistet und dort auf euch lauert.

Eure Reise zum Licht führt leider unausweichlich durch die mannigfachen Schichten eurer Dimension wie auch durch eben jene Schattenbereiche, so wie auch Buddha erst über den Pfad des Leidens zur Erleuchtung gelangte.

All diese verbrecherischen und hinterhältigen Praktiken berühren euch vielleicht nicht persönlich, so meint ihr, doch zieht das Unglück anderer unwillkürlich auch euch in Mitleidenschaft – denn die All-Einheit allen Seins macht den Leidensweg des anderen automatisch auch zu **eurer Erfahrung.**

Die bewußte Entscheidung, aktiv an den anstehenden Ereignissen eurer Zeit mitzuwirken, verbindet euer aller Karma miteinander. Und daher schaut mutig in die dunklen Winkel, und fürchtet euch nicht vor dem Unbekannten und dem vermeintlich so »Aussichtslosen« – dann findet ihr auch den Weg zur Heilung und zum Licht.

Weist diese so unüberwindbar scheinenden Übel nicht rundheraus ab, sondern seht, daß ihr sehr wohl Veränderungen herbeiführen könnt und dies auch bereits fortwährend tut. Und denkt daran, daß ihr den größtmöglichen Wandel im Lichte vollsten Gewahrseins erzielt.

Vergeßt nie, wie machtvoll euer Bewußtsein, euer Wille, ist.

Und glaubt niemals, ihr wärt dem Establishment hilflos ausgeliefert.

* * *

Ein wesentlicher Bestandteil eurer Befreiung besteht darin, zu begreifen, wie die weltweite Werbeflut das Geheime Syndikat mit Macht und Reichtum versorgt und euch, die »Masse«, durch die allgegenwärtige Konfrontation mit suggestiven Bildern und Konzepten hypnotisiert.

Die Massenmedien sind lediglich die Kanülen, durch die euch all die Großkonzerne mit dem Sud ihrer Konsumbotschaften infizieren und euch so in einen blühenden Absatzmarkt für ihre Produkte verwandeln. Durch die Verzerrungen und Übertreibungen, die Sensationsmache und die Unheilsprophetie lähmen euch die Medien, führen euch in einen Zustand der Bewegungsunfähigkeit hinein und machen euch so zu gefügigem Material in den Händen ihrer Sponsoren.

All das durchschaut ihr inzwischen, nicht wahr?

Ein grundlegendes Prinzip ist auch folgendes: Da die Medien sich durch Werbung finanzieren, bestimmt diese auch darüber, was – und letztlich *wie* – ihr seht, da sie euch allgegenwärtig und permanent vor Augen steht und so eure Souveränität untergräbt. Sie suggeriert euch Wünsche und zugleich deren Befriedigung, und sie bestimmt eure Sichtweise – denn sie raubt euch die Freiheit, eigenmächtig und *freiwillig* Entscheidungen zu treffen. Ein Großteil der Menschheit schlägt auf diese Weise völlig arglos genau den Kurs ein, den das Establishment vorgibt ... den Kurs der Rentabilität.

Solche Kontrollmechanismen hättet ihr wahrscheinlich eher unter einem totalitären Regime vermutet, doch hättet ihr euch jemals träumen lassen, auf so entwürdigende Weise manipuliert zu werden ... von einer »demokratischen« Regierung, die euch doch eigentlich **repräsentieren** soll?

Die meisten von euch durchschauen inzwischen wohl die große Rolle, die Werbung allgemein im Prozeß weltweiten Massenkonsums spielt, doch versucht euch einmal wirklich das ganze Ausmaß unterbewußter Beeinflussung vor Augen zu führen, durch die euch die Werbebranche geistig regelrecht »entmündigt« – indem sie in euch je nach Bedarf entweder Lust oder Frust hervorruft. Denn tatsächlich wirkt ein Großteil aller Reklame unmittelbar auf die primitiven menschlichen Triebe ein, weckt Verlangen und deaktiviert den Verstand.

Auf welche Weise verzerrt Werbung nun eure Wahrnehmung? Dieses Phänomen sollten wir einmal genauer in Augenschein nehmen, bringt es doch die allgemeinen »Kriegsstrategien« zur Manipulation eures Unterbewußtseins sehr anschaulich auf den Punkt.

Die Kombination aus wachsendem Verlangen und sinkendem Selbstwertgefühl stellt die erforderliche Grundlage dar für die Erschaffung einer ertragreichen Konsumentengemeinschaft – einer »Wegwerf-Gesellschaft« also ... indem ein Gefühl permanenten »Mangels« erzeugt wird. Euch wird suggeriert, niemals »genügen« und folglich auch niemals genug besitzen zu können. Dadurch werdet ihr zum Erwerb von vermeintlichen »Gegenmitteln« getrieben, die eure innere Leere stopfen und euer Gefühl von Minderwertigkeit buchstäblich überschminken sollen.

So verkauft man – schlicht und ergreifend.

Diese Werbestrategien gelten nicht allein für den Verkauf von Produkten. Auch eure Regierungen beispielsweise vermarkten durch sie ihre politischen Philosophien und Konzepte: Sie erzeugen ein Gefühl des Mangels und halten auch gleich die vermeintliche Lösung, den »Füllstoff«, parat. Die Architekten im Rücken dieser Führungsmarionetten spicken ihre politischen Reden und Wahlkampagnen mit eben diesen suggestiven Formeln und unterbewußten Botschaften und »verkaufen« auf diese Weise Nationalstolz und patriotische Ideale.

Allmählich habt ihr bestimmt eine ungefähre Vorstellung von den Winkelzügen des Establishments und seiner Manipulation der Medien zum Zwecke einer weltweiten Oberherrschaft.

Solltet ihr allerdings noch immer glauben, euer Land werde von einem »bösen Feind« bedroht, dann vertraut ihr bestimmt auf den Schutz durch ein weltraumstationiertes Raketenabwehrsystem – welches ihr, die Steuerzahler, ja schließlich finanziert. Und wenn man euch dann ebenso davon überzeugen kann, eure Energieressourcen würden knapp, würdet ihr ungefragt einer weiteren unnötigen Ölbohrung zustimmen, die ein weiteres der wenigen noch verbliebenen unberührten Heiligtümer der Erde entweihen würde: eines der zunehmend kleiner werdenden Rückzugsgebiete gefährdeter Tier- und Pflanzenarten – beispielsweise in Regenwald oder Ozean.

Das Establishment treibt seinen fatalen (und völlig überflüssigen) Raubzug auf fossile Brennstoffe immer weiter voran, und diese Kampagne betrifft euch alle. Denn sie richtet sich gegen die gesamte Menschheit – gegen den Planeten selbst, erkennt die Natur doch keine willkürlich gezogenen Grenzen an ... denn sie »trennt« nicht und macht keine Unterschiede. In ihr bedingt sich alles gegenseitig; alles ist miteinander verbunden.

Das Establishment weiß dies nur zu gut.

Und auch für Pflanzen, Tiere und Mineralien ist dies ganz selbstverständlich.

Nur die Menschheit selbst, die »intelligenteste« aller Spezies, scheint diesen Umstand vergessen zu haben, obwohl Gaia ihre – mit einer solch »grandiosen« Geisteskraft ausgestatteten – Kinder doch immer wieder daran gemahnt.

Die euch vom Machtkartell vorgegaukelte Rohstoffknappheit schlägt euch so sehr in ihren Bann, daß alle Warnungen engagierter Ökologen und Umweltschützer scheinbar ungehört verhallen und die Ölmagnaten euch bis hart an den äußersten Rand der Katastrophe treiben können. Sollte ihnen auch weiterhin freie Hand gelassen werden, so werden auch Alaskas letzte Naturreservate mit ihren uralten Wäldern und kristallklaren Seen bald schon der schwarzen Hölle der Ölfelder weichen.

Daher fragen wir euch: Ist der »Verkauf« politischer Scheinideale tatsächlich anders als kommerziell betriebene Werbung, die euch beispielsweise einflüstert, eurer Haut fehle es an einer gewissen Frische und ihr müßtet sofort all die überteuerten Cremes und Kosmetika kaufen, die man – oh Wunder – direkt zur Lösung dieses Problems für euch bereithält?

Werbung verkauft Illusionen; sie arbeitet mit Bildern, die euch auf bewußter Ebene harmlos erscheinen und die ihr allenfalls witzig, unterhaltsam oder auch unerträglich kitschig findet, die jedoch (auf unterbewußter Ebene) ein heimtückisches Manöver gegen euren freien Willen ausführen. Diese Intrige gegen euer Recht auf Selbstbestimmung richtet mehr Schaden an, als auf den ersten Blick ersichtlich ist – gerade jetzt, wo ihr euch dem Netz der Kontrollmechanismen doch entwinden und den Glanz vollkommener Freiheit erfahren wollt.

Die Werbepropaganda erregt Verlangen und Wünsche, indem sie die primitive, triebhafte Ebene im Menschen anspricht – und diese Dauersuggestion bringt euch innerlich aus dem Gleichgewicht und läßt euch gierig nach den Produkten greifen, die diese Disharmonie zu beheben versprechen.

Werbung kann euch ebenfalls zur Übernahme stereotyper Ansichten verleiten ... euch gezielt mit bestimmten Dogmen oder Überzeugungen infiltrieren. Allein die richtige »Vermarktung« treibt euch in die Arme politischer Doktrinen, läßt euch einen Krieg als vermeintlich gerecht wahrnehmen und diktiert zum Zwecke der Gewinnsteigerung Mode- und Schönheitsideale. In Wirklichkeit ist Reklame genau das: ein mit manipulatorischen Methoden geführter Sturmangriff auf euer Unterbewußtsein. Die Art und Weise, in der diese Werbebotschaften unterschwellig euer Verlangen anfachen und das wirtschaftliche, kulturelle und sogar sexuelle Werteverständnis eurer Gesellschaft prägen, ist genauestens kalkuliert.

Doch so niederträchtig und schädlich diese Methoden offener Werbekampagnen auch sein mögen, so nehmen sie doch den Weg über das *Bewußtsein* und können somit also angenommen oder abgelehnt werden, so daß sie nicht im eigentlichen Sinne unter die Kategorie *Bewußtseinskontrolle* fallen. Das Prinzip dieses aufdringlichen Zweiges der Werbung an sich ist keine unmittelbare »Manipulation« des

Geistes, auch wenn sie das menschliche Verhalten zu beeinflussen vermag – denn was ihr in euch eindringen laßt, ist eure eigene, bewußte Entscheidung und unterliegt eurer Verantwortung. Ihr seid die Kontrollinstanz an den Pforten eurer Sinne, und ihr allein entscheidet letztendlich, ob eine Information es wert ist, Teil eures Erfahrungsschatzes zu werden.

Wenn Werbung jedoch mit unterschwellig wirkenden Tönen und Bildern arbeitet, die ganz gezielt auf das Unterbewußtsein einwirken, sieht die Sache schon anders aus.

Denn indem diese Einflußnahme dem Bewußtsein verborgen bleibt, stellt sie ganz eindeutig eine Form der Gedankenkontrolle dar – sie unterminiert euren freien Willen wie auch eure Entscheidungsfreiheit, der endlosen Reizüberflutung, die tagtäglich auf euch einwirkt, Einhalt zu gebieten. Diese in Werbe- und Rundfunkindustrie weitverbreitete Methode ist eine Aberkennung eurer Souveränität, sowohl als individuelle Komponenten der All-Einheit als auch als Basis eurer Erdengemeinschaft.

Wollt ihr euch diese bewußtseinsverändernden Strategien offener wie auch verkappter Suggestion – die euch als Einzelpersonen wie auch als Gesellschaft beeinflussen – nicht einmal genauer anschauen?

Das Modeverständnis eurer Wohlstandsgesellschaften favorisiert extreme Schlankheit als absolutes Ideal (natürlich darf man dabei auch nicht bis aufs Skelett abgemagert sein, denn Hungersnöte und Armut sind wiederum alles andere als »schick«). Gerade dort, wo Nahrung im Überfluß vorhanden ist, gilt »dünn« zu sein als Inbegriff an Schönheit und Eleganz, so als würde ein durch Hungern herabgesetztes Körpergewicht einen triumphalen »Sieg« über den eigenen Körper darstellen (während gleichzeitig die wahllos Verhungernden anderer Länder als Opfer sozialer Mißverhältnisse bedauert werden).

Ironischerweise jedoch nimmt Übergewicht in den reichen Nationen immer drastischere Ausmaße an.

Mit der Vermarktung pubertierender Kindermodels drängt euch die Mode- und Kosmetikindustrie völlig unerreichbare und unrealistische Ideale auf – Leitbilder vermeintlicher Perfektion, denen ihr dann durch den Kauf all ihrer Haut- und Haarpflegeprodukte, ihrer Drogerieartikel und einer breiten Palette weiterer kosmetischer Chemikalien, ihrer Sport- und Fitnessausrüstung sowie ihrer vollsynthetischen, aber dafür »kalorienreduzierten« Lebensmittel hinterherjagt. Gleichzeitig jedoch mästet die Nahrungsmittelindustrie euch und eure Kinder mit ihren wertlosen, chemisch aufbereiteten, fettigen, zuckerhaltigen Fastfood-Produkten.

Die Fastfoodindustrie boomt durch euer aller Unterstützung und infiltriert eure Organismen mit chemischen Substanzen und schädlichen Füllstoffen, die jeden einzelnen und somit die gesamte Gesellschaft krank machen.

Derweil malträtieren euch die Modemacher mit vollkommen abwegigen Schönheitsidealen, die so viele anstreben, aber denen nur ein ganz geringer Teil tatsächlich zu entsprechen vermag. Erscheint euch das nicht auch alles ein wenig absurd?

*   *   *

Damit ihr auch ja die von der Werbung vermittelten Wertevorstellungen übernehmt, werden unterschwellig beeinflussende Bilder eingefügt – Botschaften, denen euer Unterbewußtsein schutzlos preisgegeben ist.

Schlagt wahllos eine Zeitschrift auf, und schaut euch die Werbung an. Versucht diese einmal nicht mit den Augen des Verstandes zu sehen, sondern entspannt euch und laßt euer Unterbewußtsein die versteckten Aufforderungen entdecken.

Laßt einmal alle Ränder und Konturen (die äußere Aufmachung) außer acht und dringt durch den glänzenden Lack des Trugbilds bis tief in die dahinterliegenden Schatten vor. Betrachtet das, was jenseits des Offensichtlichen liegt. Fragt euch: Was will man mir da tatsächlich verkaufen? Mit welcher Taktik versucht man hier, mich zum Kauf dieses

Produktes zu bewegen? Was ist die eigentliche, unterschwellige Botschaft?

Untersucht, auf welche Weise die dargestellten Waren angepriesen werden und wie sich dies auf eure Gefühle auswirkt und sie formt. Und wenn ihr dann **genau hinseht** – wenn ihr das, was euch präsentiert wird, eingehend betrachtet –, wird die Illusion euch nicht länger blenden können. Stellt heraus, mit welchen Strategien die gewünschten Reaktionen hervorgerufen werden. Mit der Zeit wird euer geistiges Auge die versteckten Bilder und Symbole leicht herausfiltern können, die ihr über euer Unterbewußtsein verinnerlichen sollt, während euer bewußter Verstand durch die plakative Oberfläche genarrt wird.

Wenn ihr die Barriere eurer eingeschränkten, bewußten Wahrnehmung erst einmal durchbrochen habt, werdet ihr das ganze Ausmaß unterbewußter Impulse in der Werbung wahrnehmen. Diese Impulse reichen von ganz gewöhnlichen Schlagwörtern (wie zum Beispiel **Sex**), die als »Gerüst« dienen und ins Auge stechen, bis hin zu subtilen Einflüsterungen und Verführungen, die die Verstandesebene einfach umgehen. Dies soll eure elementarsten Triebe und Instinkte wachrufen, euch aus dem inneren Gleichgewicht bringen und verunsichern sowie ein geradezu unstillbares und durch nichts zu befriedigendes Verlangen entfachen.

All diese Mechanismen sollen sicherstellen, daß ihr den euch zugewiesenen Platz des verführbaren Käufers und willfährigen Sklaven auch ja nicht verlaßt.

Fernsehwerbespots werden häufig mit nicht wahrnehmbaren Tönen unterlegt, die sich am Verstand vorbei direkt ins Unterbewußtsein schleichen. Dasselbe geschieht im Internet – den dunklen Absichten der Machthaber sind dank all dieser technologischen Errungenschaften praktisch kaum noch Grenzen gesetzt.

Ist euch die Macht einer solchen Massenhypnose – der verkappten Befehlsgewalt über Millionen von Menschen – bewußt? Diese Suggestionstechniken werden inzwischen nicht mehr nur zur Beeinflussung einzelner, sondern zur Manipulation ganzer Gruppen angewandt: ohne eure Zustimmung; ohne jegliche Kenntnis einer solch heimtückischen Unterminierung eures freien Willens inmitten einer demokratischen Gesellschaft.

Und wenn diese unterschwelligen Aufforderungen jetzt etwa »Gehorche!« oder »Zieht in den Krieg!« oder »Töte!« lauten würden? Natürlich will man euch einreden, solche Technologien seien eine reine Ausgeburt der Phantasie. Keine Werbeagentur würde offen zugeben, mit diesen verdeckten, manipulatorischen Methoden zu Werke zu gehen – und doch seid ihr alle bereits durch den ersten, quasi als Test dienenden und hochgradig Angst schürenden Film *»Der Exorzist«* zu Opfern dieser Strategie geworden. In diesem Testlauf nämlich gaben unwissende Zuschauergruppen das Versuchsmaterial für diese Art der Beeinflussung durch unterschwellige Töne ab.

Die Reaktion dieser »Versuchsgruppen« auf unterbewußt wahrgenommene Bilder und Töne wurde aufgezeichnet und ausgewertet und bildete die Basis der Methoden, mit denen man heute in Werbung und Rundfunk heimlich gegen euch konspiriert.

Nach unserem Verständnis der Universalen Gesetzmäßigkeit stellt dies einen offenen Angriff auf eure freie Entscheidungskraft als bewußte Wesenheiten dar ... und ist **alles andere** als »demokratisch«.

Quasi als Vorbereitung auf euren bevorstehenden Aufstieg solltet ihr euch diesen Übergriff auf eure Instinktebene bewußt vor Augen halten. Denn habt ihr diesen Feind erst einmal enttarnt, könnt ihr euch gezielt zur Wehr setzen. Dadurch erfahrt ihr, was es heißt, **wirklich frei** zu sein, und durch diese Erleuchtung werdet ihr auf einer reineren, höheren Frequenz schwingen ... euer nun ganzheitlicher Geist wird Wellen ausstrahlen, die sich nicht länger durch die Schleusen zurückhalten lassen, die viel zu lange schon den Strom menschlichen Bewußtseins stauen. Diese Sturzflut eurer Geistesenergie wird die trüben Wasser hinfortspülen wie auch den zurückbleibenden Schlamm, der sich auf eure Seelen gelegt hat.

Indem ihr euer neues Bewußtsein und eure Erkenntnisse nach außen tragt, dient ihr den noch Suchenden als Leuchtfeuer in der Dunkelheit. Euer Wissen löst zusehends die Fesseln der Menschheit und entzieht diese so dem Zugriff derer, die den Menschen ihren Willen aufzuzwingen trachten. Dies erhöht die Schwingungsfrequenz eures kollektiven Unterbewußtseins und stärkt somit auch euch selbst, da ihr alle Einheiten der Großen Gemeinschaft seid.

Beginnt damit, euch einfach fünf Minuten lang Werbespots im Fernsehen anzuschauen und diese zu interpretieren. Seht dies als Experiment – als eine Art Lernprozeß. Betrachtet besonders aufmerksam das scheinbar Nebensächliche und registriert, wieviel Zeit eine durchschnittliche Werbepause in Anspruch nimmt. Wie lange dauert ein einzelner Spot und aus wie vielen setzt sich eine Werbesequenz zusammen?

Ihr werdet recht schnell zu dem Ergebnis kommen, daß das Programm hauptsächlich aus Werbung besteht.

Achtet insbesondere darauf, daß die Lautstärke zu Beginn der Werbepause deutlich angehoben wird und sich erst bei Fortsetzung des regulären Programms wieder normalisiert. Dies ist eines der offensichtlicheren Merkmale unterschwelliger Beeinflussung: Man stellt dadurch sicher, daß ihr auch wirklich **zuhört** – daß ihr die Botschaften zumindest nicht *über*hört.

Wir möchten noch einmal betonen, wie außerordentlich wichtig es ist, besonders auf die verdeckten Suggestionen zu achten, die man in euer nur allzu empfängliches Unterbewußtsein schleust. Ihr selbst müßt praktisch als »Wachtposten« vor eurem Geist stehen – und besonders auch den Geist eurer Kinder schützen.

Eine Abschirmung vor diesen suggestiven Übergriffen ist wesentlich für eure innere Befreiung, denn nur so könnt ihr die Universale Weisheit vernehmen und euch auf eure Aufgabe konzentrieren – zusammen mit dem Bund des Lichts, dessen gleißendes Strahlen die Dunkelheit eurer Dimension erhellt.

Leider untersteht die breite Masse noch immer dem Einfluß des elektromagnetischen Netzes, dessen wahrer Zweck ihr noch immer verborgen ist ... aber auch das wird sich ändern. Ein erster Hinweis darauf sind die enormen Umsatzeinbrüche auf dem Elektronikmarkt – man hat euren Hunger nach virtuellen Unwirklichkeiten einfach überschätzt und dabei euren Sinn für Spiel und eure Naturverbundenheit aus den Augen verloren; man hat außer acht gelassen, wie gerne ihr in der Sonne tanzt und im Mondlicht badet und damit all die positiven und *wahrhaftigen* Aspekte eures Seins feiert.

Wenn ihr das Internet benutzt, seit stets so vorsichtig und diskret wie möglich. Bevor ihr in diese elektronische Welt taucht, solltet ihr euch in geistiger, emotionaler und spiritueller Hinsicht sorgfältigst vorbereiten und auch euer Energiefeld wappnen. Schon allein durch die Absicht, auf euch eindringende Schwingungen zu erhöhen (das grundlegende Ansinnen jedes bewußt »Reisenden«), nehmt ihr entscheidend Einfluß auf diese.

Dazu müßt ihr euch einfach vor jedem »Einloggen« auf euren Weg und euer Ziel konzentrieren ... ungefähr so:

»Ich rufe die Krieger des Lichts zu meinem Schutz an: Mögen sie mich schirmend mit ihrem strahlenden Glanz umgeben und so alle negativen Energien abwehren, die nicht dem Höheren Ganzen dienen, und diese zu ihrem Ursprung zurückschicken – so wie es ihnen gebührt.

Ich fühle meine tiefe Verbundenheit zur Erdenmutter wie eine Nabelschnur, die mich fest in ihrem Körper verankert.

Und ich bitte die Lichtwesenheiten um sicheres Geleit auf meiner Reise: Mögen sie das Netz, das ich nun betrete, mit dem gleißenden Strahlen des Universums durchweben.«

Das solltet ihr tun:

- Unterzieht jede euch durch die Medien vermittelte Information einer genauen Analyse. Macht euch die offenkundigen Botschaften in Reklametexten und Anzeigen bewußt, und betrachtet dann deren tatsächliche Beziehung zum dargebotenen Produkt. Untersucht eure persönlichen Eindrücke. Was für Gefühle werden in euch geweckt? Was wird unterschwellig vermittelt? Mit welchen Mechanismen sollt ihr hier überredet werden, und welche Bewußtseinsebenen sprechen diese an?
- Notiert eure Beobachtungen. Das hilft euch dabei, Strategie und Taktik der Bewußtseinskontrolle zu durchschauen und unwirksam zu machen; und indem ihr eure Erkenntnisse bewußt formuliert, könnt ihr sie anderen besser vermitteln.
- Forscht, wann immer möglich, nach Schlagwörtern (SEX, KRIEG) und untersucht den Symbolcharakter von dargestellten Bildern, Tieren und negativen Metaphern; macht euch diese Mechanismen bewußt. Innerhalb kürzester Zeit schon werdet ihr die verdeckten Informationen mühelos wahrnehmen.
- Richtet euch direkt an die Medien und äußert euren Protest gegen all diese unterbewußte Beeinflussung – laßt sie wissen, daß ihr **Kenntnis** habt von ihren Methoden und die beworbenen Produkte aufgrund dieser Tatsache boykottiert. Haltet euch stets vor Augen, daß ihr eine Gemeinschaft von sechs Milliarden Menschen seid – und sie nur zweitausend sind.
- Wendet euch an die Werbemacher, die in ihrer Reklame unterschwellig wirkende Botschaften verwenden, und gebt ihnen zu verstehen, daß ihr die von ihnen vermarkteten Produkte nicht mehr kaufen werdet. Schreibt auch an Verbraucherverbände – und an Politiker.

- Teilt den Fernsehsendern mit, daß ihr deren Programme aufgrund der Suggestivmethoden ihrer Sponsoren boykottiert.
- Schreibt auch die Unternehmen an, für deren Waren und Dienstleistungen geworben wird, und teilt auch ihnen euren Beschluß mit, ihre Produkte so lange nicht mehr zu kaufen, bis sich die Konzerne von ihren unlauteren Methoden verabschiedet haben.
- Vor allem entzieht euch ihrer Einflußnahme: Schränkt euren Fernsehkonsum ein oder trennt euch besser noch ganz von diesem Gerät, und habt auch ein wachsames Auge auf das Fernsehprogramm eurer Kinder. Denn sie sind die empfänglichste Zielgruppe und bedürfen eurer Aufsicht und Achtsamkeit als liebevolle Hüter ihres noch formbaren Geistes.
- Wenn ihr euch dem Fernsehen nicht völlig entziehen könnt, dann »entschärft« die Werbesendungen, indem ihr während der Programmpausen die Lautstärke vermindert und den Raum verlaßt.
- Räumt »Klatschblätter«, Boulevardmagazine und anderes geistloses Lesematerial aus euren Regalen und füllt sie statt dessen mit Gedichtbänden, klassischen Werken und anderer erlesener, gehaltvoller Literatur.
- Laßt euren Geist nicht durch all die stumpfsinnigen, kurzweiligen Zerstreuungen verkümmern, die in eurer Gesellschaft so großzügig feilgeboten werden.
- Anstatt ständig neue Dinge zu kaufen, solltet ihr lieber Altes reparieren und so lange wie möglich verwenden.
- Designerkleidung und andere Markenware ist ebenfalls Werbung. Bedenkt dies, bevor ihr euch oder eure Kinder zu wandelnden Litfaßsäulen macht.
- Seid stets bedachtsam und kritisch; achtet genauestens darauf, was für Informationen ihr in euch eindringen laßt. Wissen ist Freiheit.

- Teilt eure Beobachtungen und Einsichten mit anderen und entfacht so einen Flächenbrand, ihr Lieben ... schürt mit aller Kraft das Feuer der Bewußtwerdung.
- Ihr habt ein Recht darauf, stets souverän, bewußt und aus freiem Willen heraus handeln zu können. Laßt euch dieses Recht von niemandem nehmen.

LUFT, WASSER UND NAHRUNG: DIE DREI SÄULEN

- Kapitel Elf -

Die ohnehin bereits kritische ökologische Lage eures Planeten hat sich mit Beginn des neuen Jahrtausends rapide verschlechtert, und vielen von euch wird dies in wachsendem Maße bewußt. Die Erde selbst gibt euch dies zu verstehen, und auch wenn die »Meinungsmacher«, die die Schätze der Erde gnadenlos plündern, dies vehement bestreiten, so wirbelt Gaias gellender Aufschrei doch zornig über Wasser, Wind und Wüstensand hinweg.

Die sogenannte »Nahrungskette« – dieser sensible Kreislauf von Nähren und Vergehen (in den von Kleinstlebewesen und Bakterien bis hin zu euch, dem letzten »Glied«, alles eingebunden ist) – ist durch die Vergiftung ganzer Ökosysteme empfindlich und unwiderruflich gestört. Das Makel eures Mülls und eurer Gifthalden hat sich wie ein schwarzer, öliger Film über Himmel, Wasser und Erde gelegt – als Mahnmal menschlichen Unverstands.

Über Jahrtausende hinweg hat Gaia sich zu helfen gewußt und sich vom Schmutz menschlicher Mißachtung reinigen können ... doch nie zuvor habt ihr sie so unbarmherzig ausgelaugt und geschändet. Und Gaias Vergeltung, ihr Krieger des Neuen Horizonts, bahnt sich bereits an.

Denn obwohl immer mehr Menschen auf den an der Erde begangenen Raubbau aufmerksam werden, ergreift nur ein ganz geringer Teil tatsächlich Maßnahmen dagegen.

147

Betrachtet dabei einmal euer persönliches Verhalten. Könnt ihr aufrichtig von euch behaupten, aktiv Umweltschutz zu betreiben – und somit Gaias Zustand zu bessern? Zwar verbringt ihr Lichtwirker viel Zeit mit Meditation und Gebet, und das ist auch wesentlich und wichtig – doch in »materieller« Hinsicht ... habt ihr da schon etwas geopfert, etwa euren Komfort oder euren Konsum eingeschränkt? Seid ehrlich zu euch. Fahrt ihr tatsächlich weniger Auto, spart ihr beim Wasserverbrauch oder pflanzt ihr Bäume? Habt ihr euren Mikrowellenherd stillgelegt, euren Fernseher ausgestöpselt oder euer Leben allgemein »stiller« gemacht?

Die Erde ist als ein lebendiger Organismus umgeben und durchdrungen von ganz bestimmten energetischen Schwingungsmustern, die sich gegenseitig beeinflussen und bedingen und so auf die Beschaffenheit von Bewußtsein und Materie einwirken. Die Himmelsgottheiten (die Mitschöpfer des Universums) unterstehen genauso wie ihr gewissen physikalischen Gesetzmäßigkeiten wie auch euer Sonnensystem und das ganze materielle Universum – wie der gesamte Kosmos. Eure Verbindung zu den verschiedenen Energiefeldern der Erde ergibt sich aus eben diesen Gesetzen; diese Felder stehen in enger Wechselwirkung mit jeder Energieform eures Planeten.

Wir lassen uns von den Wogen eurer Gedanken tragen – und treiben besonders in der wilden Brandung erwachenden Bewußtseins –, so daß wir spüren können, wie die zunehmende Verschmutzung eurer Erde diese Energiebahnen nachhaltig verändert, Gaias Lebenskraft raubt und sie immer stärker aus dem Gleichgewicht bringt. Ihr hört selbst, wie das Echo dieses Mißbrauchs vom Schicksalsrad widerhallt, das Gaias physischen Körper durch die »Zeit« bewegt. Denn auch ihr müßt um Atem ringen, wenn der Erde euer Giftschlamm erst einmal in die Kehle dringt. Ihr Prana kann nicht mehr frei fließen, und die bleigraue Schwere drohender Stürme läßt den Regenbogen des Lebens langsam verblassen.

Ihr habt längst erkannt, daß all die Tagungen, Kongresse und Umweltgipfel, auf denen eure politische Elite vermeintlich um Gaias Wohlergehen ringt, lediglich Scheingefechte sind. Zum einen nämlich hat man euren Führungskräften von höherer Stelle strikt jegliche Unterstützung der Umwelt untersagt, und zum anderen ist ihnen diese auch völlig gleichgültig, da so gut wie jeder von ihnen seine Seele für Reichtum und Macht längst verkauft hat. Denn vergeßt nicht, daß sie alle Handlanger der Annunaki sind, denen es allein um die Erhaltung ihres Heimatplaneten Nebiru geht, wie wir bereits in *Atlantis Rising* dargelegt haben.

Folglich liegt Gaias Schicksal gänzlich in den Händen der Menschen, und ihr, die Lichtwirker, müßt ihnen den Weg vorgeben. Denn ihr seid die Erwachenden – ihr habt den Ruf vernommen und seid ihm gefolgt, so wie ihr selbst es in einer anderen Zeit und Dimension verfügt habt.

Bald, sehr bald schon, wird euer Sonnensystem vom Beben der letzte Phase seines Aufstiegs erschüttert werden, und hierfür ist es von äußerster Wichtigkeit, Gaias schmerzvolles Klagen, das aus den Tiefen ihrer Seele heraufdringt, verstummen zu lassen und ihr Gleichgewicht wiederherzustellen. Damit ihr **keinen** verdorrten, sterbenden Planeten in den Höheren Seinszustand überführt – quasi als Symbol menschlichen Mißbrauchs –, sondern eine lebensspendende Göttin, die in der Liebe und dem Licht ihrer aufgehenden Sternensaat erstrahlt.

Doch dafür müßt ihr alle zusammen und ab sofort für das eine gemeinsame Ziel einstehen – für die Heilung eurer Welt und für eine wachsende Bewußtwerdung, aus der neues Leben sprießen kann und die Gaia mit sich fortnimmt in eine andere, strahlendere Dimension.

Seid aufrecht und stark wie die uralten Baumriesen, und schlagt eure Wurzeln tief in Gaias Seele. Verleiht eurem Tun wie auch dem aller übrigen Erdenkinder – Lichtwirkern wie Schattensuchern – einen tieferen Sinn … während Gaia aufbricht zu Höherem.

Je tiefer euer Verständnis für die universalen Zusammenhänge wird, desto intensiver erfahrt ihr eure Fähigkeit, auf vielfältigste Weise Lichtarbeit verrichten zu können, und das erscheint euch – aufgrund eures auf die dritte Dimension beschränkten Erfahrungsschatzes – ebenso aufregend wie verwirrend. Auf stofflicher Ebene könnt ihr durch euer Wirken eure Umgebung positiv beeinflussen; denn ihr verfügt nun über das Bewußtsein, daß jeder einzelne durch entsprechende Maßnahmen die ökologische Situation verbessern und somit entscheidend zur Wandlung der Erde beitragen kann. Und wenn ihr eure Erkenntnisse – eure Ideen und Inspirationen – nur an eine kleine Gruppe von Menschen weitergebt, die dieses Wissen ihrerseits weiterreichen, wird sich eure Erleuchtung bald wie ein Flächenbrand ausweiten.

Auf höherer Bewußtseinsebene seid ihr mit all euren anderen Seinsformen – sowohl »vergangenen« als auch »zukünftigen« – verbunden, die in Wahrheit »zeit«gleich mit eurem Erdendasein in parallelen Wirklichkeiten existieren und durch die ihr Eingebungen und Impulse erhaltet, die euer irdisches Wesen prägen. Viele von euch übertragen beispielsweise die Schrecknisse der letzten Momente von Atlantis auf ihr gegenwärtiges Erleben, worauf das hohe Maß an Angst zurückzuführen ist, das für eure Generation kennzeichnend ist. Diejenigen wiederum, die das Goldene Zeitalter von Atlantis miterlebt haben, verbinden das Wissen um ihren kristallenen Wesenskern mit der Weisheit ihrer Ahnen und eröffnen so eurem kollektiven Unterbewußtsein neue Wege.

Ihr alle seid multidimensionale Wesenheiten und existiert in zahlreichen Welten und an verschiedensten Punkten des Raum-Zeit-Gefüges, und diese Allgegenwärtigkeit schlägt sich auf vielfältige Weise in eurer irdischen Präsenz nieder – sie färbt euer Verhalten, eure Weltsicht und auch die Art und Weise, wie ihr den Zeitfluß und euren eigenen Fortbestand wahrnehmt.

Und genauso wird eure jetzige Präsenz auch vom vermeintlich »zukünftigen« Punkt in den Weiten der Zeitlosigkeit geprägt, an dem euer Sonnensystem den Aufstieg bereits vollzogen hat. Von diesem erhöhten Blickwinkel aus erkennt ihr in zunehmendem Maße, wie dünn der Schleier ist, der euer irdisches Selbst von dem trennt, welches die dritte Dimension – dieses Trugbild materiellen Seins – bereits hinter sich gelassen hat.

Bei vielen von euch »öffnen« sich die vormals inaktiven DNS-Stränge nun langsam und ermöglichen euch so ein umfassenderes Verständnis für all diese größeren Zusammenhänge, wie euch auch euer eigentliches Ziel immer klarer vor Augen tritt ... und dies alles läßt euch auf wunderbare Weise ahnen, wer ihr wirklich seid und welch großartige Ereignisse euch noch erwarten.

Luft

Sauerstoff stellt den wichtigsten Grundstein (der physischen Manifestation) menschlichen Lebens dar. Zwar könnt ihr wochenlang ohne Nahrung und tagelang ohne Wasser auskommen, doch nur wenige Minuten ohne Atemluft, denn in dieser fließt das Prana – die Urkraft allen bewußten Seins.

Wer von euch in die Geheimnisse der Prana-Atemtechniken eingeweiht ist, hat längst schon in Luft und Atmung das Eigentliche des körperlichen Daseins erkannt. Daß das zum Leben notwendige Maß an Prana allein durch einen bestimmten Atemrhythmus in den Körper gezogen werden kann, ist ein weiterer Fakt, der euch entfallen war und der erst jetzt allmählich wieder ins allgemeine Bewußtsein rückt. Gegenwärtig haben nur wenige Eingeweihte dieses Stadium körperlicher »Erleuchtung« erreicht (das Überleben auf der bloßen Basis entsprechender Atemtechniken) – doch je intensiver ihr alle auf den sich anbahnenden Aufstieg hinarbeitet, desto bewußter wird euch auch in zunehmendem Maße die Bedeutung richtigen Atmens.

Großstädte und andere Orte mit hoher Luftverschmutzung bieten hierfür allerdings denkbar schlechte Voraussetzungen. Zwar sind auch die höchsten Berggipfel inzwischen in den trüben Dunst giftiger Emissionen gehüllt, doch sind eure Städte und die umliegenden Gebiete in ganz besonders hohem Maße von einer schlechten Luftqualität betroffen – viel stärker noch, als von offizieller Seite zugegeben wird.

Wenn ihr in der Stadt oder in der Nähe von Industriegebieten lebt, sind eure Lungen mit größter Wahrscheinlichkeit stark mit Kohlenmonoxid und anderen toxischen Substanzen belastet. Der Mangel an Sauerstoff und Prana in eurer Atemluft wirkt sich auf eure Persönlichkeit, eure Gesundheit und letztendlich auch auf euer menschliches Miteinander aus.

Diese »tote« Luft verändert euren gesamten Zellaufbau, denn euer Organismus braucht einen gesunden Lebensatem, um ihn nach einem bestimmten universalen Grundmuster in die kosmometrischen Formen und Schwingungsfrequenzen umzusetzen, die euren multidimensionalen Körper bilden.

Die rapide Zunahme von Atemwegserkrankungen und Allergien steht in direktem Zusammenhang mit diesem Verlust der heiligen Ordnung, und die Lage wird zusätzlich noch verschlimmert durch die Ausbeutung der Umwelt: giftige Abgascocktails, die die Atmosphäre zerfressen; die Verseuchung der Weltmeere, Flüsse und Seen; die enormen Schadstoffemissionen eurer Städte und Industrien; der Abgasausstoß des Flugverkehrs, das HAARP-Projekt mit seiner extrem gefährlichen Hochfrequenzstrahlung; die Vernichtung der Flora durch Brandrodung und Waldsterben – die Zerstörung von Gaias Lungen.

Wenn ihr also gezwungen seid, in der Stadt zu wohnen, solltet ihr tunlichst Maßnahmen zur Verbesserung der Luftqualität ergreifen. Wenn ihr dagegen das Glück habt, auf dem Land inmitten der Natur zu leben, dann erweist ihr mit jedem Gedanken, jeder Tat und jedem Schritt euren Respekt.

Denn euer Lebensatem – euer aller Basis – hängt am Faden eurer Achtsamkeit.

Wasser

Erst allmählich scheint euch aufzugehen, daß die einst so unerschöpf-lich wirkenden Quellen der Erde zusehends versiegen und daß ihr alle einer extremen Wasserknappheit entgegenseht. Denn fern eures eige-nen, persönlichen Horizonts – und somit eurer Aufmerksamkeit – fal-len schon jetzt in vielen Ländern Tiere und Pflanzen der Dürre zum Opfer. Dort führt man Kriege um das kostbare Naß, und auch euch wird dieses Problem schneller überkommen als ihr denkt.

Während dieses Lebenselixier in den reichen Industrienationen gedankenlos verschwendet wird, sterben andernorts Menschen an Durst und auch Hunger – denn wo kein Wasser ist, da wächst auch kein Getreide.

Sehr bald schon werden auf einem Fünftel der Landmasse alle Wasserläufe versiegt sein. Denkt daran, wenn ihr das nächste Mal euer Auto wascht, ausgiebig duscht, eure Swimmingpools füllt, achtlos die Toilettenspülung bedient oder in einem unaufmerksamen Moment wieder einmal vergeßt, den Wasserhahn abzudrehen – stets in dem guten Glauben, das Wasser würde ewig fließen.

Über die Qualität eures Trinkwassers könnte man ganze Bücher verfassen, und viel Wissenswertes ist ja diesbezüglich auch schon geschrieben worden. Daher wollen wir uns hier auf den Energiegehalt beschränken, den wir bei allem im Auge haben, mit dem ihr als kör-perliche wie auch als geistige Wesen in Wechselbeziehung steht.

Euer physischer Körper besteht zu ungefähr 75% aus Wasser – genau wie die Erde, deren mikrokosmische Ebenbilder ihr seid. Wasser bildet den »Resonanzkörper«, über den die Zellen miteinander kom-munizieren und DNS-Informationen austauschen. Es leitet elektrische Impulse weiter und dient somit als eine Art interzelluläre »Daten-Autobahn«.

Wasser durchsetzt ebenso wie die elementaren Aminosäuren das Zellgewebe; es regeneriert die Zellen, versorgt sie mit Nährstoffen und reinigt sie von angestauten Giftstoffen. Dies ist sowohl ein physischer Prozeß als auch eine spirituelle Metamorphose. Wasser (in seiner naturbelassenen, lebendigen Form) besitzt ebenso wie Luft ein spezifisches kosmometrisches Grundmuster, seine ureigenste Essenz, durch die es perfekt mit der Molekularstruktur allen irdischen Lebens harmonisiert.

Dieser eindrucksvolle Bauplan heiliger Geometrie, die Manifestation der Essenz dieses Elements, ist in eurem normalen Trinkwasser durch Schwermetalle, Reinigungsmittel und andere pathogene Stoffe weitestgehend zerstört.

Mit dem, was ihr nun über die wichtigsten Funktionen des Wassers im menschlichen Organismus wißt, könnt ihr euch bestimmt vorstellen, daß Rückstände von Schwermetallen und Chemikalien (wie Fluor oder Chlor) sowie Bakterien der menschlichen Gesundheit nicht gerade zuträglich sind – und auch nicht der irgendeiner anderen Lebensform. Ihr solltet euch daher Gedanken darüber machen, wie die zunehmende Verschmutzung von Meeren, Flüssen und Seen die Erde aus dem Gleichgewicht bringt und wie sie sich nicht nur auf Gaias, sondern auf euer aller Gesundheit auswirkt.

Nahrungsmittel

Chemie und Genmanipulation lassen Getreide und Fleisch zunehmend schädlicher und bedenklicher für Mensch und Tier werden ... tödlicher denn je.

Wer die verheerenden Mißstände in der weltweiten Nahrungsmittelproduktion glaubt herunterspielen oder gleich gänzlich ignorieren zu können, dem soll an dieser Stelle gesagt sein, daß er seine Informationen entweder aus höchst fragwürdiger Quelle bezieht oder aber an seiner Gesundheit schlichtweg nicht interessiert ist – und beides steht jedem frei.

Als bewußte Einheiten eines größeren Ganzen spielt ihr jedoch alle eine Rolle bei der Gesundung oder auch Zerstörung der Großen

Göttin – so wie die einzelnen Zellen eures gesunden Körpers bei der Abwehr von Viren und Bakterien ebenfalls auf ihre vereinte Kraft angewiesen sind, um diese Erreger abzuwehren, die sich andernfalls des »Himmels«, »Meeres« oder auch der »Erde« eures physischen Körpers bemächtigen würden.

Und daher appellieren wir an euch als Lebensadern des Großen Bewußtseins der Erde: Sorgt euch um Gaias Gesundheit, und malt euch die katastrophalen Folgeschäden aus, die aus all den chemischen Duschen, den von Flugzeugen stammenden (und mit wer weiß was für Substanzen versetzten) Kondensstreifen, den Sondermülldeponien, den ungeklärten Abwässern sowie der gentechnischen Veränderung von Lebensmitteln resultieren. Und mit diesem Bild vor Augen erkennt ihr dann vielleicht die tatsächliche Bedeutung eines verantwortungsvollen Miteinanders und einer gemeinschaftlichen Zusammenarbeit über alle Grenzen hinweg (Grenzen von Ländern, deren Regierungen leider allein wirtschaftlichen Interessen dienen) und seht so, wie wichtig es ist, genauestens darauf zu achten, womit ihr euren physischen, emotionalen und mentalen Körper nährt. Steht auf und übernehmt selbst Verantwortung für euren Körper, und betrachtet alles, was ihr eurem Organismus zuführt, gleichzeitig auch als Nahrung für die Seele.

In *The Cosmos of Soul* haben wir bereits einige ganz einfache Regeln aufgestellt, die euren Körper (auf stofflicher Ebene) mit einem Höchstmaß an Energie versehen und euch so den Übergang zur Lichtgestalt erleichtern sollen. Ernährungstechnisch gestützt wird dieser Prozeß im Grunde durch eine rein vegetarische Kost mit viel frischem Obst und Gemüse.

Doch leider machen die industriellen Giftküchen inzwischen eine eingehende Untersuchung all der Gemüsesorten und Getreideprodukte in den Regalen der Supermärkte unumgänglich.

Auch das angebotene Fleisch ist in immer stärkerem Maße von Krankheitserregern befallen. Und auch, wenn die Medien euch etwas

155

anderes weismachen wollen, so haben die Fleischproduzenten schon lange die Kontrolle über BSE verloren, und der Erreger breitet sich ungehindert aus und infiziert längst nicht mehr nur Rinder – sondern springt von einer Spezies auf die nächste über: von der Kuh zum Schaf und vom Schaf zum Schwein. Und was an Nutztieren noch nicht infiziert ist, das ist garantiert mit Wachstumshormonen, enormen Mengen verschiedenster Antibiotika, Adrenalin und genetisch veränderten Futtermitteln präpariert, wobei letztere wiederum ihrerseits mit hochgiftigen Pestiziden behandelt wurden.

Aus diesen Tieren gewonnene Produkte sind außerdem »fleischgewordene« Furcht, denn jede einzelne Zelle des sterbenden Tieres saugt sich mit dessen Todesangst voll und gibt diese Energien beim Verzehr an euch weiter. Und jedes Mal, wenn sich euer Messer in ein blutiges Steak senkt oder ihr in einen fettigen und mit künstlichen Geschmacksverstärkern versetzten Hamburger beißt, nehmt ihr diese Disharmonie – das Leid des Tieres – in euren Körper, den Tempel eurer Seele, auf.

Glücklicherweise sind sich viele von euch dieser Aspekte des Fleischkonsums inzwischen bewußt und ernähren sich vegetarisch.

Die USA sind, was die Verbreitung und Vermarktung gentechnisch veränderter Lebensmittel angeht, absolute Spitzenreiter, doch ist den wenigsten Menschen dort diese Tatsache bekannt – schließlich will die Industrie keine Umsatzeinbußen riskieren. Genetisch verändertes Saatgut wandert ungekennzeichnet auf den internationalen Markt und kreuzt sich so mit Getreide und Gemüse aus natürlicher Produktion; und trotzdem entziehen sich die Verantwortlichen dort (und deren Interessensverbände) bis heute erfolgreich einer entsprechenden Etikettierung ihrer Produkte, die den Verbraucher informiert – und was nützt in diesem Falle schon eine auf Europa beschränkte Kennzeichnungspflicht?

Diejenigen von euch, die von Milch- und Fleischprodukten zu solchen auf Sojabasis übergegangen sind und sich somit auf der sicheren

Seite wähnen, sollten wissen, daß weit über sechzig Prozent der gehandelten Sojaprodukte aus genetisch verändertem und/oder chemisch behandeltem Anbau stammen; daher solltet ihr nur zu den Marken greifen, die eindeutig mit dem Vermerk »aus kontrolliert ökologischem Anbau« sowie dem Bio-Siegel versehen sind.

Die am häufigsten gentechnisch veränderten Lebensmittel sind Mais, Raps, Kartoffeln und Milch – wie natürlich auch alles, was aus diesen hergestellt wird. Ganz allmählich sickern einige dieser Tatsachen durch bis in die Medien, doch zu viele Informationen werden vorsätzlich zurückgehalten. In dieser Angelegenheit müßt ihr also besonders eigenverantwortlich zu Werke gehen und nach Herkunft und Inhaltsstoffen eurer Nahrungsmittel fahnden, also hinterfragt all eure Ernährungsgewohnheiten an dieser Stelle einmal kritisch und ändert sie gegebenenfalls.

Ein weiteres, ernstes Problem ist die Bestrahlung mancher Lebensmittel zwecks Haltbarmachung. Hiervon sind insbesondere Obst und Gemüse betroffen. Achtet darauf, auf gar keinen Fall bestrahlte Nahrung zu euch zu nehmen, denn sie ist der Gesundheit mehr als abträglich. Habt ihr eigentlich schon einmal darüber nachgedacht, euer eigenes Gemüse anzubauen? Auf diese Weise könntet ihr sicherstellen, »Nahrung« im eigentlichen Sinne zu euch zu nehmen – lebendige Kost, die sich entsprechend ihrer ureigensten Anlagen und Rhythmen entwickeln konnte und daher voller Licht und Lebensenergie steckt.

Der Fleischmarkt stirbt – dies ist eine Tatsache. Denn die Tiere haben es satt, sich weiterhin mißbrauchen zu lassen und eure schier unersättliche Gier zu stillen. Ihr Massensterben dient eurem Erwachen.

Beinahe täglich erscheinen neue Horrormeldungen über furchtbare Krankheiten bei Rindern, Schafen, Schweinen und auch Geflügel, die von diversen Krebsformen bis hin zu dem tödlichen Vogelgrippe-Virus reichen, das auf asiatischen Geflügelmärkten aufgetaucht ist. Neben metaphysischen und umwelttechnischen Einwänden gegenüber dem Verzehr toter Tiere ist somit also auch ein nicht unerhebliches

Gesundheitsrisiko gegeben. Überlegt euch daher gut – sofern dies nicht schon längst geschehen ist – ob der Verzicht auf Fleisch nicht auch für euch persönlich möglich und vorteilhaft ist.

Gentechnisch veränderte Lebensmittel schädigen die inneren Organe, und vor allem **zerstören sie das Immunsystem.**

Wir möchten euch nochmals darauf hinweisen, daß euren Regierungen nicht im geringsten an eurem Wohlbefinden gelegen ist. Denn eure politisch »Verantwortlichen« erkaufen sich mit all ihren Gesetzen und Verordnungen lediglich die Gunst der Interessensverbände überaus »spendabler« Industriemagnaten, die euch allen um des reinen **Profits** willen praktisch jedes Gift verabreichen würden. Daher solltet ihr nicht blindlings den Empfehlungen eurer Regierung und der vermeintlichen Verbraucherschutzverbände vertrauen wie beispielsweise dem *Bundesamt für Verbraucherschutz und Lebensmittelsicherheit* und seinen internationalen Pendants.

Gebt euch nicht unbekümmert und vertrauensselig in die Hände derjenigen, die euch ihr Gift als Nahrung verkaufen wollen.

Kinder sind in dieser Hinsicht in besonderem Maße gefährdet, da gerade sie sehr viele Milch- und Fertigprodukte zu sich nehmen – letztere sind häufig mit Mais- oder Kartoffelstärke versetzt. Auch Getreideerzeugnisse sollten drastisch eingeschränkt werden, und das gleiche gilt für alle Sorten von Chips und Snacks, den schlimmsten »Übeltätern«. Wenn euch das Wohl eurer Lieben wirklich am Herzen liegt, dann solltet ihr sie vor diesem »Billigfutter« bewahren.

Auch euch ist der dramatische Anstieg von Allergien bei Kindern wie auch Erwachsenen sicherlich schon aufgefallen. Genmanipulation erhöht das Risiko toxischer Stoffe und Allergene in Pflanzen enorm.

Denn genau dies ist eines der erklärten Ziele gentechnischer Veränderung: Die behandelte Pflanze soll praktisch ihre eigenen Pestizide produzieren und dadurch schädlingsresistenter werden. Diese pflanzeneigenen Gifte sind für den menschlichen Organismus weit gefährlicher als eine »bloß« äußerliche Behandlung mit Pestiziden. Sie können neben embryonalen Schädigungen noch eine ganze Bandbreite weiterer Erkrankungen hervorrufen.

Ein weiteres Ziel, an dem in der Gentechnik gewerkelt wird, ist die Erzeugung von »**gesundheitlich wirksamen**« Lebensmitteln. Diese sogenannten »*Functional Foods*«, die von ACE-Getränken über milchsaures Gemüse bis hin zu pre- und probiotischen Joghurts reichen, sind zwar im Gegenteil in höchstem Maße gesundheits*schädigend*, doch dafür streicht die Pharmaindustrie dann um so größere Gewinne ein …

Die gentechnische Veränderung von Tieren, Getreide und auch Insekten hat verheerende Auswirkungen auf Mensch und Umwelt. Denn in der Natur gibt es keine Grenzen: Eine Kreuzung zwischen genmanipulierten und »natürlichen« Gemüse- und Getreidesorten *kann* gar nicht vermieden werden und stellt einen vehementen und irreparablen Eingriff in sämtliche natürliche Abläufe dar.

Was ist zu tun?

- Der Widerstand gegen die menschenverachtenden Methoden der globalen Industrialisierung wächst überall. Engagiert euch ebenfalls. Sollten eure persönlichen Umstände eine aktive Beteiligung nicht zulassen, so erweist dem mutigen Einsatz eurer Brüder und Schwestern zumindest eure Achtung und Anerkennung, denn sie agieren als Krieger der Menschheit. Zwar gibt es, wie überall, auch in ihren Reihen solche, die ihre eigenen Zwecke verfolgen, doch die meisten von ihnen stehen für euer Volk ein. Und wie auch immer ihr dieses Anliegen zu unterstützen gedenkt, so wird die Stimme allgemeiner Bewußtwerdung durch euch in jedem Falle lauter erschallen.

- Baut, wenn irgend möglich, euer eigenes Obst und Gemüse an. Wer in der Stadt lebt, kann sich einen Schrebergarten zulegen oder gemeinsam mit anderen eine Gartenfläche betreiben. Dies wird immer gängiger; erkundigt euch diesbezüglich einfach bei eurer Stadtverwaltung. Oder unterstützt Biobauern, Reformhäuser und andere Naturkostläden.
- Wendet euch an Supermärkte und bringt eure Besorgnis bezüglich der Qualität ihrer Produkte zum Ausdruck. Teilt den Betreibern mit, daß ihr euch aufgrund des genmanipulierten und/oder bestrahlten Sortiments gezwungen seht, woanders zu kaufen.
- Schreibt an das *Bundesministerium für Verbraucherschutz, Ernährung und Landwirtschaft* (denn dieses ist inzwischen auch für den Bereich der Gentechnik zuständig): Je größer der Druck, desto eher wird man sich dort zum Handeln genötigt sehen – denkt daran, daß die Politiker auf euch, das Volk, angewiesen sind. Ohne eure Stimmen verlieren sie ihre Position, und die ist ihnen teuer.
- Sprecht mit euren Kindern über die Bedeutung einer gesunden Ernährung, denn sie sind die vornehmliche Zielgruppe der Vertreiber von Fastfood-Produkten. Das bedeutet zugleich, daß ihr von nun an mehr Zeit und Mühe auf Auswahl und Verarbeitung der Zutaten verwenden solltet, damit die Gerichte nicht nur gesund sind, sondern auch gut schmecken und somit eine für Kinder »annehmbare« Alternative darstellen.
- Schafft eure Mikrowelle ab. Denn abgesehen davon, daß sie ein bedenkliches Maß an elektromagnetischer Strahlung abgibt, verleitet sie außerdem zum Verzehr von vorgefertigter Plastiknahrung – bloßen »Füllstoffen« von, wenn überhaupt, nur geringem Nährwert.

- Boykottiert Firmen, die genmanipulierte Produkte herstellen und/oder an biogenetischen Projekten beteiligt sind.[4]

Alleine könnt ihr hierbei nicht viel bewirken. Ein weltweiter Umbruch fordert euch alle und verlangt nach einer mächtigen, internationalen Gemeinschaft – nach der Stimme des Volkes.

Also macht Front gegen die Intriganten und Magnaten, und wir werden euch dabei den Rücken stärken.

Erhebt eure Stimme, und ihr werdet nicht ungehört bleiben.

Steht auf und greift nach der Macht, die euch zusteht – und wir werden euch beistehen bis zum Sieg.

Kinder, erhebt euch!
Steht einander zur Seite!
Steht ein für eure Rechte;
für Pflanzen und Tiere;
für alles Leben und für Gaia selbst!
Ihr alle seid kostbar – als Lichtwirker eurer Erde
Wenn nicht ihr, wer dann …?
Wer sonst wird den entscheidenden Anstoß zum Aufbruch geben?

---

* Die kostenlose Broschüre »Essen ohne Gentechnik« von *Greenpeace* gibt Aufschluß darüber, welche Unternehmen Gentechnik in ihren Produkten verwenden und welche nicht. Anzufordern unter mail@greenpeace.de oder per Tel.: (D) 040 - 306 18-0

TEIL II

DER SCHLEIER HEBT SICH

DAS LICHT DER ERKENNTNIS
- Kapitel Zwölf -

Die Höchsten Lichtwesenheiten haben Verbindung aufgenommen.
Der Aufstieg kann beginnen ...

Die Geschichte der Menschheit ist voll von herausragenden Persönlichkeiten und geistigen Führern, die auf ein »Geheimes Wissen« zwar hinweisen, sich jedoch aufgrund ihrer Lebensumstände nicht näher darüber auslassen konnten. Heute jedoch, da die Große Mutter ihrem Wandel entgegensieht und die Menschheit ein ganzes Stück weiter die spirituelle Spirale hinaufgeschritten ist, ist eine Grundlage für die Verbreitung dieser Weisheit gegeben.

Diese großen Meister mußten strikte Geheimhaltung wahren, um sich zum einen selbst zu schützen und zum anderen, um das Wissen vom wahren Wesen der Menschheit und der Multidimensionalität des Universums nicht in falsche Hände geraten zu lassen. Nur durch ihr Schweigen konnten sie sich einer Verfolgung durch die dunklen Mächte entziehen – verkörpert durch die Gelehrten, Priester und Könige ihrer Zeit. Es waren Zeiten des Umbruchs und der Unterdrückung, düster und voller Herausforderungen, doch ebenso waren es erleuchtete Zeiten voller Freude, erfüllt vom Glanz der Engels- und Lichtwesenheiten Höherer Welten und durchdrungen von der Erhabenen Seele der All-Einheit.

Zu diesen Zeiten wurzelte das Große Bewußtsein eures Sonnensystems tief in der materiellen Dimension und verankerte somit auch die Erde und all die sonnenbeglänzten Gottheiten fest in der stofflichen Wirklichkeit ... wie natürlich auch die Menschheit.

Ruft euch noch einmal das ins Gedächtnis, was wir euch in unseren früheren Botschaften über die Dunkle Priesterschaft berichtet haben, die den Untergang von Atlantis heraufbeschwor, und ihr werdet verstehen, warum man es für besser erachtete, all die tiefgründigen esoterischen und alchimistischen Einsichten eurer fortschrittlichsten Zivilisationen in den Mantel des Schweigens zu hüllen – und auf den passenden Zeitpunkt zu warten, an dem das menschliche Bewußtsein bereit sein würde für diese Offenbarungen und für sein wahres Erbe ... das Strahlen innerer Erleuchtung.

Dieser Punkt im Raum-Zeit-Gefüge ist **jetzt** erreicht.

Der Wandel eures Sonnensystems – der Wandel Ras – vollzieht sich auf allen Ebenen ... und dies tritt immer unmißverständlicher zutage. Die Intensität der Sonnenstrahlung hat drastisch zugenommen; die Lichtkörper einiger Gestirne bersten schier vor Energie; andere leuchten zunehmend heller; die Allumfassende Seele schwingt immer schneller, immer höher und läßt die Weiten des Universums förmlich vibrieren.

Der Erwachende spürt diese Veränderungen; der Intellektuelle faßt sie in Begrifflichkeiten und der Wissenschaftler in Formeln. Alle Wesen eurer Welt fühlen auf die eine oder andere Weise, daß Gaia ganz besonderen Ereignissen entgegensieht, und diejenigen unter euch, die ihre Ängste inzwischen restlos aufgearbeitet haben, tragen durch die neue, höhere und reinere Qualität ihrer Schwingungsfrequenz aktiv zum Wesenswandel der Galaxie bei.

Eure wachsende Empfänglichkeit für andere, fantastische Welten – eure Wandlung hin zur Lichtgestalt – ist eine Ausdrucksweise dieses neuen, illuminierten Bewußtseins; ebenso wie der schmerzhafte (und doch spannende) Reinigungs- und Erneuerungsprozeß, den die Erde auf ihrer Reise durch den »Tunnel« zu einer anderen Dimension hin durchläuft, von dieser gewandelten Wahrnehmung zeugt.

Demgegenüber stehen diejenigen, die unter dem Einfluß der dunklen Kräfte wie auch ihrer beengenden Emotionen und Ängste regelrecht erstarrt sind – und hier möchten wir noch einmal betonen, wie überaus wichtig es für eure persönliche Entwicklung ist zu erkennen, wie und warum ihr diesen feindlichen Einflüssen ausgesetzt seid ... und wie sich diese schließlich als allgemein akzeptierte »Glaubenssätze« niederschlagen.

Während euer Bewußtsein sich also stetig weiterentwickelt – eure emotionale Ebene immer sublimer und die transformierende Kraft eurer Gedanken immer deutlicher spürbar wird – erfahren diejenigen, die noch immer (aufgrund ihrer Furcht vor dem, was sie »jenseits« ihrer Welt erwarten könnte) im Zeitfluß dreidimensionaler Illusion festsitzen, das genaue Gegenteil – die Verhärtung eingefahrener Überzeugungen zu starren Schemata, die zu »Gußformen« negativer Energien werden ... welche wiederum das Herzchakra schließen und den Ego-Aspekt stärken.

Wir haben ja bereits darauf hingewiesen, daß der Konsum von Drogen jeglicher Couleur sich rasant ausweitet – da sie als »emotionsregulierendes« Allheilmittel gegen euer persönliches und gesellschaftliches Ungleichgewicht gehandelt werden, das aus all dem Unrat resultiert, den das Establishment gewaltsam in eure Gemüter stopft. Die betäubende und berauschende Wirkung all dieser Substanzen prägt sich ebenfalls in die erstarrten Bewußtseinsformationen ein und senkt die Schwingungsfrequenz auf ein noch niedrigeres Niveau herab, bis das Innere des Betroffenen praktisch einer Eisfläche gleicht, die alle tiefgründigen Wasser unerreichbar verschließt.

Diese Wasser – Spiegel der Emotionen – liegen dann unter einer schmutzigen Frostschicht geistiger Verkümmerung und Disharmonie begraben, an der sich die spärlichen Strahlen einer schwachen Wintersonne brechen, ohne hindurchdringen und die Stagnation schmelzen zu können.

Diejenigen unter euch, die innerlich gefestigt und ausgeglichen sind, nährt die Kraft ihrer Erleuchtung. Das Licht, das euch immerfort umspült, fließt durch das Kronenchakra die Energiebahnen des Körpers entlang, erfüllt das Herzzentrum wie auch alle übrigen Energiepunkte und verbindet euch mit Gaia und ihrer wärmenden Liebe.

Es ist äußerst wichtig, daß ihr anderen dieses Licht erschließt – damit es auch bei ihnen alle Seelenschatten und Scheinwirklichkeiten durchleuchten und auflösen kann, um Platz zu schaffen für innere Ganzheitlichkeit und Weisheit.

Eure furchtlose Stimme wird die Ziellosen sicher durch ihre Odyssee singen – wie sehr es sie auch zu den Sirenen der Finsternis ziehen mag, die sie immer und immer wieder locken.

* * *

Bitte verinnerlicht an dieser Stelle noch einmal, daß ihr die Spirituelle Spirale sowohl als Einzelwesen wie auch als eine gemeinsame Seele hinaufwandert. Ihr werdet die ganze Bedeutung menschlicher Gemeinschaftlichkeit wie auch eures eigenen Potentials besser verstehen, wenn ihr begreift, daß jeder einzelne Gedanke – die Grundlage eurer persönlichen Wirklichkeit – im gesamten Kosmos widerhallt ... genauso, wie jeder Gedanke die Materie erfüllt und formt.

Wenn ihr also glaubt, ihr könntet die Welt nicht ändern oder eure persönliche spirituelle Entwicklung ließe keinen Raum für Gemeinschaftsarbeit, dann entgeht euch die wahre Natur eurer inneren Kraft wie auch des alles durchdringenden Universalen Geistes.

Ähnliches gilt, wenn ihr es versäumt, die Schattenzonen eures Unterbewußtseins genauestens auszuleuchten und aufzulösen, denn um den Drahtseilakt der Großen Initiation unbeschadet zu überstehen, benötigt ihr vor allem innere Harmonie und Ausgeglichenheit – denn ihr müßt furchtlos und strahlend den anderen vorangehen.

Also seid achtsam und stets auf der Hut vor dem selbstverliebten Ego-Aspekt eures Selbst; seid bescheiden und begeht niemals – nicht einen einzigen Augenblick lang – den Fehler, das verführerische Funkeln eurer Talente mit dem reinen Strahlen eures Herzens zu verwechseln.

Laßt uns nun zum eigentlichen Thema kommen, indem wir euch den Grundsatz des Hermes Trismegistos noch einmal ins Gedächtnis rufen:

Wie Oben, So Unten
und
Wie Unten, So Oben

Diesen Grundgedanken der Universalen Gesetzmäßigkeit möchten wir als Ausgangspunkt nehmen für eine genauere Darlegung des Allumfassenden Bewußtseins und seiner Widerspiegelung in euch allen, euren Zellen, der Erde, dem Universum, den höheren Dimensionen und der gesamten Unendlichkeit – den Weiten allen Seins – der All-Einheit.

Dank Religionen und einengender wissenschaftlicher »Sachkenntnis« beschränkt sich euer vermeintliches Verständnis der Schöpfung auf ein Gefüge dogmatischer Glaubenssätze, die den »Beginn« des Universums, der Planeten und eurer eigenen Existenz auf deren physischen Eintritt in eurer Dimension festlegen. Die wahre Natur des Todes, des Ausgangs aus dieser Wirklichkeit also, mutet euch noch viel fremder an – da er euch so bedrohlich erscheint.

Wir erachten es daher als notwendig und wesentlich, euch mit diesen Aspekten näher vertraut zu machen, damit ihr eine tiefere Einsicht erhaltet in den Aufstiegsprozeß von Mensch und Gottheit ... denn euer Glaube an Grenzen und begrenzte Räume versperrt euch den Blick auf eure eigene Unendlichkeit wie auch auf das, was wir als »Zeitlosigkeit« allen Seins bezeichnen.

Nehmt hierzu einmal eure Geburt – eure physische »Ankunft«, die ihr als Beginn eurer gegenwärtigen Existenz betrachtet. Laßt uns eure Reise einmal genau beschreiben: Den Zeitpunkt der Trennung von eurer Mutter legt ihr also als eure Geburt fest, und das Datum dieser traumatischen Erfahrung, die sich euch unauslöschlich einprägt, wird praktisch zu eurer Identität.

Astrologen wie auch diejenigen, die Energiefelder und Schwingungen zu interpretieren vermögen, messen diesem Datum höchste Bedeutung bei – bezeugt es doch euren Eintritt in die Welt wie auch die stellaren und planetarischen Konstellationen, die über die Einflüsse und Kräfte Auskunft geben, welche eure körperliche Reise lenken werden.

Doch ist dies bei weitem nicht alles, was zählt. Denn da sind ja schließlich noch die Monate im Mutterleib, während der eure physische Form heranwächst und die Zellen sich nach einem höchst intelligenten Plan zusammenfügen. Und nur, weil ihr den genauen Zeitpunkt der Befruchtung – der Vereinigung von Eizelle und Samen – nicht genau bestimmen könnt, ignoriert eurer Konzept der Geburt schlichtweg neun Monate, während der ihr jedoch eindeutig bereits »existiert«. Denn gerade diese Phase ist in höchstem Maße bedeutsam, formt doch eine ganz außergewöhnliche Kosmometrie, die Urkraft der Schöpfung, während dieser Periode euer biologisches Wesen.

Allein die vedische Astrologie mißt diesem Übergangsstadium zwischen **Sein** und **Werden** Bedeutung bei, doch sieht auch sie sich mit dem Problem konfrontiert, den genauen Zeitpunkt der »Entstehung« nur schwerlich bestimmen zu können.

Laßt uns noch ein wenig weiter vordringen: Was ist vor dieser Vereinigung …? Der Samen des Vaters kennt nur das eine Ziel, die Flamme neuen Lebens zu entfachen, indem er in das unbefruchtete Ei eindringt – liegt darin nicht auch bereits eine Form von Bewußtheit und Intelligenz? Bewegt sich dieser Samen nicht ganz gezielt vorwärts – ein Schöpfer, der sich seiner Aufgabe so sicher ist wie die Eizelle, die die Empfängnis erwartet und danach mit beispielloser Perfektion den

Prozeß der Zellteilung auslöst? Es gibt wohl kaum ein anschaulicheres Beispiel für Zielstrebigkeit und Willensstärke!

Geht noch einen Schritt weiter zurück (auf unserer imaginären Zeitlinie) und schaut euch an, was *vor* Sperma und Eizelle war ... und ihr seht natürlich eure Eltern als bewußte Schöpfer im Zyklus von Zeugung und Empfängnis, aus deren Verbindung ihr hervorgeht, wie auch sie auf diese Weise entstanden sind, und so fort – im endlosen Reigen von Geburt und Neugeburt.

Versucht zu verstehen, daß eure Ankunft auf faszinierende Weise zeitlos ist – ebenso wie euer Tod, wenn der Körper (die Kristallisation des Geistes) eure Seele freigibt und diese ihre Reise auf der Großen Spirale fortsetzt, der vermeintlichen »Zukunft« entgegen – die ihrerseits wiederum nur ein »Davor« ist, wie auch euer **Jetzt**.

Betrachtet eingehend den Kreislauf des Lebens, und ihr werdet feststellen, daß alles auf die eine Wahrheit hinausläuft: **Es gibt keinen Anfang.** Ihr könnt in eurem physischen Seinskonzept schlichtweg keinen Ursprung ausmachen, denn es gibt immer ein »Davor« wie auch ein »Danach«: einen Körper, der einen Gedanken erzeugt; einen Gedanken, der eine Energie freisetzt; eine Energie, welche die Struktur für eine neue Physis darstellt. Und diese Erkenntnis zeitigt auch schon die nächste – es gibt ebensowenig ein Ende. All dies ist eine Folgerung des Hermetischen Grundprinzips.

Für eure Vorstellung von Gott, den wir eher als »Ur-Schöpfungskraft« bezeichnen möchten, muß dies (aufgrund eurer durch die »Zeit« beschränkten Wahrnehmung) bedeuten, daß dieser Urheber allen Seins – dieser allem Leben zugrundeliegende Geist – den Kosmos zwar durch seine Willenskraft hervorgebracht hat, selbst jedoch ein Aspekt der Ewigkeit bleibt – zeitlos und unendlich. Im Rahmen dieser ganzheitlichen Sichtweise müßt ihr euer Konzept von einem »Anfang« durch die Erkenntnis einer allgegenwärtigen Ordnung ersetzen, die alles einschließt und prägt – eine Universale Bewußtheit, die Kosmische Seele.

Vergeßt die Theorie vom Urknall. Sie ist nichts weiter als wissenschaftliches Rätselraten (ein Widerspruch in sich!) – geistlos und unhaltbar.

Wie der Samen, in dem die Essenzen aller vorangegangenen und nachfolgenden Generationen zusammenfließen, so ist auch das Bewußtsein grenzenlos und ewig – ein Ausdruck der Höchsten Intelligenz, der Großen Gottheit, die nie »geboren« wurde und niemals »stirbt«. Oh ja, dies alles sollte euch dazu anspornen, eure Vorstellungen und Glaubenssätze einmal einer eingehenden Prüfung zu unterziehen! Denn um diese Offenbarungen in ihrem ganzen Ausmaß begreifen und verinnerlichen zu können, müßt ihr das Fundament eurer Existenz und des gesamten Kosmos – die wahre Wesensart »Gottes« – neu überdenken.

Habt ihr dann jedoch die volle Bedeutung der Ewigkeit aller Existenz durchschaut und seht ihr, daß eure derzeitigen Mißstände lediglich die Geburtswehen einer neuen Wirklichkeit sind, dann werdet ihr auch erkennen, daß alle bisher angesprochenen Probleme lösbar sind und sich auch lösen werden. Oder sich wandeln werden; oder einfach verschwinden in den Weiten von Allem Was Ist, Was Jemals War und Was Ewig Sein Wird. Und ihr werdet eure Exkursion fortsetzen, werdet weiterwandern und lernen, werdet euch von eurer Seele leiten lassen und stets dem Großen Plan dienen – immer auf der Suche nach dem Höheren Wesen, das tief – mal nur vage, mal deutlicher sichtbar – in euch allen steckt.

Denn das ist es, wonach ihr strebt. Ihr wollt zu einer neuen Perspektive, einer neuen Einsicht gelangen, die auf Schönheit und Liebe beruht. Und ihr spürt, daß die Zeit der begrabenen Geheimnisse und verhüllten Wahrheiten nun endgültig vorbei ist.

Gabriel läßt seine Posaune erschallen.

Der Schleier der Illusion hebt sich und offenbart Risse in eurer physischen Realität, die vielen von euch einen Einblick auf das gewähren, was »jenseits« liegt; ihr alle teilt eine zunehmend multidimensionaler werdende Wahrnehmung miteinander und seid Zeugen der atemberaubenden Entfaltung eurer Seele.

Ist dieses neue Bewußtsein erst einmal ein fester Bestandteil eurer selbst geworden, werdet ihr Verwunderung und Staunen zunehmend hinter euch lassen und weiter vordringen bis zum Urgrund und Zweck dieses Phänomens. Denn es gilt jetzt, diese Gaben nicht mehr nur als faszinierendes Spielzeug zu betrachten – eure Fähigkeiten von diesem Standpunkt aus zu betrachten, wäre einseitig und falsch und würde sich letztendlich gegen euch kehren, da der Ego-Aspekt sich von solchen Oberflächlichkeiten nährt. Als Verkünder des Neuen Lichts müßt ihr eure Kräfte zum Wohle der Großen Gemeinschaft einsetzen, und genau deshalb suchen wir, gemeinsam mit anderen Dienern des Lichts, die Verbindung zu euch – wie auch ihr in zunehmendem Maße zu uns durchzudringen sucht.

Und auch dies ist wiederum ein Ausdruck für das Hermetische Prinzip: *Wie Oben, So Unten … und Wie Unten, So Oben …*

Behaltet stets im Bewußtsein, daß ein einziger Splitter eures Universums, unter einem kosmischen Mikroskop betrachtet, dieselben Proportionen und Strukturen aufweist wie jeder biologische Mikrokosmos eurer Erde. Und wie die Zellproben in euren Forschungsinstituten würde dieser kosmische Splitter auf seinen Beobachter reagieren und sich unter seiner Aufmerksamkeit verändern … da beide in energetischer Wechselbeziehung zueinander stehen. Denn die Energie des Bewußtseins verändert die fokussierte Realität und nimmt Einfluß auf ihr Verhalten und ihre Entwicklung.

Von unserer Warte jenseits aller physischen Welten aus betrachtet, wirken eure Sterne und Planeten ähnlich wie die mikrokosmischen Elemente irdischen Lebens, die eure Wissenschaftler unter ihrer Linse beobachten – denn aus unserem Blickwinkel ist das materielle Universum selbst ein Mikrokosmos.

Von einem universellen, all eure bekannten Horizonte weit hinter sich lassenden Standpunkt aus, ist ein unter dem »Mikroskop« betrachteter Planet (falls ihr euch in eine solche Sichtweise auch nur annähernd hineinversetzen könnt) im Verhältnis zur Gesamtheit des stofflichen Universums lediglich wie eine Zelle im großen Ganzen eures Körpers … und ebenso wie die Zellprobe unter dem Mikroskop durch die auf sie gerichtete Aufmerksamkeit des Biologen beeinflußt wird, verändert sich auch der Planet unter der Beobachtung des universalen Betrachters.

Diese dynamischen Zusammenhänge sind durch Versuche der Quantenphysik wie auch der Biotechnologie hinreichend belegt worden, in denen die bloße Anwesenheit eines Zuschauers das Verhalten eines Experiments beeinflußt hat: Denn das Bewußtsein des Betrachters wirkt auf das Bewußtsein der Materie ein. Auf diese Weise vermag der Gedanke die Wirklichkeit zu transformieren, und eben dies ist das Ziel und der Grundsatz vieler Alchimisten.

Und auch dies wiederum ist eine Ableitung aus der Oben/Unten-Beziehung, auf der ein großer Teil des Geheimen Wissensschatzes beruht; es mutet so einfach an und ist euch doch aufgrund eurer beschränkten Wahrnehmung so fremd.

Nehmt als weiteres Beispiel für dieses Grundprinzip uns und unsere Botschaft, die unsere Mittler in eine für euch verständliche Sprache fassen – in das Zeichensystem eurer modernen Kommunikation. Indem ihr dies hier lest, nehmt ihr bereits Einfluß auf die Wirkung unserer Worte – denn wie ihr sie auffaßt, bestimmt über das Resultat, über die Folgen, die unsere Botschaft zeitigt. Euer Bewußtsein »antwortet«, indem es unsere Worte ablehnt oder auch annimmt, sie verwirft oder aber als wegweisend erachtet und weitergibt, und auf diese Weise geht ihr bereits eine Verbindung mit ihnen ein.

All dies beeinflußt die Auswirkungen unserer Mitteilungen auf eure Welt.

Dies ist ein perfektes Beispiel für die Wechselbeziehung zwischen Oben und Unten. Erkennt ihr es? Eure Reaktion, eure Auffassung, schlägt sich auf die gesamte Gemeinschaft nieder, und daher ist die »Konsequenz« unserer Informationen – das, was ihr persönlich daraus macht – ebenso bedeutsam wie die Botschaft selbst – wenn nicht gar weit wichtiger.

Begreift ihr das ganze Ausmaß dieser Tatsache? Es ist für eure Funktion als Lichtträger von wesentlicher Bedeutung, daß ihr das Prinzip wie auch seine Einflußnahme auf die Verbindung allen Lebens genauestens durchschaut. Jeder einzelne Aspekt des multidimensionalen Universums steht in energetischer Wechselwirkung zu allen übrigen, und die Wellen seines Bewußtseins sind über den gesamten Kosmischen Ozean hinweg zu spüren.

Genauso folgt eure Aufnahme der dunklen Botschaften der selben Gesetzmäßigkeit und bestimmt so, wie sich diese auf euch alle auswirken. Eure Wahrnehmung all der Hiobsbotschaften und Unglücksmeldungen, die praktisch euer täglich Brot geworden sind, entscheidet über das Maß der Einflußnahme der dunklen Kräfte auf eure ganze Gemeinschaft.

Dies zeigt sich ständig und überall: Üben die verkappten Machthaber zuviel Druck aus, begehrt ihr auf und sie geben nach. Ihre negative Energie kann sich so nicht auf euch übertragen. Gebt ihr dagegen dem Druck nach und laßt euch von eurer Angst blenden, werden sie die Gunst der Stunde nutzen und zuschlagen – indem sie eure Schwachstelle ausnutzen und an ihr weiterhobeln, um die Angriffsfläche zu vergrößern.

Ihr seht also, wie ungemein wichtig es für eure spirituelle Entwicklung wie auch für die Harmonie des Universums ist, daß ihr aus den richtigen Motiven heraus handelt und all eure Gedanken und Worte mit Bedacht wählt ... und daß ihr euch allen Schatten stellt, die in den Tiefen eurer Seele lauern, um sie ein für allemal zu vertreiben.

Und ohne den Ballast all der Verdrängungen und ungelösten inneren Konflikte werdet ihr hell und rein im Lichte absoluten Gewahrseins erstrahlen, über die eure Seele schließlich zu Höheren Welten gelangt. Denn die staubige Finsternis innerer Schatten würde die klaren Wasser eures neuen Bewußtseins trüben – und sich so wiederum im »Oben« manifestieren.

REINKARNATION
&
PARALLELE WELTEN

- Kapitel Dreizehn -

Laßt uns nun versuchen, die Nebel der Entstellung und Unwahrheit zu vertreiben, die sich um eure Vorstellung von Reinkarnation und parallelen Wirklichkeiten gelegt haben, und hierfür möchten wir euch bitten, stets im Auge zu behalten, daß das Zeitphänomen an Materie gebunden ist und daß daher Konzepte wie »Vergangenheit« und »Zukunft« allein in der dritten Dimension existieren – wie *wir uns* für unsere Ausführungen immer bewußt machen müssen, wie überaus real diese Begrifflichkeiten für euch sind.

Den Punkt im Raum-Zeit-Gefüge, der eure Kristallisation in der Materie markiert, wollen wir als eure »gegenwärtige« Erde bezeichnen – über zweitausend Mal hat euer Planet die Sonne umrundet, seit Christus zu euch kam –, doch vergeßt hierbei bitte nicht, daß wir solche temporalen Ausdrücke nur verwenden, weil die Zeit euch alle noch so fest »im Griff« hat. Dieser zeitliche Bezug schränkt uns in unseren Darlegungen enorm ein, ist aber nun mal notwendig, wenn wir euch begreiflich machen wollen, wie eine Existenz *ohne* zeitliche Fesseln aussehen wird, wenn ihr als bewußte Teilhaber am multidimensionalen Geschehen nicht mehr an diesen illusorischen Verlauf von Jahren, Tagen und Minuten gebunden sein werdet.

Bei unseren Ausführungen zu Natur und Beschaffenheit paralleler Wirklichkeiten und dem alles durchdringenden Zeitlosen Bewußtsein solltet ihr immer daran denken, daß jede einzelnen Zelle eures Körpers ein eigenes, beseeltes Universum ist – wie jede riesige Galaxie, wie noch der allersubtilste Aspekt der Schöpfung.

Wir haben ausführlich dargelegt, wie Geist und Gedanke sich in der Materie niederschlagen und wie das Bewußtsein auf den Wellen seiner Gedanken die Weiten des Kosmischen Ozeans quert – Gedanken, die auf der Frequenz kosmometrischer Muster schwingen, den Strukturen allen materiellen Seins.

Viele Meister alten Wissens sind heute darum bemüht, das grundlegende Wissen Sirianischer Kosmometrie (der Heiligen Geometrie) wie auch die Grundsätze der Universalen Mathematik wiederaufleben zu lassen, um euch zu zeigen, wie der Wind des Bewußtseins den Kosmischen Ozean bewegt und so Wellen neuen Lebens und neuer Formen erzeugt – Kristallisationen von perfekter Symmetrie, unglaublicher Intelligenz und makelloser Schönheit.

Wir begrüßen diese Wissenden als engagierte Visionäre des Neuen Lichts!

Der gesamte Weg der Geschichte eurer zahllosen Zivilisationen ist von Mystikern und Lichtwesenheiten gesäumt (sowohl körperlichen als auch feinstofflichen), die sich verpflichtet haben, die Heiligen Weisheiten zu bewahren und durch die Kraft ihres Wissens und ihrer Energie das Licht eurer Welt nicht erlöschen zu lassen ... so lange, bis die Menschheit eines Tages **bereit** sein würde, offen mit ihrem Wirken konfrontiert zu werden.

Ihr alle spürt, daß diese Zeit jetzt gekommen ist.

Die Hüter der Alten Weisheit verlassen nun ihre heiligen Einöden, ihre verschneiten Berggipfel und Einsiedeleien, um euch beizustehen und euch die Erleuchtung ihres Wissens zu bringen, das sie viel zu lange hinter den Toren der Heiligen Hallen verborgen halten mußten.

Sie werden den Erwachenden unter euch die Werkzeuge in die Hand geben, mit deren Hilfe ihr das Energiefeld der Erde stärken und harmonisieren sowie Gaias aus dem Takt geratenen Rhythmus wieder in regelmäßige Schwingungen verwandeln könnt, um ihr so die Reise durch den Strudel zu erleichtern.

Aus diesem Grund haben die Weisen Tibets – die Großmeister heiliger und heilender Rhythmen und Klänge – die Pforten am Kailash verschlossen und ihr Heiligtum verlassen: um euch mit dem wahren Kern des menschlichen Wesens, der Erde und des gesamten Kosmos vertraut zu machen.

Gemeinsam mit anderen Hütern der Alten Weisheit werden auch sie euch durch ihr von tiefer Ehrfurcht geprägtes Verständnis der Universalen Kräfte sicher durch die Feuerprobe führen, indem auch sie in den Chor der Bewußtwerdung einfallen – der aus dem Licht des Herzens heraus Gaias Neugeburt besingt.

Die irdischen Tempel der Erleuchtung und Verehrung – diese mit Hingabe errichteten Weihestätten zu Ehren der Allnatur – schließen allmählich ihre Pforten, da ihr nun in direkter Verbindung zu den Hütern steht und ihre Mittelsfunktion dadurch überflüssig macht; sie folgen damit außerdem einem Grundprinzip ihrer eigenen Weisheit: daß nämlich **nichts von Dauer ist.** Alles unterliegt einer ständigen Erneuerung, einer ständigen Transformation.

Während sich die wandelnden Energien Gaias und Ras miteinander verweben und dadurch eine neue Gestalt erhalten, verändert sich auch die kristallene Bewußtseinsstruktur all dieser alten Mauern und Altäre, der Urwälder und Meere, und bereitet sich ebenfalls auf den Übergang in eine neue Dimension vor, um dort als Quelle zu dienen, aus der das Licht des Universalen Herzens sprudelt.

Die permanente und nachhaltige Veränderung ist ein Wesenszug der physischen Welt, der die kosmometrischen Muster zu ständig neuen Formen zusammenfügt und letztendlich alle Materie ihrer Auflösung und somit einem neuen Seinszustand zuführt – ein Ausdruck der Höchsten Bewußtheit, des Fundaments des Universums.

Der Geist, das innere Heiligtum, ist unendlich – er ist der Gedanke, die Urenergie; er ist das konzentrierte Gewahrsein der Schöpfung, der Bauplan allen Lebens ... die DNS. Er ist die Mathematik, die dem Universum zugrundeliegt – die Musik der Sphären. Er hat das energetische Chaos gebändigt, und, ebenso wie das Universale Licht jede einzelne eurer Zellen erstrahlen läßt, hat er die Heiligen Weiten mit seiner Seele erfüllt. Denn er ist die Energie selbst.

Er ist das Rad der Navajo und das tibetische Mandala – mal ein kompliziertes Muster aus buntem Sand ... mal eine verblassende Erinnerung, fortgerissen vom Wind und doch ewig nachhallend.

Was auch immer ihr (für die jeweilige Phase eurer spirituellen Entwicklung) benötigt, tragt ihr ständig verfügbar tief in euch selbst – denn dort, im Herzen eurer eigenen Göttlichen Perfektion, enthüllt euch die Universale Wahrheit das Wunder allen Lebens. Dieser Göttliche Funke – die Bewußtheit aller Schöpfung – nährt euer ewiges **Werden** und stellt eure Verbindung dar zur absoluten Weisheit von Allem Was Ist, Was Jemals War und Was Ewig Sein Wird.

Immer mehr von euch streben danach, Verbindung zu uns, den Lichtwesenheiten anderer Dimensionen, aufzunehmen – denn unsere Seelen sind von den euren im Grunde nur wenige Schritte entfernt. Euer sich zunehmend öffnendes Bewußtsein schickt seine Schwingungen auch in die Welten, denen eure großartige Entfaltung bisher verborgen geblieben war. Das kreative Potential eures Bewußtseins – die enorme Schöpferische Macht eurer Seele – wird euch deutlicher werden, wenn ihr erst einmal die Seinsebene erreicht habt, die wir als die »vierte Dimension« bezeichnen. Und voller Staunen werdet ihr dann feststellen, wie dünn der Schleier in Wirklichkeit ist, der unsere Welten trennt.

Einige von euch suchen die esoterischen Lehren wissenschaftlich zu begründen – eine Verbindung zur Logik herzustellen – und sind durch die Quantenphysik zu einer tieferen Einsicht in die allgemeinen Zusammenhänge gelangt. Das Gewicht der vermeintlich »unerklärbaren« Phänomene, die der Urgedanke des Kosmos immer wieder neu entwirft, bringt die bereits maroden Mauern veralteter Lehrsätze und Thesen für euch nun endgültig zum Einsturz – und statt dessen eröffnet sich euch ein grenzenloses Universum, das von den Bewußtseinseinheiten, die alle der einen Großen Quelle entspringen, immer wieder neu geformt und erschaffen wird.

Andere wiederum haben einen eher intuitiven Zugang zu den Dingen, »erspüren« das Universum und seine Strukturen und begreifen das Wirken des Großen Geistes »aus dem Bauch heraus«; dies ist der beste und intensivste Weg zu einem Verständnis der All-Einheit ... jedoch nicht der einzige.

Doch ganz unabhängig davon möchten wir allen an unserer Perspektive Interessierten aufzeigen (unterstützt hierbei durch die Lichtenergien der achten Dimension, die in dieses Werk verwoben sind), wie jede Einheit des Universalen Bewußtseins mit allen Dimensionen des Kosmos in Verbindung steht und sie alle auf seiner Unendlichen Reise durchwandert.

Zwar wählt jede Seele für ihre persönliche Entwicklung ihr ganz individuelles Tempo, doch alle streben sie das eine, gemeinsame Ziel an – die Rückkehr zu ihrem Ursprung.

Die Antwort auf die Frage, warum, wie und wo man in eine bewußte physische Seinsform eintritt (und die Erde ist bei weitem nicht der einzig mögliche Ort für eine Inkarnation) oder wohin man zwischen zwei Inkarnationen »verschwindet«, ist selbst für den fortgeschrittensten Suchenden ein recht schwieriges Unterfangen.

Denn die Absicht hinter diesem karmischen Kreislauf – das ständige Sammeln neuer Erkenntnisse und Erfahrungen – entzieht sich naturgemäß demjenigen, der noch in diesen Prozeß eingebunden ist und vom Schicksalsrad ahnungslos herumgewirbelt wird. Das Verfolgen immer wieder ähnlicher Wege in unterschiedlichen Existenzen wirkt erst einmal unverständlich und völlig sinnlos, und es fällt überaus schwer, sich vorzustellen, daß die Seele selbst der Initiator dieser Ewigen Reise sein soll, und daß das ganze ein notwendiger Prozeß ihrer Entwicklung und Läuterung ist.

Doch natürlich ist dieser Vorgang keineswegs sinnlos – denn der allem zugrundeliegende Höhere Plan ist in jeder Hinsicht perfekt, und hinter allem, was geschieht, steckt eine ganz bestimmte Absicht. Jede Erfahrung, die ihr macht – mag sie euch auch noch so falsch und »unpassend« erscheinen – führt euch weiter aus dem Kreislauf des *Samsara* hinaus und fügt sich auf einer höheren Ebene exakt ein in die All-Einheit mit ihren ungezählten Facetten und Dimensionen. Und auch ihr werdet noch erkennen, daß selbst die dunklen Kräfte wesentliche Aspekte des großen Schöpfungsplans sind.

Denn in Wahrheit ist dieser vermeintliche Zyklus – die »Wanderjahre« eurer Seele – eine Spirale, die dem ewigen Prozeß von Werden und Vergehen entspringt, und die euer innerstes Wesen der Erleuchtung – der überwältigenden Wiedervereinigung mit eurem Ursprung – entgegenführt.

Alle Seelen gehen diesen Weg.

Die dunklen wie die hellen ... alle kehren sie heim.

Alle kehren sie zurück zum Ursprung.

*   *   *

Da eure lineare Wahrnehmung eine zeitlose Wirklichkeit nur vage zu fassen vermag, nehmt ihr den Reinkarnationsprozeß als eine Sequenz wahr – als eine Aufeinanderfolge von Existenzen und Erfahrungen an den Punkten eurer Geschichte, von denen eure Seele sich angezogen fühlt.

An einige erinnert ihr euch – an andere wiederum nicht.

Vielleicht erfahrt ihr beispielsweise bei einer Ägyptenreise ein seltsames Gefühl der Verbundenheit mit all den Monumenten, den Vermächtnissen der Menschheit – mit der Heiligen Geometrie; dem kosmometrischen Grundplan; den energetischen Vibrationen –, ein untergründiges *Wissen*, daß ihr all dies bereits kennt. Dieses Gefühl der Vertrautheit ist ein Hinweis darauf, daß ihr euch an ein »vergangenes Leben« erinnert, das ihr dort und/oder zu der Zeit geführt habt – und das euch von den Zeugnissen dieser Periode wieder ins Gedächtnis gerufen wird.

Andere Erlebnisse, die ihr nur schwer oder gar nicht zu begreifen vermögt, sind beispielsweise die Reisen eures feinstofflichen Körpers zu weit entfernten Orten – zu außerirdischen Völkern oder fremd wirkenden Landschaften, in andere Dimensionen oder parallele Welten. Immer mehr von euch erkennen, daß euer Ursprung nicht in dieser Welt zu suchen ist, sondern daß ihr hier lediglich auf der »Durchreise« seid, um an den gegenwärtigen Ereignissen mitzuwirken, die ein solch enormes Maß an Aufmerksamkeit auf sich ziehen – von allen Punkten des Universums.

Diejenigen, die nicht mit Gaia aufzusteigen gedenken, spüren oft ein seelisches Band zu einer anderen physischen Existenz, einer anderen Inkarnation ihrer selbst – in euren Worten: zu einem »zukünftigen« Leben.

Oder aber ihr reist während eines Traums zu einem Ort, der euch auch im Wachzustand noch das Gefühl vermittelt, »schon einmal dagewesen zu sein«. Diesen Eindruck der Verbundenheit kann auch der Blickkontakt zu einer vermeintlich fremden Person auslösen – die ihr spontan als eine euch vertraute Seele identifiziert, mit der ihr einst gemeinsam ein Stück des Universalen Weges gegangen seid. Praktisch alles kann euch in ein solches Gefühl des Erkennens hineinkatapultieren: ein Geruch, Vogelstimmen oder eine Berührung.

Meist werden diese einschneidenden Erlebnisse in die Nebel des Unterbewußten verdrängt, wo ihr all die so unfaßbar scheinenden Puzzleteile zusammentragt, um aus ihnen schließlich ein ganzheitliches Bild der Wirklichkeit zusammenzusetzen ... oder vielmehr eurer *Vorstellung* der Wirklichkeit. Entsprechend eurer durch die Zeit begrenzten Wahrnehmung, die ein lineares System zum Verständnis erforderlich macht, reiht ihr diese Erinnerungen zu einer chronologischen Kette aneinander.

Erst ein Leben, dann das nächste und so fort ... eher eine Abfolge als eine Überlagerung verschiedener Realitätskonzepte, die alle nebeneinander und »gleichzeitig« existieren und energetisch miteinander verflochten sind, sich durchdringen und beeinflussen und auf derselben Wellenlänge schwingen ... wie die schäumenden Wogen eurer Weltmeere – oder die sanfte Dünung stiller Wasser.

Wir möchten euch jedoch zu einer neuen, umfassenderen (multidimensionalen) Sichtweise verhelfen, die euch das ganze Ausmaß eurer seelischen Schöpferkraft vor Augen führt, mit der ihr von eurem »jetzigen« Standort aus – von dem Punkt eurer Reise aus, den ihr noch immer als ein von allen übrigen Existenzen getrenntes Leben erfahrt – Einfluß auf das Universale Geschehen nehmt.

Als Segmente des Großen Bewußtseins der All-Einheit »wißt« ihr tief in euch von all den anderen Wirklichkeiten – all den Dimensionen – und tragt den Keim dieser Kenntnis in jeder einzelnen eurer Zellen. Und so wie auch eure Zellen durch das »Kommunikationsnetzwerk« eurer DNS miteinander verknüpft sind, so steht auch ihr als komplexe Wesen – durch die alle Welten und Frequenzen durchdringenden, funkelnden Wellen eures Bewußtseins – in unmittelbarem Kontakt zu allen übrigen Lebewesen eurer wie auch anderer Sphären.

Und daß sich dieser Vorgang gegenwärtig noch eurer Wahrnehmung entzieht, bedeutet nicht, daß er sich nicht auf verschiedenste und atemberaubende Weise unaufhörlich vollzieht.

Denn ihr seid all diese »anderen« Wesen, all diese anderen Einheiten des Universalen Bewußtseins – so wie sie nur eine andere Ausdrucksform eurer selbst sind (da alles letztendlich Eins ist). Weil die Wahrnehmung eures kollektiven Bewußtseins jedoch noch immer durch ein Gefühl des Getrenntseins getrübt ist, könnt ihr diese Verbundenheit allen

Seins (bis auf kurze Momente eines inneren »Aufblitzens«) leider noch nicht völlig fassen. Wie aber sollen wir euch dann bloß begreiflich machen, daß und wie diese intensive Wechselbeziehung euer aller Wirklichkeit hervorbringt?

Führt euch noch einmal vor Augen, was wir euch über die Dynamik eurer Gedanken erzählt haben und wie diese die Weiten des Kosmischen Ozeans bewegen.

Eure Lichtgestalt, euer feinstofflicher Körper, entscheidet sich ganz bewußt für bestimmte Wirklichkeiten – die im Grunde nur eine Form von holographischen Simulationen sind –, die eurer Seele genau die Erfahrungen ermöglichen, welche sie für ihre Entwicklung und Erweiterung benötigt. Aus multidimensionaler Sicht sind all diese »Orte«, »Zeiträume« oder auch »Welten« lediglich Projektionen eurer Seele – der Kosmischen Seele –, und doch könnt ihr euch auf diese Frequenzen einstimmen, euch in ihnen materialisieren und sie in gewisser Weise zu eurer (rein illusorischen) »Identität« werden lassen.

Es ist uns bewußt, daß wir euch mit unseren Ausführungen ziemlich viel zumuten, denn euch als »Teilnehmern« einer solchen holographischen Realität andere Wirklichkeiten erklären zu wollen, gleicht dem Bemühen, einem Fisch das trockene Land begreiflich zu machen … und doch ist das eine so existent wie das andere.

Ihr bekommt eine ungefähre Ahnung von diesem Konzept, wenn ihr euch die so authentisch erscheinenden Abstraktionen eures Fernsehens vor Augen führt – laßt uns also die 3-D-Simulation eurer »Realität« anhand dieses Beispiels einmal näher erläutern.

Eure Bildschirme gaukeln euch »echt« anmutenden Situationen und Personen vor, von denen ihr euch in Bann ziehen laßt – und zu denen ihr, sofern ihr euch mit ihnen identifizieren könnt, eine emotionale Bindung eingeht.

Der Schmerz und die Selbstlosigkeit der Heldin, die Großmut des Helden, die Rachsucht des Opfers werden ebenso wie all die anderen (zu eurer »Unterhaltung«) inszenierten Gefühle gewissermaßen zu euren eigenen – personifizieren gleichsam eure Träume und Sehnsüchte.

Schaut ihr dagegen Nachrichten, so steigen schnell Verzweiflung und Hoffnungslosigkeit ob der so aussichtslos scheinenden Misere eurer Welt in euch hoch – negative Energien, die sich in eurem Hauptchakra bündeln und von dort aus als disharmonische Wellen auf eure unmittelbare Umgebung, auf Freunde und Verwandte, wirken. Dies beeinflußt eure gesamte Gemeinschaft und senkt die Schwingungsfrequenz des kollektiven Bewußtseins.

Wenn euch nach Humor und Lachen ist, werdet ihr keinen Sender wählen, der Gewalt und Grausamkeit darstellt, sondern ein Programm, bei dem ihr euch zurücklehnen und entspannen könnt. Ihr werdet euch ein Hologramm aussuchen, das eurer Stimmung entspricht, das mit dieser »auf einer Wellenlänge« ist. Dadurch wirkt es auf euren emotionalen, mentalen und physischen Körper ein – denn die Schwingungen einer solch »unterhaltsamen« holographischen Illusion rufen Veränderungen in eurem gesamten System hervor und nehmen so Einfluß auf alle Komponenten eures Wesens, auf jeden Nerv und jede Zelle.

Der daraus resultierende Energieschub strömt durch die Bahnen eures *Ka* – die Energielinien eures stofflichen wie auch feinstofflichen Körpers – und öffnet euer Herz- und Kehlchakra, welche dann Schwingungen von Freude, Frieden und Harmonie aussenden – und auch dies spiegelt sich natürlich in den Welten wider.

Und ist dieses Ereignis vielleicht kein eigenständiger Schöpfungsakt, kein wahrhaft göttlicher Schaffensprozeß?

Dies alles bedeutet jedoch keineswegs, daß die dritte Dimension etwa *unwirklicher* wäre – oder weniger wichtig – als andere Welten. Das soll damit keineswegs gesagt sein – doch ach, es ist so schwer, eine einzige Facette der Wirklichkeit zu beschreiben, wenn man auf den Blickwinkel dieses winzigen Fragments beschränkt ist! Da auch wir diese Entwicklungen, Mühen und Kämpfe durchgemacht haben, bevor wir zu diesen Einsichten und somit zu einem tieferen Verständnis des Beseelten Universums gelangt sind, können wir eure inneren Barrieren durchaus nachvollziehen.

Um all dies nun in Zusammenhang zu bringen mit unserem eigentlichen Thema, Reinkarnation und Parallelwelten: Ist es nicht vielleicht möglich, daß eine vermeintliche Erinnerung an »Vergangenes« im Grunde nur die energetische Verbindung zu einem bestimmten Aspekt eures zeitlosen göttlichen Bewußtseins darstellt, die sich als »Gedanke« oder vielmehr Impuls in der holographischen Wirklichkeit der dritten Dimension manifestiert – um diesen Aspekt zu einem Konzept eures »Jetzt« zu machen?

Das Medium bittet an dieser Stelle darum,
die Ausführungen weniger komplex zu
halten und näher zu erläutern.

Ein Duft beispielsweise kann euch in eine parallele Wirklichkeit befördern, indem seine Vibrationen eine Verbindung mit einem identischen Schwingungsmuster in dieser Parallelwelt eingehen und so eine Art »Brücke« schaffen, auf der euer Bewußtsein zu dieser anderen Existenzebene hinübergleitet, beziehungsweise regelrecht dorthin »fortgerissen« wird.

Auch ein Geräusch vermag jede Zelle eures Wesens auf diese Weise mit den Schwingungen einer parallelen Wirklichkeit, in der ihr ebenfalls existiert, in Resonanz zu bringen – und jedes Mal, wenn ihr diesen Laut hört, werdet ihr daher unwillkürlich in eine eurer »zeitgleichen« Seinsformen versetzt. Dieses Geräusch stellt somit ein festes und unauflösbares Band dar zwischen eurem »Hier und Jetzt« und dieser anderen, ebenso realen Welt.

Jeder eurer »verschiedenen« Existenzformen liegen bestimmte kosmometrische Strukturen zugrunde, die sie alle miteinander verbinden und die eure »gegenwärtige« Gestalt über »Zeit« und »Raum« hinweg mit ihnen verknüpft. Und ihr reist nicht einfach nur zwischen diesen Seinsebenen hin und her – ihr seid sie alle, und aus der Gesamtheit eurer Erfahrungen gehen fortwährend neue Durchbrüche und Resonanzen für jede eurer Existenzen hervor.

Ihr nehmt ständig Einfluß auf euer »derzeitiges« Leben (die Seinsform, auf die sich euer Bewußtsein an diesem Punkt des Raum-Zeit-Kontinuums konzentriert), indem ihr euch in parallele Wirklichkeiten »einschaltet«, eine jeweilige Situation auf einer anderen Frequenz durchlebt und die erworbenen Erfahrungen und Kenntnisse dann auf diese Welt übertragt.

Wenn ihr also jemals durch die Weiten der Sahara gezogen seid – dann tut ihr dies noch immer, so wie beispielsweise auch das alte Ägypten auf einer anderen Seinsebene noch immer besteht und ewig bestehen wird. Und seid ihr einmal ein Element der ägyptischen Bewußtseinsstruktur, dann ist dies unveränderlich einer eurer »Standpunkte« in der Zeitlosigkeit des Universums – eine Perspektive und Facette eures Bewußtseins –, genauso wie eure »jetzige« Existenz solch einen ewigen Ausgangspunkt für euer seelisches Wahrnehmen und Wirken darstellt.

Umgekehrt hätte euer potentielles altägyptisches Selbst seinerseits Zugriff (gehabt) auf euren »gegenwärtigen« Erfahrungsschatz – der dadurch Einfluß (gehabt) hätte auf euer »damaliges« Denken und Handeln ... welches letztendlich immer dem Potential eurer in ständiger Entwicklung begriffenen Seele entspringt, das diese durch alle Erfahrungen geleitet.

Ihr könnt euch in dieser Hinsicht auch weiterhin in eurer Vorstellung auf »vergangene« und »zukünftige« Leben beziehen, wenn euch dies einen besseren Zugang zur Wahrheit gewährt. Dies ist der multidimensionalen Perspektive allemal näher als die engstirnige Sichtweise einer gänzlich unbeseelten Welt, in der ihr nur ein einziges Mal geboren werdet – mit dem alleinigen, einsamen Ziel eines endgültigen Todes vor Augen.

* * *

Die Möglichkeiten, die eurer Seele im grenzenlosen Universum offenstehen, sind nahezu unendlich, und daher sind die spezifischen Verbindungen, die euer Bewußtsein zu parallelen Wirklichkeiten eingeht, von besonderer Bedeutung. Vergeßt nicht, daß ihr alle Funken des Göttlichen Lichts seid, daß jede eurer Zellen das Universale Bewußtsein mit all seiner Weisheit und Macht in sich trägt – daß jede Zelle eine Einheit dieses Bewußtseins ist –, aus welchem heraus ihr dann das Wunder des Seins entwickelt.

Einzelne Segmente können sich durch ein traumatisches Erlebnis von der Seele abspalten und sich an den »Urheber« dieses schmerzvollen Schocks binden, indem die niederfrequenten Schwingungen dieser Erfahrung das Seelenfragment praktisch »einfrieren« und es so in der traumaauslösenden Struktur – einer Erinnerung, einem Wesen, einem Ort – festhalten.

Der Teil des seelischen Bewußtseins, der sich vom Ganzen trennt (so wie ihr euch vom Ursprung getrennt habt), kann sich praktisch mit jeder Seinsform oder Wesenheit verbinden, von der er energetisch angezogen wird. Er kann zum Licht reisen oder von einer sehr eingeschränkten Perspektive aus den »Tod« erleben und so als eine reifere Bewußtseinsstruktur zurückkehren, die eine solche Komplexität angenommen hat, daß wir sie als »parallele Existenz« innerhalb eurer bewußten Seinsform bezeichnen möchten.

Vielleicht ist euch ein solches Fragment eures Selbst bereits einmal in einer anderen Person begegnet, der ihr euch so nahe gefühlt habt, als wärt ihr *ein* Wesen.

Oft jedoch entfremdet ihr euch von einem solchen Seelensegment und vergeßt es – und doch bleibt es ein Teil von euch und bindet euch dauerhaft an das Trauma, das seine Abspaltung verursacht hat.

Dieser Seelensplitter kann auf derselben Seinsebene verbleiben, auf die sich euer Bewußtsein gerade konzentriert – wie beispielsweise eure »gegenwärtige« Existenz –, oder aber er kann auf eine ganz andere

Dimension oder ein Paralleluniversum überspringen. Euer trauma-gebundener Seelenpart ertönt jedes Mal, wenn an die entsprechende »Saite« gerührt wird, die ihn ruft; oft sind die dissonanten Schwingun-gen der erschütternden Erfahrung jedoch so stark, daß sie den Ruf eurer Seele verzerren ... und dem Fragment so den Heimweg abschneiden.

Manchmal zieht sich der »Gegenpart« des Fragments – die Seele, die das euch bindende Trauma verursacht hat – ins Schattenreich zurück, um zu erkunden, wie und warum dieses Trauma zustande kam und wie es vergeben werden kann. Euer Fragment bleibt dann allein mit der eigenen wie auch der fremden Erfahrung zurück. Stellt euch vor, euer Seelenfragment bände sich an jemanden, der eure Welt verläßt, um auf einem anderen Planeten, in einer anderen Dimension »wieder-geboren« zu werden; an einem Ort also, der eurem irdischen Selbst noch unbegreifbar erscheint.

Oder aber malt euch aus, daß eure Seele den Bewußtseinssplitter einer anderen Seinsform anzöge – dann würdet ihr selbst sozusagen zum »Gastgeber« für diese Entität – sei sie nun irdischer oder »außer-irdischer« Natur.

Diese Seele nähme dann ihrerseits einen Teil von euch mit auf ihre Reise durch die Weiten des Kosmos, und das ist eine überaus span-nende – und zugleich vielschichtige und verwirrende – Erfahrung. Die Bewußtseinseinheiten, die den Kosmos durchziehen, können eine nahezu unbegrenzte Vielfalt an Wirklichkeiten hervorbringen, denn der einzige »Wegweiser«, der sie hierbei leitet und an den sie gebun-den sind, ist die unausweichliche Rückkehr zum Licht.

Ihr könnt euch bestimmt gut vorstellen, daß ein solches »Gewirr« an Möglichkeiten – Seelen, die sich verbinden und lösen; Bewußtseins-einheiten, die alle Winkel des Kosmos durchstreifen und in allen Dimensionen widerhallen – einiges an Chaos verursachen können.

* * *

Es ist nun an der Zeit, alle Seelenfragmente, die sich möglicherweise abgespalten haben, wieder zu integrieren. Denn dem kommenden Übergang müßt ihr als Ganzheit, ohne innere Schatten und absolut bewußt, gegenübertreten.

All die Splitter, die Teil eines anderen Wesens oder einer anderen Wirklichkeit geworden sind, müßt ihr nun nach Hause zurückholen, um sie zusammen mit dem Wissen, das sie erworben haben, wieder in euer Wesen einzugliedern – um euch die Erfahrung noch einmal bewußt zu machen und die Wunden eurer Seele dadurch zu heilen.

Denn die Seele spaltet sich nur durch besonders schmerzvolle oder schockierende Erlebnisse, und diese brutale Zerstückelung dient letztendlich niemandem: euch nicht, eurer Wirklichkeit nicht und auch nicht dem Fragment selbst.

Wenn ihr innerlich bereit seid, dem Trauma beziehungsweise seinem Urheber zu vergeben, könnt ihr diese Segmente wieder zurückholen.

Ihr könnt die Verletzungen heilen und alle Teile wieder zu einem Ganzen zusammenfügen, indem ihr euch dem Leid und den Schmerzen stellt, die eure Seele auseinandergerissen haben.

Dieser Vorgang erfordert absolute Ehrlichkeit und Aufrichtigkeit euch selbst gegenüber. Denn ihr allein könnt entscheiden, wann ihr persönlich bereit für diese Art der Schattenaufarbeitung seid. Es steht euch frei, euch an dieser Stelle dafür oder dagegen zu entscheiden, doch müßt ihr wissen, daß dieser Prozeß für euren Aufstieg zum Licht unumgänglich ist.

Wir möchten euch bei diesem wichtigen Schritt unsere Unterstützung anbieten – seid ihr bereit, mit unserer Hilfe nach den Sternen zu greifen?

Meditation
Die Wiedervereinigung der Seele

Schließe die Augen und finde deine Mitte – gehe tief in dich hinein und zentriere dich in deinem Herzen. Atme ruhig und bewußt, und spüre dem Rhythmus deines Atems nach. Auf deinem Weg tief hinein in dein Zentrum siehst du im Dunkeln ein Licht leuchten – es ist dein wahrer Wesenskern. Atme tief und spüre, wie die Flamme deines inneren Lichts durch jeden Atemzug genährt wird, wie sie wächst und sich ausdehnt, bis sie deinen ganzen Körper erfüllt. Laß sie noch heller leuchten, bis alles in dir und um dich herum in Licht getaucht ist, bis jede Zelle und dein ganzes Wesen in ihrem Glanz erstrahlt. Atme ... nähre die Flamme.

Wenn ihre Helligkeit dich ganz und gar erfüllt, dann schick ihr Licht in den Raum hinaus, bis in die Sphären der Lichtwesenheiten. Ruf die Krieger des Lichts um Schutz und Beistand an, auf daß sie dich gegen alle schädlichen Energien abschirmen mögen. Öffne nun das Scheitelchakra und sende einen Lichtstrahl aus, der den Lichtwesenheiten als Leuchtfeuer und Signal dient – bitte sie, mit dir in Verbindung zu treten. Sie werden deinem Ruf folgen. Spüre die All-Einheit. Versenke dich in ihr. Fühle, daß du eins bist mit allen Lichtentitäten des Universums – mit Allem Was Ist, Was Jemals War und Was Immer Sein Wird.

Das Licht all dieser Wesenheiten durchflutet dich, fließt durch dein Kronenchakra die Energiebahnen deines Körpers entlang und läßt dein Herzzentrum erglühen ... es strömt durch dich hindurch ... hinab in die Erde. Visualisiere es als ein Band aus Licht, das durch deinen Körper hindurchläuft und sich wie ein schwerer, goldener Anker tief in die Erde bohrt. Stell sicher, daß er dich fest in der Erde verwurzelt – daß er deine unauflösliche Nabelschnur zur Großen Mutter darstellt.

In dem gleißenden Licht deines Innern kannst du nun eine Gestalt ausmachen – das bist DU. Die Höheren Wesenheiten werden nun dein Bewußtsein führen, werden es über diese Gestalt gleiten lassen, um mögliche Lücken und Löcher ausfindig zu machen. Dies ist ein wesentliches Ereignis im Prozeß deiner Selbstfindung, eine Bestandaufnahme deines eigentlichen Wesens, deiner wahren Identität – deines wahren Ursprungs. Laß dir Zeit und untersuche in aller Ruhe jeden einzelnen Aspekt deines Selbst; stelle fest, welche Bereiche disharmonisch oder gar leer erscheinen. Möglicherweise entdeckst du viele solcher Stellen ... vielleicht findest du einen klaffenden Spalt, vielleicht nur einen haarfeinen Riß ... jede Beobachtung ist wichtig. Sollten mehrere Fragmente fehlen, wird man dich wissen lassen, auf welches du dich im Augenblick ganz besonders konzentrieren solltest.

Ruf dieses fehlende Teil – diesen Aspekt deines Selbst – zu dir zurück. Vielleicht ist er dir ganz nah, vielleicht ist er auch sehr weit gereist. Bitte ihn zu dir. Er wird dich hören und dir entgegenkommen. Ruf mit deinem Herzen nach ihm. Er wird diesen Ruf vernehmen und ihm Folge leisten.

Womöglich siehst du ihn jetzt bereits. Nähert sich dieses Segment verhaltend und abwartend ... oder kommt es ohne jede Scheu? Vielleicht nimmst du es visuell wahr, vielleicht spricht es aber auch zu dir. Hab Geduld, denn ihr beide müßt euch gegenseitig neu entdecken und kennenlernen, um eure Einheit zu spüren.

Sei empfindsam und offen – vertraue deinem Gefühl.

Oft konfrontiert dich ein solches Fragment mit einem Ereignis, das deinem Gedächtnis völlig entfallen war. Stelle ruhig auch

Fragen: Wo war dieser Teil deines Selbst? Wie lange war er fort? Was war der Auslöser seiner Absonderung? Möglicherweise führt er dir diesen Anlaß dann vor Augen und du wirst gewahr, wie er sich in der Struktur des Traumas verfing und dort dann förmlich erstarrte. Achte auch darauf, wer noch an diesem Erlebnis beteiligt war ... wer noch zugegen war. Manchmal dient die Spaltung als Schutzmechanismus, und auch dies präsentiert sich dir jetzt, sollte es hier der Fall gewesen sein.

Gehe hierbei in aller Ruhe vor und überstürze nichts ... denn der Aspekt war unter Umständen sehr lange von dir getrennt.

Möchte dieses Seelensegment überhaupt zu dir zurück? Frag es. Möchtest du, daß es zurückkommt? Inwiefern hat dich die Abwesenheit dieses Aspekts weitergebracht, und was hast du dadurch eingebüßt?

Die bloße Konfrontation mit diesem Fragment führt vielleicht nicht unmittelbar zu einer Heilung, doch sie ist auf jeden Fall ein erster Schritt dorthin. Sag diesem Aspekt, daß du ihn liebst und annimmst, und daß du möchtest, daß er zu dir zurückkehrt. Tief in deinem Innern nämlich liebst du ihn tatsächlich, auch wenn es nicht immer so scheinen mag. Und vielleicht noch ein wenig schwerer zu akzeptieren ist die Tatsache, daß du ihn brauchst. Ohne ihn bist du unvollständig, und Ganzheit ist dein oberstes Ziel.

Kannst oder solltest du eventuell irgend etwas für diesen Aspekt tun – irgend etwas, das ihm die Rückkehr erleichtern würde? Frag ihn, und er wird es dich wissen lassen. Du kannst noch sehr vieles von ihm erfahren. Bevor du diesen Teil nun jedoch wieder integrierst, frage ihn, ob ihm vielleicht irgendein fremder Aspekt anhaftet. Wenn dem so ist, so muß er sich von diesem »Fremdling« – zumindest vorerst – leider trennen. Gib ihm Zeit, sich zu verabschieden.

Bitte deinen Seelenpart nun, an seinen ursprünglichen Platz in dir zurückzukehren. Er kennt ihn noch. Und wenn er sich wieder eingefügt hat, dann schließe ihn wie ein Kind in die Arme; laß ihn spüren, daß du dich freust und ihn willkommen heißt, und daß eure Wiedervereinigung Licht und Heilung bedeutet. Halte diesen Aspekt ganz fest ... und fühle dich in ihn hinein.

Was empfindest du dabei, wieder eins mit diesem Fragment zu sein? Dein Gefühl ist hierbei sehr wichtig. Hast du ihm möglicherweise etwas gesagt oder versprochen, solltest du nun auch dazu stehen. Denn eine Heilung kann nur dann vonstatten gehen, wenn du diesem Teil deiner selbst Respekt und Achtung entgegenbringst; ansonsten riskierst du, daß er dich wieder verläßt. Sprich dich mit ihm aus. Und sollte dieser Aspekt seinerseits dir etwas versprochen haben, dann bestehe auf die Einhaltung seines Wortes.

Leg nun die Hände auf die Stelle, an die der Seelenpart zurückgekehrt ist – sag ihm, was immer du noch auf dem Herzen hast. Atme tief ein – dann laß los und vertraue darauf, daß der Heilungsprozeß sich von jetzt an auch ohne deine unmittelbare Aufmerksamkeit vollzieht. Bitte die Engelwesen um das heilende Balsam ihres Lichts; sie werden sich um dich kümmern ... um dich wie auch um dein Seelenfragment.

Visualisiere jetzt, wie das Lichtbündel aus deinem Scheitelchakra langsam schwächer wird und in dich zurückkehrt – den sich schließenden Blättern einer Lotusblüte gleich. Hole ebenfalls deinen »Lichtanker« ein, der deinen Halt in der Erde gesichert hat. Laß auch diesen Strahl langsam verblassen und verschwinden.

Leg nun die Hände auf dein Herzchakra und fühle in dich hinein.

Atme tief ein und aus.

Kehre nun allmählich in dein »Außen« zurück; wenn du dich bereit fühlst, dann öffne langsam die Augen – und laß dir alle Zeit der Welt, um das eben Gelernte zu verarbeiten.

TOD ODER AUFSTIEG?

- Kapitel Vierzehn -

Der Tod wie auch der Prozeß des euch bevorstehenden Aufstiegs erscheinen euch zutiefst geheimnisvoll, entreißen euch doch beide Vorgänge eurem physischen Körper wie auch der materiellen Wirklichkeit – der euch »bekannten« Welt also, über die ihr in Wahrheit jedoch so wenig wißt. Beide Ereignisse sind Übergangsphasen, die euch Angst machen und euch bedrohlich erscheinen, da sie die beiden letzten großen Rätsel eurer irdischen Existenz darstellen – Rätsel, die nur das persönliche Erleben zu erhellen vermag ... wenn überhaupt.

Eure Verunsicherung wird zusätzlich noch geschürt durch eine absolute Unkenntnis, was den Übergang von der stofflichen zur feinstofflichen Seinsform angeht. Erschwerend hinzu kommen außerdem die konventionelle Assoziation des Todes mit Abschied, der große Unsicherheitsfaktor des »unbekannten Jenseits« und eine geradezu überwältigende Furcht vor Leiden, Schmerz und der unerträglichen Trauer des Getrenntwerdens.

Lediglich einige Naturvölker, die den Kontakt zum Ursprung und den natürlichen Rhythmen des Lebens noch nicht verloren haben, wie auch die tiefgründig Suchenden unter euch heißen den Prozeß des Wandels als das willkommen, was er ist: ein Winter, auf den unausweichlich der Frühling der Seele folgt.

Eure freudige Erwartung des kommenden Aufstiegs und eurer aktiven Teilnahme an diesem Geschehen wird maßgeblich durch den drohenden Schatten eines globalen Armageddons getrübt, der eure Vorstellung von der Transformation eures Planeten in ein Leichentuch aus Tod und Zerstörung hüllt. Dieses Bild stürzt vor allem all jene in einen tiefen Abgrund der Angst, die ihre Verbindung zum Licht noch nicht (wieder)gefunden haben und somit nicht mit der Dynamik der Universalen Kräfte vertraut sind, welche die Strukturen des Kosmos immer wieder neu entstehen lassen.

Ihr alle, die ihr auf der Suche nach Frieden und Liebe seid, fragt euch unweigerlich, warum ein solch großartiges Ereignis wie der Übergang eures gesamten Sonnensystems in eine neue Dimension von so viel Aggression und Gewalt überschattet sein muß, die die dunklen Ränkeschmiede des Establishments ständig säen.

Wenn ihr in euch selbst ruht und innerlich klar und gelöst seid, werdet ihr erkennen, daß all die intrigante Perfidie in Wahrheit keineswegs notwendig ist und daß ihr diese Böswilligkeit in keiner Weise nähren solltet, indem ihr euch der allgemeinen Frustration, Angst und Hoffnungslosigkeit hingebt – Emotionen, die euch all eurer Energie berauben.

Denn nur aus einem Zustand innerer Klarheit heraus – die dem Licht des Herzens entspringt – könnt ihr die Welt vom Gift dieser Gegenspieler reinigen und dadurch auch in anderen die Flamme der Hoffnung und Freude erstrahlen lassen. Und nur, indem ihr euch für eine bessere Welt einsetzt – für euch selbst, eure Angehörigen, für alles Leben eurer Erde, für alles Sein *überhaupt* –, dient ihr anderen als Beispiel, eurem Weg zu folgen. Wenn ihr diesen tiefen Seelenfrieden – dieses Ruhen in euch selbst – gefunden habt, dann werdet ihr *spüren*, daß die schwarzen Machenschaften des Establishments nur eine Maske vor dem wahren Gesicht der Wandlung Gaias sind, dessen Züge von Schönheit und Harmonie gezeichnet sind.

Daher streift alle Schatten der Furcht ab, denn sie verhüllen nur eure Klarsicht – seid entschlossen und zielbewußt. Ihr solltet, um diese Entwicklung zu fördern, eure Chakren von eventuellen Blockaden,

einengenden Glaubenssätzen und negativen Energien befreien, damit
das Prana wieder frei und ungehindert durch das Kronenchakra in die
Bahnen eures *Ka* – die Energiestrukturen eures mentalen, emotionalen und physischen Körpers – und somit die Nabelschnur aus Licht
gelangen kann, die eure Verbindung zur Großen Mutter darstellt.

Denn die Kraft eures inneren Lichts entfaltet sich am besten, wenn
ihr innerlich vollkommen gelöst und »geerdet« seid – nur so könnt ihr
eure ganze Stärke effektiv zum Wohle Gaias und eurer gesamten Gemeinschaft einsetzen und eure wunderbare Erde in die vierte Dimension
geleiten.

Haltet euch bitte stets vor Augen, wie ungemein wichtig es ist, daß
ihr euch euren Ängsten stellt und sie genauestens analysiert und untersucht, um sie schließlich endgültig aufzulösen. Ihr müßt den Stachel
der Angst entfernen, der nicht nur tief in eurem Innern steckt, sondern
euch sein Gift auch durch alle möglichen schmerzhaften Erinnerungen
und Erfahrungen einflößt, zu denen ihr in energetischer Verbindung
steht.

Denn es ist nun wahrlich an der Zeit, voller Vorfreude auf das zu
blicken, was euch alle hinter dem Neuen Horizont erwartet, der an
Herrlichkeit und Strahlen alles euch Bekannte weit übertreffen wird –
denn ihr eilt nun unaufhaltsam auf das gleißende Leuchten der Universalen Quelle zu, ihr Lieben … dem reinen Glanz des Ewigen Lichts
entgegen.

Doch die Vorstellung, alles Materielle, alle Genüsse und Freuden eures
physischen Lebens für etwas gänzlich Unbekanntes einfach zurückzu-
lassen, ist und bleibt verständlicherweise beängstigend. Außerdem fragt
ihr euch natürlich, wie denn der Wandel sich konkret vollziehen wird
und was euch persönlich dabei erwartet.

Werdet ihr diese »Prüfung« bestehen … oder aber wird Ra sich
von euch abkehren?

Der Prozeß des Aufstiegs als solcher wie auch seine Einflußnahme auf euer aller Schicksal erscheint euch nach wie vor rätselhaft, so wie auch das, was euch (von einem sehr pragmatischen Standpunkt aus betrachtet) persönlich erwartet, sich naturgemäß eurer Kenntnis entzieht.

Wer wird sich für den Übergang entscheiden, wer für den Tod – und wer wird beides ausschlagen? Unterliegt dies überhaupt eurer Entscheidungsfreiheit, eurem freien Willen – oder aber ist alles bereits beschlossen, hat eure Seele schon für euch gewählt?

Wird es einen Unterschied geben zwischen Aufstieg und Tod? Wird es eine leidvolle oder eine ekstatische Erfahrung sein ... und werdet ihr diese Wandlung *überhaupt* bewußt wahrnehmen?

Auch wir haben all diese Zweifel und Bedenken durchgemacht. Wir sind mit eurer Furcht bestens vertraut, mit all eurer Besorgnis und Unruhe, mit der ihr nun dem Geheimnis eurer Unsterblichkeit entgegengeht, das euch direkt jenseits der Tore der euch bekannten dritten Dimension erwartet.

Laßt uns also nun aus einem umfassenderen, ganzheitlichen Blickwinkel einmal das wahre Wesen und die Bedeutung allen Seins betrachten, um unser aller Bestimmung im Großen Kosmischen Plan besser zu begreifen.

* * *

Betrachtet die Natur der All-Einheit: Sie ist der Urquell; die Monade – das Unteilbare; sie ist der Universale Geist; das Ewige Feuer; Gott.

Und entgegen allen Mythen und aller wissenschaftlichen Dogmen gibt es einen *Beginn* der Schöpfung – einen »Urknall« – ebensowenig wie eine Apokalypse. Denn das Große Ganze (*Alles Was Ist, Was Jemals War und Was Ewig Sein Wird*) ist allumfassend, zeitlos und absolut unendlich. Und schon der bloße Versuch, es in Kategorien oder Begrifflichkeiten zu fassen, führt uns bloß unsere eigene Begrenztheit vor Augen.

Jede bewußte Lebensform ist durch ihre vermeintliche Individualität in ihrer Wahrnehmung eingeschränkt – durch dieses »Ich«-Gefühl, das vermeintliche Getrenntsein, das den Uneingeweihten die zugrundeliegende Einheit nicht sehen läßt.

Jeder einzelne Funke des Göttlichen Bewußtseins ist ein perfektes Abbild der All-Einheit und umfaßt dieselben Facetten, Dimensionen und kosmometrischen Proportionen, die jede Schicht des Weltalls prägen. Und jeder dieser Funken, jede Ausdrucksform des Universalen Bewußtseins, ist für sich genommen ebenfalls ein Schöpfer und wirkt permanent an der Erschaffung und Neuerschaffung des Ganzen mit.

Ihr alle seid solche Funken; ihr alle seid Schöpfer zahlloser Universen (ebenso wie ihr wiederum aus zahllosen Universen hervorgegangen seid!), und euer Körper ist die Manifestation eures Göttlichen Kerns.

Tod und Geburt wohnen euch allen als schaffende Kräfte inne und vollziehen sich ständig und auf vielfältigste Weise. Zellen sterben ab, damit neue entstehen können. Bestimmte Bakterienstämme dämmen sich gegenseitig ein und halten so ihre Populationen im Gleichgewicht; Parasiten bevölkern euren physischen (wie auch euren astralen) Körper, reinigen ihn in einer perfekten Symbiose von Abfallstoffen und tragen so zu eurer ständigen Erneuerung bei.

Alle Dinge besitzen einen natürlichen Ausgleich von Sterben und Geburt, Aufbau und Zerfall, Aktivität und Passivität, Hitze und Kälte. Bewußtsein kristallisiert sich und zerfällt wieder – im ewigen Zyklus des Lebens. Alles entfaltet sich gemäß dem Universalen Plan; alles Sein unterliegt dem fortwährenden Rhythmus von Ebbe und Flut des Kosmischen Ozeans, entwickelt und verändert sich im ständigen Streben nach Läuterung und Vollkommenheit.

Dieser Ganzheit – diesem Zustand vollkommener Perfektion und Gewahrseins, der Quelle des Seins – entspringt die unermeßliche Universale Kosmometrie, die als Grundplan aller Existenz *selbst-bewußte* Einheiten dieser Urkraft hervorbringt: Wesenheiten mit einem »Ich«-Gefühl – Funken des Kosmischen Feuers.

So sehen wir die »Seele« – als Funke, der von der Ewigen Flamme der Schöpfung abspringt, um sein Licht durch zahlreiche Existenzen und Erfahrungen scheinen zu lassen; der nie verlöscht, sondern schließlich mit all seiner Weisheit und Erleuchtung – mit seinem eigenen, selbstgeschaffenen *Universum* – zurückkehrt zu seiner Quelle.

Dieser Funke brennt der Spirituellen Spirale seinen Pfad ein und durchstrahlt die gesamte Matrix des kosmometrischen Aufbaus – die Bewußtseinsstrukturen, die den Körper der All-Einheit weben. Wenn die Seele sich zu Beginn ihrer Reise hinab in das große Nichts stürzt, leuchtet ihr Licht noch sehr schwach, und in dieser Phase formt sie die materiellen Welten.

Eine solche energetische Dichte umfängt derzeit eure Sonnengottheit Ra, und diesen niederfrequenten Schwingungsbereich werdet ihr nun bald verlassen. Diesen Weg geht letztendlich der gesamte Makrokosmos ... und somit auch ihr, denn ihr seid die mikrokosmische Widerspiegelung der Großen Kosmischen Seele.

* * *

Die Seele reist zunächst also als reine Bewußtseinsform durch die Weiten des Universums, bis sie sich schließlich für den Eintritt in die materielle Welt und eine konkrete Gestalt entscheidet.

Diese erste Manifestation ist für das innerste Wesen dieser Seele ein zutiefst einschneidendes Ereignis, hat sie doch noch keinerlei Erfahrung mit physischen Formen und einer niederfrequenten Umgebung. Die dort herrschende Gegensätzlichkeit ist überwältigend und neu für sie, und oft läuft eine solche Seele wagemutig und unbesonnen mitten hinein in die dunkelsten Winkel, um Absonderung und Polarität in ihrer ganzen Intensität zu durchleben.

Weil sie sich noch vollkommen unbedarft durch die physische Realität bewegt und deren Gesetzmäßigkeiten noch nicht durchschaut, vergrößert sie die polare Diskrepanz durch all ihr Tun und Denken, während die älteren Seelen – die diese Sphären zu verlassen trachten oder sich auf eine erneute Inkarnation vorbereiten – eben diese gegensätzlichen Kräfte aufzulösen suchen.

Vielleicht ist es euch nicht entgangen, daß während der letzten zwei Jahrzehnte eurer Zeitrechnung eine große Menge »junger« Seelen in eure Wirklichkeit getreten ist. Aus dem, was wir euch über den Rhythmus des Lebens und die Bedeutung ständiger Erneuerung und Wandlung erzählt haben, solltet ihr den Grund hierfür eigentlich selbst erschließen können – doch laßt uns trotzdem kurz darlegen, welches Motiv wir persönlich für diesen Ansturm neuer Seelen verantwortlich machen.

Die intensive Polarität, die Gaias Wandel in ihrem mentalen, emotionalen und physischen Körper zeitigt, wie auch die große Uneinigkeit der Menschheit unter sich, zieht neue Seelen geradezu magisch an … da sie durch diese dynamischen Prozesse ihre eigene Entwicklung zu beschleunigen hoffen. Die Wellen dieser gegensätzlichen Energien vibrieren durch den gesamten Kosmos, und diese enorme Spannung – diese einmaligen Vorraussetzungen für evolutionäre Quantensprünge – ist in allen Sphären zu spüren.

Normalerweise steht die Zahl der Seelen, die eine Welt verlassen, in harmonischem Verhältnis zur Zahl der »Neuankömmlinge«. Gegen Ende eines bestimmten Zeitalters jedoch – wie beispielsweise bei eurem Übergang vom Fische- zum Wassermann-Zeitalter – überwiegt die Anzahl der eintreffenden Seelen. Denn solche energetischen Umbrüche dienen als Anziehungspunkt für alle neuen Funken, die ihre unglaubliche Reise als »Ich«-Einheiten – ihre »kosmische Rückkehr« – angetreten haben.

Die gleichzeitige Vollendung verschiedener Perioden, wie sie euch bevorsteht, übt natürlich eine ganz besondere Faszination aus – fällt doch der Aufstieg eures Sonnensystems mit dem Anbruch eines neuen, bedeutsamen Zeitalters zusammen.

Unter den Inkarnationen der letzten Zeit befindet sich auch eine große Zahl bemerkenswerter Kinder, die wir als Angehörige der »Hohen Violetten Seele« bezeichnet haben. Verwechselt dies jetzt aber bitte nicht: Bei diesen Kindern handelt es sich nämlich *nicht* um die oben beschriebenen neuen Seelen – vielmehr sind diese Kinder kristallisierte Lichtwesenheiten, die aus freiem Willen in die dritte Dimension zurückgekehrt sind, um euch durch die Wirren der kommenden Stürme zu helfen, die euer universales Verständnis neu definieren werden.

Diese »Wunderkinder« sind Abgesandte des Lichtbundes und stehen ganz im Dienste Gaias – und sie werden noch auf der ganzen Welt von sich reden machen, denn sie werden es sein, die das elektromagnetische Netz des Machtkartells mit dem Licht ihres Bewußtseins durchwirken und allein durch ihre innere Kraft auflösen.

Doch auf den strahlenden Glanz der Hohen Violetten Seele wollen wir in einem späteren Kapitel noch ausführlicher zurückkommen, wenn wir den bevorstehenden Wandel und das Los derjenigen genauer darlegen, die mit Gaia aufsteigen werden.

Ihr könnt euch jetzt ein ungefähres Bild davon machen, warum sich so viele Wesen, so viele fremde Seelen, von der Erde und den ihr verwandten Planeten angezogen fühlen, welche in ihrer Gesamtheit die Chakren des »Solaren Logos« darstellen – der Seele eures Sonnensystems, dessen physisches Herz Ra selbst ist. Jede Menge heller und dunkler Entitäten aus dem gesamten Kosmos versammeln sich, um dieses universale »Schauspiel« in der Manege eurer Sonnengottheit zu verfolgen. Sie alle befinden sich in eurer unmittelbaren Nähe – und warten nur darauf, mit euch in Kontakt zu treten, bevor der Wandel sich vollzieht. Auch dessen werdet ihr in Kürze gewahr werden.

Denn trotz allem, was eure Regierungen euch über außerirdische Existenzen zu verschweigen trachten, könnt ihr euch sicher sein, daß euer Sonnensystem in Wahrheit von intelligentem Leben nur so wimmelt. Die Führungsspitze eurer offiziellen Machthaber ist über außerirdisches Leben übrigens bestens informiert – schließlich erhält sie ihre Anweisungen direkt von den Annunaki-Nachkommen des Establishments.

Diese außerirdischen Verbindungen sind für sie äußerst profitabel, gehen jedoch auf Kosten all der unschuldigen Menschen und Tiere, die als »Labormaterial« für außerirdische Forschungsprojekte herhalten müssen. Dies ist inzwischen ein offenes Geheimnis – denn die enorme Menge verstümmelter Tiere wie auch die Anzahl außerirdischer Entführungen läßt sich einfach nicht länger vertuschen, auch wenn die Medien in blindem Gehorsam gegenüber den Machthabern noch immer ebenso einmütig wie schweigsam über dieses brisante Thema hinweggehen.

Doch auch lichtwirkende Wesenheiten anderer Welten nehmen Anteil an den tiefgreifenden Wandlungen eures kosmischen Quadranten. Ihr besonderes Augenmerk gilt hierbei den Planeten Venus, Erde, Mars, Saturn und Jupiter sowie einigen Monden, auf denen ebenfalls Leben herrscht.

Eure »nähere« Verwandtschaft innerhalb der großen galaktischen Familie – die wir als die »StRAhlenden« bezeichnen – versuchen ebenfalls mit euch in Verbindung zu treten, doch werden ihre Funksignale als überwiegend wertlos und uninteressant erachtet und, wie so vieles andere auch, weitestgehend unter Verschluß gehalten.

Aber hättet ihr nicht vielleicht einmal etwas aufmerksamer hinhören sollen?

Viele StRAhlende werden nämlich ebenfalls mit euch zusammen aufsteigen und sich euch im Rahmen dieses Wandels in ihrer ganzen Schönheit präsentieren, so wie ihr euch ihnen – denn erst die zeitlosen Strukturen der vierten Dimension bringen euer wahres Wesen in seiner ganzen Pracht zur Geltung.

Und zahllose Lichtwesenheiten verschiedenster Völker warten nur darauf, euch in die Arme schließen zu können.

Denn was euch erwartet, ist atemberaubend und absolut überwältigend, und die Möglichkeiten und Chancen, die aus all diesen Ereignissen erwachsen, sind schier unermeßlich – ihr werdet schon sehen …

* * *

Die Dynamik all dieser Veränderungen bietet in der Tat die besten Voraussetzungen für eine Unmenge neuer Wirklichkeiten, welche wiederum zahllosen Seelen – alten wie jungen – die Möglichkeit erschließen, über ihre Ego-Wahrnehmung hinauszuwachsen und so den Grenzen des holographischen Trugbildes zu entfliehen, das dieser Aspekt des Selbst erzeugt; so können sie dem Kreislauf des Karma entfliehen, um gemeinsam mit eurer Gottheit ein höheres Bewußtseinsniveau zu erlangen und zur Lichtgestalt zu erwachsen.

Für den Bund des Lichts bedeutet dies Heimkehr und Wiedervereinigung ... und das Freudengeläut, das dieses unbeschreibliche Ereignis ankündigt, schallt bereits lautstark durch den Tempel des Kosmos.

Viele bewußte Lichtwesenheiten eures Sonnensystems nutzen das energetische Potential dieser Veränderungen, um die dunklen Sturmwolken, die vom Aufbruch künden, mit der ganzen Kraft ihres Leuchtens zu teilen und so Ras Schwingungsfrequenz maßgeblich zu erhöhen.

Die vereinte Stärke eurer kollektiven Willenskraft würde einem Laserstrahl gleichen, der funkenstiebend durch Stahl schneidet – er würde mühelos den schwarzen Fels der Disharmonie zertrümmern, der die Erde unter sich zermalmt und das Strahlen eures Lichts in seinem düsteren Schatten ertränkt.

Ein ganzes Sonnensystem hat den Zyklus der physischen Existenz nunmehr nach einer geradezu unvorstellbar langen Zeit – ein Maß, das an diese materielle Erfahrung gebunden ist – vollendet und überschreitet die Schwelle zur nächsten Etappe auf der Ewigen Spirale, um einen neuen Zyklus der Entwicklung und Vervollkommnung anzutreten.

Für all die Seelen – alte wie neue –, welche die Sphären Ras, eurer Sonne, für eine physische Manifestation gewählt haben, stellt dieser Punkt des Raum-Zeit-Gefüges eine ganz außergewöhnliche Erfahrung auf ihrer Rückkehr zum Ursprung dar.

Der bevorstehende Wandel wird allen bewußten Seinsformen eures Sonnensystems als Sprungbrett hinauf zu einer höheren Bewußtseinsebene dienen, auf die wir uns hier als die »vierte« Dimension beziehen.

Doch wird es auch diejenigen geben, die von den niederfrequenten Schwingungen der materiellen Welt derart geblendet sind, daß die Mauern ihrer eigenen dreidimensionalen Bewußtseinskonstrukte sie auch weiterhin gefangen halten werden.

All die »jungen« Seelen, die sich zu den schon lange erdgebundenen – die noch immer den Reinkarnationsprozeß durchlaufen – hinzugesellen, werden nur flüchtig verweilen. Denn der Strudel, der Ra unaufhaltsam in ein neues Bewußtsein hineinzieht, reißt auch Gaia unweigerlich mit sich fort und macht sie für diejenigen, die noch dem Lauf des *Samsara* mit all seiner Polarität und schlußendlichen Erlösung unterliegen, zunehmend uninteressant. Diese Seelen werden ihre Entwicklung an anderen Orten des materiellen Universums fortsetzen.

Denn die Erde wird nach ihrem Wandel – wie auch alle übrigen Gestirne, die eure Sonne umkreisen – in der dritten Dimension nicht länger existieren.

Doch Gaia ist ewig – und wie ihr alle wird auch sie, die strahlende Göttin, ihre ganze Schönheit entfalten und ihre physische Fassade, deren Lektionen von Hell und Dunkel sie inzwischen gelernt und abgeschlossen hat, in Zukunft in einem neuen Licht und einer anderen Welt widerspiegeln.

Sollte euch bei diesen Gedanken nun Furcht erfassen und euch lähmen – dann atmet tief durch und schüttelt sie ab … und seht nicht die Finsternis, sondern das Licht.

* * *

Laßt uns nun die älteren Seelen einmal näher betrachten, da viele von euch solch erfahrende Reisende in der materiellen Welten sind, die nun mit Gaia eine neue Dimension ansteuern. Eure jetzige Existenz konzentriert sich nicht länger auf die »Ich«-Erfahrung als Individuum, sondern auf das Verbreiten des Lichts in Gemeinschaft mit anderen – denn genau darauf hat euch eure persönliche Entwicklung vorbereitet. Euer Anliegen ist es nun, allen Ziellosen den Weg zu weisen und so zur allgemeinen Bewußtwerdung beizutragen – wobei ihr selbst euch führen laßt von den Lichtträgern Höherer Welten, euren ständigen Begleitern.

Geisteskrieger, ihr tragt die Fackel der Wahrheit und leuchtet der Welt auf ihrem Weg die atemberaubende Spirale hinauf, der nächsten Phase eurer einzigartigen Entwicklung entgegen, an deren Ende ihr bereits das gleißenden Licht eures Ursprungs erahnt.

Führt euch das faszinierende Phänomen der markanten Polarität irdischer Sphären, dieser Kluft zwischen Licht und Schatten, einmal in aller Deutlichkeit vor Augen, und euch wird aufgehen, warum nicht nur so viele neue Seelen sich davon magisch angezogen fühlen, sondern ebenfalls zahlreiche alte (so wie ihr).

Und vergeßt nie – genau darauf hat eure Seele ihre Entwicklung ausgerichtet.

Ihr seid erneut gekommen, um Gaia Harmonie und Frieden zu bringen.

Durch euch, Krieger des Lichts, wird das Pendel der Polarität schlußendlich innehalten.

Nach dem Zweiten Weltkrieg gab es schon einmal eine Welle von Inkarnationen älterer Seelen, die zurückkehrten, um bei Überlebenden wie auch bei den losgelösten Seelen die Narben der Grausamkeit zu heilen und dem kommenden Zeitalter des Wassermanns den Weg zu ebnen. Auch damals kamt ihr in einer wahren Flut … und wie damals kennt ihr auch heute ganz genau eure Bestimmung. Ihr wart stets Wegbereiter – seid es auch heute wieder –, als Hüter zahlloser Geheimnisse und Wahrheiten, die nun nicht länger Geheimnisse bleiben können.

Ihr gabt Gaia Kraft und Halt, als sie durch die Zerstörungswut der dunklen Mächte aus dem Gleichgewicht geriet; ihr tratet den Widersachern in Atlantis gegenüber, so wie ihr euch heute den Söldnern der Geheimregierung entgegenstellt.

Wohl alle bewußten Wesenheiten mit einer multidimensionalen Perspektive wissen um die Bedeutung eurer Taten, und wir alle ehren und achten euch für euren unermüdlichen Einsatz in diesen stürmischen Zeiten des Umbruchs.

Ihr habt wahrlich kein leichtes Los auf euch genommen.

Der Weg, der vor euch liegt, ist überaus steinig.

Ihr alle spürt, daß ihr auf eurer Reise an einen Punkt gelangt seid, der euch den Absprung vom Kosmischen Rad der Wiedergeburt ermöglicht.

Diese Vollendung bietet euch wie auch den Universalen Gottheiten die einzigartige Gelegenheit, durch die Gesamtheit aller Erfahrungen eure ureigenste Identität zu erfassen.

Der Schleier, der sich während der Phase von Geburt und Wiedergeburt nur dann und wann einmal flüchtig hebt, wird nun gänzlich gelüftet und erschließt euch sämtliche Dimensionen – ihr seht eure Geburt wie auch die Bestimmung eurer Seele. Ihr erkennt eure Unsterblichkeit, zieht die Essenz aus all euren Erlebnissen und geht ein ins Licht.

Ihr selbst werdet zum Licht und funkelt im Glanze eures eigenen Feuers wie auch im Schein Universaler Erleuchtung. Ihr strebt die Verbindung an mit der All-Einheit, verschmelzt mit ihr und löst euch auf in ihrem Licht. Und auch, wenn euch der Vorgang selbst vorläufig noch unergründlich bleibt, so spürt ihr doch eure tiefe Verbundenheit und eure Identität mit dem Ursprung.

Denn ihr seid wahrhaftig außergewöhnlich, ihr Lieben.

Wir geben euer Licht weiter an die Höheren Welten, und alle, die es erreicht, sind berührt vom Leuchten eurer Seelen.

Sie alle berührt eure Schönheit und Stärke.

Tod und Aufstieg

Die Aufsteigenden unter euch werden den Übergang bewußt erleben und so die Charakterzüge und Wesenseigenheiten ihres Selbst von ihrem physischen Körper auf die weit ungebundeneren Formen ihrer Lichtgestalt übertragen können, während all die Seelen, die in ihrer Entwicklung noch nicht so weit fortgeschritten sind, diese Erfahrung nicht machen werden.

Ihr Ich-Gefühl und ihre Abhängigkeit von der illusorischen 3-D-Kulisse sind so stark, daß die niederfrequenten Schwingungen ihrer selbstgeschaffenen Wirklichkeit sie förmlich erstarren lassen – wie ein von der Kälte des Eises überwältigtes Mammut.

Die Entschlossenheit dieser Seelen, an den Schimären und Schatten ihrer »Wirklichkeit« festzuhalten, macht sie blind für all die großen Ereignisse, die doch so einschneidende Veränderungen für euch alle zeitigen. Um ihre Luftschlösser nicht einstürzen zu sehen, reden sie sich ein, ihr alle wärt verblendete Narren und Wirrköpfe, wenn nicht sogar gefährliche Irre ...

Durch ihre auf die fünf Sinne beschränkte Wahrnehmung legen sie sich selbst in die Ketten ihrer Gefühle und Instinkte und werden daher auch fürderhin in den Reinkarnationsprozeß eingebunden bleiben.

All diese Entscheidungen wurden, wie gesagt, bereits vor ihrer Kristallisation getroffen – auch wenn es diesen Seelen absolut frei steht, sich während ihrer physischen Existenz für einen anderen Ausgang zu entscheiden und ihre persönlichen Erfahrungen ebenfalls auf einer höheren Ebene fortzusetzen. Diejenigen jedoch, die auch weiterhin eine materielle Seinsform wählen, werden den Wandel Gaias als Tod erfahren, ihre physische Hülle verlassen und als körperlose Wesenheiten einer weiteren Inkarnation entgegensehen – dem Kurs folgend, den sie selbst festgelegt haben ... Seelenschiffe, die auf den Wellen ihres Bewußtseins über den Kosmischen Ozean kreuzen.

Diese Seelen gehen vorläufig entweder in die »Schichten« der Astralebene ein – der feinstofflichen Dimension, die der materiellen Welt am »nächsten« steht –, wo sie sich die Schwingungsfrequenz ihrer irdischen Existenz bewahren, oder aber sie dringen vor bis in die mittleren Bereiche der astralen Ebene, sollte ihre Seele das Tor dorthin durchschreiten können.

In diesem Bereich treffen sie auf ihre Seelenführer, die ihnen bei der Ausarbeitung des Grundplans ihrer nächsten Inkarnation behilflich sein werden; dies wird für sie eine Zeit der Umorientierung und Neustrukturierung, während der sie sich auf ein weiteres »Leben« mit neuen Erfahrungen und Chancen vorbereiten.

Dort haben sie auch die Wahl, entweder in den Hallen der Wandlung zu verweilen oder aber sofort weiterzureisen und eine neue Physis anzunehmen ... und somit erneut alles Gewesene, alles Wissen um Ursprung und Identität, in das Dunkel der Vergessenheit zu verbannen.

Ihre nächste Seinsform wird genauestens geplant und ausgearbeitet (da diese mit den Wellenfrequenzen der Erde möglichst übereinstimmen sollte). Die neue materielle Gestalt der Seele wird von der DNS der jeweils gewählten Eltern geformt, und auch der Erfahrungsschatz, der aus dieser neuen Existenz hervorgeht, wird sich der Seele unauslöschlich einprägen und so dem Höheren Selbst zugänglich gemacht.

* * *

Laßt uns nun die Wiedergeburt selbst betrachten.

Wenn alle Vorbereitungen getroffen sind, der neue Lebensplan aufgesetzt ist, initiiert die Seele selbst durch die Konzentration ihres Willens den Materialisierungsprozeß.

Das Energiegeflecht des Kosmos signalisiert der Seele im entsprechenden Moment der Vereinigung von Sperma und Eizelle durch Lichtimpulse, daß die Inkarnation nun stattfinden kann – und diese verbindet sich augenblicklich mit der neuen Zellformation und findet in der Wärme des Mutterleibes Geborgenheit. Die Seele durchläuft in ihrem neuen Körper embryonale Entwicklung und Geburt, um ein Ich-Bewußtsein, eine Persönlichkeit sowie die Voraussetzungen für all die Erfahrungen und Erlebnisse zu erlangen, für welche sie in diese Welt getreten ist.

Durch die Konditionierung während der Kindheit (die bereits im Mutterschoß beginnt) verankert sich die Seele fest in der Illusion ihrer neuen materiellen Existenz. Wieder einmal senkt sich der Schleier der Unkenntnis auf die Seele herab und liefert höchstens denjenigen flüchtige Einblicke in die tieferen Zusammenhänge, die die Scharfsicht ihres dritten Auges zu nutzen wissen. Und all das Freud und Leid einer mit fünf Sinnen erfahrbaren Welt, all die karmischen Verstrickungen und selbstgewählten Lektionen setzen sich nun fort und erhalten lediglich ein neues Gewand und eine andere holographische Kulisse.

Und nun betrachtet euren Aufstieg, euren ganz bewußten Sprung hinaus aus den grauen Nebeln dieses kreatürlichen Kreislaufs und hinein in das blendend helle Licht plötzlicher Bewußtwerdung – ein Licht so strahlend, daß ihr es euch nicht vorzustellen vermögt. Denn der dunkle Mantel, der euren immensen Wissens- und Erfahrungsschatz noch bedeckt hält, wird nun hinfortgerissen und gibt den Blick frei auf die Ganzheit eures Wesens.

Und in dem Wissen, der physischen Realität nun endgültig den Rücken zu kehren, verlaßt ihr die euch bekannte Welt und geht furchtlos der gleißenden Helligkeit dieses außergewöhnlichen Lichts entgegen.

Von dieser neuen »Dimension« aus werdet ihr das ganze, große Nebelmeer materieller Existenz überschauen und die Stellen ausmachen können, die für euch von Bedeutung waren: Orte, an denen ihr gewesen und mit denen ihr energetisch verbunden seid. Hier und dort wird ein hochgewachsener Baum aus dem Dunst herausragen, der einen solchen Haltepunkt auf eurer Reise markiert, und obwohl alles trüb und verhangen ist, erkennt ihr diesen Platz doch wieder. Ihr seht, daß gerade dieser Baum des großen Schicksalswaldes besonders wichtig für eure Entwicklung war.

Aus der vierten Dimension heraus werdet ihr eine ganzheitliche Perspektive haben; ihr werdet all eure Existenzen und Seinsformen überblicken und »Schauplätze« eurer Kristallisationen ausmachen können – einen speziellen Baum etwa; einen Bereich, den ihr lediglich am Geruch wiedererkennt; die Farben eines Regenbogens ... die urplötzlich eine Erinnerung wiederaufblitzen lassen; vielleicht auch einen Turm, den ihr bewohnt habt; möglicherweise unternehmt ihr Höhenflüge, die ihr aus den Niederungen eurer Erfahrungen heraus nie für möglich gehalten hättet ...

Ihr blickt auf diese Welt zurück und erkennt mit einem Mal, daß all diese vertrauten Orte und Etappen eine ganz bestimmte Route abstecken, die euch zielsicher zu eurem neuen Bewußtsein hingeleitet hat.

Und voller Erstaunen findet ihr nun die Bestätigung für eine multidimensionale Tatsache, die ihr vormals nur erahnen konntet: daß nämlich eure karmische Wiederkehr in die stoffliche Welt keineswegs linear verlaufen ist.

Ihr seht schlagartig, daß der gesamte Reinkarnationsprozeß, den ihr als eine Abfolge verschiedener Lebenszeiten empfunden habt, in Wahrheit eher wie ein großer See ist, in den ihr an unterschiedlichen Stellen immer wieder eintaucht, so daß sich zwar eure Perspektive, nicht jedoch die Essenz des Erlebnisses ändert. Und dies läßt euch erkennen, wir ihr maßgeblich auf die gesamte kosmische Struktur einwirkt, denn die Wellen, die bei eurem Verschmelzen mit den Wassern entstehen, werden zu den unauslöschlichen Mustern eurer – mal friedvollen und harmonischen, mal dunklen und bedrohlichen – Erfahrungen, die eurer Seele somit auf ewig zugänglich bleiben.

Wenn ihr erst einmal im Glanze dieses neuen Lichts badet, wird euch auch aufgehen, welch gewichtigen Schritt ihr getan habt – denn die

Schule der stofflichen Welt liegt nun endgültig hinter euch. Alte Ängste und Zweifel sind überwunden, und vor euch entfaltet sich die ganze Herrlichkeit ewiger Erleuchtung.

Für Ra, die aufsteigende Gottheit, präsentiert die Milchstraße dieses Nebelreich materiellen Seins, und auch er hat während seiner physischen Existenz Erstaunliches und Gewaltiges hervorgebracht und gelernt – Erfahrungen, die auch er nun zurückläßt. Denn auch der *Solare Logos* – die Große Seele eures Sonnensystems – wird nun bald auf die Wegmarken seiner Reise hinabschauen können und die energetischen Strukturen wahrnehmen, die er dort gewoben hat ... genau wie ihr, wenn ihr auf diese wolkenverhangene Landschaft zurückblickt. Und auch diesem Geist wird seine wahre Herkunft und Natur aufgehen – er wird erkennen, daß er weder die einzige noch die hellste Fackel des Universums war, sondern immer schon ein bloßer Funke der Ewigen Kosmischen Flamme.

So präsentiert sich die wahrhaft atemberaubende Selbsterkenntnis aller, die furchtlos den letzten, großen Schritt ihrer langen Wanderung getan haben, dessen Ziel ihre Seele vor Ewigkeiten bereits kannte.

Je mehr sich euer Blick über die illusionsverhangenen Sphären irdischer Existenz erhebt, desto intensiver nehmt ihr den parallelen Verlauf vermeintlich »vergangener Leben« und Erfahrungen wahr. Ihr könnt zwar weiterhin einzelne »Verortungen« in dem Gemenge stofflichen Seins ausmachen, erkennt jedoch nun die »Gleichzeitigkeit« all dieser Daseinsformen: Denn sie alle finden quasi nebeneinander statt und sind miteinander verknüpft.

Und dann wird sich euch ebenfalls offenbaren, daß die Erinnerung an frühere Existenzen nichts weiter ist als die faszinierende Fähigkeit eures Bewußtseins, eine Resonanz zwischen eurer Seele und bestimmten »Punkten« des Universums herzustellen – Punkte, an denen die Musik eurer Seele mit den Akkorden des Kosmos unisono zu vernehmen ist.

Der Vorgang an sich läßt sich mit einem Opernsänger (= eurer Seele) vergleichen, der sich auf den Großen Pianisten (= den Kosmos) einstimmt, welcher den Grundton vorgibt. Das Kehlchakra wird hierbei animiert, seine »Instrumente« Töne derselben Frequenz erzeugen zu lassen.

Ebenso gibt euer Geist bestimmte Kadenzen vor, die eure Zellen auf den Saiten ihrer DNS reproduzieren und die in den Weiten des gesamten Kosmos auf ewig nachhallen ... bis in die Sphären paralleler Welten.

Das ganze Universum vibriert, ist Musik – eine gewaltige Symphonie, ein Zusammenspiel von Akkorden und Tonfolgen, vereint zu einem großen Kosmischen Konzert. Ihr alle seid die Partitur, seid die Noten, die Assonanz auf die Vorgaben des Großen Maestro, der alles zu einem harmonischen Ganzen zusammenfließen läßt – das ebenso wie die einzelnen Töne eure Identität darstellt, da dieses einzigartige Orchester euch alle überhaupt erst ins Leben spielt.

Ihr alle könnt diese Musik in euch vernehmen.

Und ob der Gesang nun dumpf und düster aus den Tiefen einer schwarzumflorten Seele heraufdringt oder aber hell und klar wie Lautenklänge emporsteigt ... eure Stimme ist ewig.

Kinder des Universums, eure reinen Seelen kennen ihr Ziel.

Und ob zaghaft oder stürmisch, lärmend oder scheu ... sie alle streben nach Hause.

DIE DNS UND DIE KRISTALLINEN WASSER EURES WESENS

- Kapitel Fünfzehn -

Inzwischen weiß die Menschheit über die genetischen Baupläne des Lebens – die »Schöpfungsmathematik« – genug, um diese verändern zu können. Dieses Wissen, das der Atlantischen Hochkultur entspringt und (vorübergehend) in Vergessenheit geraten war, eignet ihr euch nun wieder an (denn tatsächlich ist es ein Teil eurer »Erinnerung«), um – von Molekulareinheiten bis hin zu komplexeren Organismen wie dem Menschen selbst oder auch außerirdischen Lebensformen – neue biologische Strukturen zu erschaffen und bereits existierende maßgeblich zu verändern.

Neben der ägyptischen und der Maya-Kultur verfügten noch zahlreiche weitere Zivilisationen eurer Geschichte über diese Befähigung, und nun erweckt *ihr* sie buchstäblich erneut zum Leben. Dieses Wissen vermittelt euch die Göttlichen Formeln – die Grundlage physischen Seins –, die Leben schaffen, welches sich dann aufgrund der ihm innewohnenden Kosmometrie selbständig zu immer neuen Formen weiterentwickelt.

Eigentlich jede fortschrittliche Kultur gelangt einmal an die Schwelle, die sie schließlich über die Materie hinausträgt und an der sich ihr die großen Rätsel aller Existenz endlich zu enthüllen beginnen – die Geheimnisse des menschlichen Seins, der ganzen menschlichen

Gemeinschaft und letzthin auch die tieferen Wahrheiten der Großen Kosmischen Seele.

Leider jedoch wird dieses großartige Potential durch die materialistische Weltsicht eurer Wissenschaft und ihrer arroganten Leugnung eines beseelten Universums respektlos mißbraucht – während man euch allen einzureden trachtet, all ihre gentechnologischen Maßnahmen dienten dem Fortschritt und seien unausweichlich für den Fortbestand der menschlichen Rasse ... und weit Unaussprechlicheres noch braut sich hinter den sorgfältig verschlossenen Türen zusammen, hinter denen eifrig an biologischen Kampfstoffen und menschlichen Robotern gebastelt wird, die bald schon offiziell zum Einsatz kommen werden.

In einer harmonischen Welt, in der sich alle Aspekte im Gleichgewicht befinden, hindert die Achtung vor der Vollkommenheit des Göttlichen Plans die dunklen Kräfte daran, sich solcher Technologien für ihre bösen Absichten zu bemächtigen – und durch eine geradezu groteske Manipulation genetischer Codes diesen Großen Plan zu pervertieren und dadurch die energetischen Strukturen des Universalen Bewußtseins zu stören und zu schwächen. Wo diese Harmonie – diese Ehrfurcht vor der Schöpfung – jedoch nicht besteht (so wie an eurem Punkt der Evolution), wird der Gleichklang empfindlich gestört, und diese Dissonanz überträgt sich auf den gesamten Kosmos.

Eure gegenwärtige Feuerprobe läßt euch alle zu Zeugen dieses Wahnsinns werden, dieser skrupellosen und mutwilligen Zerstörung des einst so blühenden Gartens Eden, die Gaias unsterblicher Seele ein blutiges Mal einbrennt.

Denn die Grenze, die ein *gottgleiches* Mitwirken am universalen Schaffensprozeß von der Anmaßung und dem *Verrat* am Großen Plan trennt, ist hauchdünn und leicht zu übertreten. Diese Grenze stellt in der Tat eine ernsthafte philosophische Streitfrage dar und bietet mehr als genug Stoff und Anlaß für theosophische Auseinandersetzungen, und die Menschheit sollte sich intensivst der Brisanz dieses Themas stellen, um auf diese Weise zu neuen Einsichten über ihre Identität zu gelangen – und vor allem zu einer neuen, bewußteren Einstellung dem Schöpfungsakt gegenüber.

Die Sirianischen Weisen und ihre am Großen Experiment beteiligten Gentechniker bekamen zu spüren, was es heißt, diese Grenze zu überschreiten – nahmen sie doch dadurch nicht nur maßgeblich Einfluß auf das Karma ihres eigenen Volkes und zahlreicher anderer Welten, sondern prägten durch die niederfrequenten Schwingungen, die in das Projekt einflossen, auch das Schicksal und die seelische Struktur der menschlichen Sternensaat ganz erheblich.

Während die Fäden Göttlichen Lichts, mit denen das kristalline Gefüge eurer DNS durchsponnen ist, aus Höheren Dimensionen stammen (von der Allianz also, die Engelskrieger, Andromeda-Bund, Erleuchtete Meister, Sirianische Weise, Plejadische Lichtgesandte sowie Lichtwesenheiten der siebten, achten und neunten Dimension bildeten), steuerten andere, wie beispielsweise die Engena, die biochemischen Aspekte eurer Rasse bei, um auf diese Weise den Fortbestand ihres Volkes zu sichern.

Denn trotz aller Veränderungen, die das neue Umfeld in ihrem genetischen Material zeitigen würde, bliebe dieses doch ein unveräußerlicher Teil eures Erbes.

Der Erhalt ihrer Rasse war der vorrangige Beweggrund ihres Mitwirkens – und dieses wahrlich dreidimensional-instinkthafte Ansinnen stellte einen wesentlichen und bedeutsamen Aspekt für euren Entstehungsprozeß dar. Leider jedoch floß damit auch gleichzeitig die Empfänglichkeit für zahlreiche Ängste (der polare Gegenpart des positiven Überlebenswillens, der für euren Fortbestand in der Wildnis Gaias durchaus von Vorteil war) in euer Bewußtsein ein und prägte euer Wesen nachhaltig.

Als sich dann auch noch das elektromagnetische Netz um euch schloß und die zehn lichtkodierten Stränge eurer DNS deaktivierte, traten die elementaren Schwächen eurer vier Ur-Rassen zunehmend deutlicher hervor. Schließlich wart ihr in der Ambivalenz des einerseits hohen, andererseits extrem niedrigen Frequenzbereichs eurer genetischen »Erinnerung« förmlich gefangen, während das von den Annunaki erzeugte elektromagnetische Feld euch noch zusätzlich lähmte.

So bannte man euch bereits kurz nach eurer Geburt in ein machtvoll gesponnenes Netz – das sich jedoch nun (trotz all ihrer verzweifelten Gegenmaßnahmen) endgültig im gleißenden Licht löst, welches Ras sich erhebender Seele entströmt.

Die Sirianischen Weisen übersahen die folgenschwere Tatsache, daß der subtile Einfluß des Ego-Aspekts sich selbst in die lautersten Absichten zu stehlen vermag, um diese zu verzerren und das Resultat eines Schaffensprozesses maßgeblich mitzuformen und so komplexe karmische Bande zu schmieden, die nur unter großen Schwierigkeiten wieder zu lösen sind.

Denn in ihrem Bestreben, euer Universum im Glanze ihres Lichts und ihrer Liebe erstrahlen zu lassen, unterschätzten sie schlichtweg die Tatsache, daß eine aufrichtige, jedoch vom Ego gefärbte Gesinnung diese Nuance stets mitvermittelt und so die Strukturen der Zeitlosigkeit nachhaltig prägt, Entwicklung und Ausgang von Ereignissen mitbestimmt und so die kristalline Gestalt der materiellen Welt maßgeblich formt.

Wir haben aus den hart erworbenen Lektionen unserer Ahnen gelernt und können daher nicht oft genug betonen, wie wichtig es ist, euch mit jeder Facette eures Seins der Erfüllung des Großen Plans zu widmen und so als Heiler, spirituelle Führer oder auch als Krieger des Lichts der großen Gemeinschaft zu dienen. Dies ist nicht nur für eure persönliche Erfahrung und die Heilung Gaias von höchster Bedeutung, sondern auch und ganz besonders für die kollektive Seele eures Volkes … denn euer aller Tun und Denken erzeugt ein nie verhallendes Echo, das von allen Atomen und Dimensionen der Ewigkeit zurückgeworfen wird.

Im Grunde spricht nichts dagegen, daß ihr die göttliche Erfahrung bewußter Formung und Veränderung von Leben macht – denn auch dies ist ein Teil eures spirituellen Wachstums, wie auch eure Sehnsucht nach dem Ursprung und euer Streben nach einem tieferen Verständnis kosmischer Verflechtungen diese Entwicklung zum Ausdruck bringen. Doch müßt ihr wissen, daß all eure Reagenzgläser und Petrischalen und all der Eifer eurer Wissenschaftler euch diese Erfahrung nicht vermitteln können – da der Vorgang als solcher hierbei »entseelt« wird und die kühle Sachlichkeit des verödeten Forschergeistes allein auf ein »objektives« Resultat ausgerichtet ist.

Die wahre Umwandlung von Materie (die sich in alten Lehren hinter der Verschlüsselung »Blei in Gold verwandeln« verbirgt) ist die willentliche Beeinflussung eines Objekts, dessen energetisches Feld auf diese Weise (und unter der Voraussetzung, daß dem Höheren Plan damit gedient wird) so dramatisch intensiviert wird, daß der Gegenstand entweder seine Gestalt ändert oder aber gänzlich verschwindet!

Denn eure wahre Göttlichkeit offenbart sich jedesmal dann, wenn ihr durch die bloße Kraft eures Bewußtseins – auf stofflicher oder gedanklicher Ebene – eine Erhöhung der Schwingungsfrequenz herbeiführt. Sie offenbart sich außerdem, sobald ihr euch auf all die Perfektion und Schönheit einlaßt, die euch umgibt: sei dies nun der Duft der Rose, der Gesang eines Vogels oder die Farben des Regenbogens.

In solchen Augenblicken höchsten Gewahrseins nämlich »spielt« ihr nicht einfach nur Gott, wie es etwa eure Wissenschaftler in ihren Laboratorien tun: in solchen Momenten ist euch bewußt, daß **ihr Gott seid** – in allen Reichen des Kosmos –, denn ihr haucht den Universalen Strukturen Leben ein, wie wir einst euch eine Seele eingehaucht haben ... so wie das Höhere Bewußtsein die Sphären der All-Einheit erfüllt und belebt.

* * *

Der unermüdliche Eifer, mit dem sich eure Genforscher an die Entschlüsselung der Erbsubstanz machen, um sie dann zu verändern, spiegelt auf perfide Weise die immense Gegensätzlichkeit eurer Welt wider:

Einerseits künden all die mathematischen und biochemischen Formeln – die »Sprache« der Schöpfung – davon, daß die Geheime Weisheit nun langsam in euch allen wieder erwacht – als Ausdruck des erhabenen Wesens, das sein verborgenes Potential entdeckt; andererseits jedoch stellt der eklatante Mißbrauch dieser Gaben, der harsche Eingriff in natürliche Abläufe, keineswegs einen Dienst an der Schöpfung dar, sondern zeigt einmal mehr die Rücksichtslosigkeit viel zu vieler Menschen auf … kalt und hart und glänzend wie ein polierter, tiefschwarzer Onyx.

Und genau deshalb solltet ihr, die Erwachenden, die DNS sowie die Zusammenhänge innerhalb dieses Bauplans eingehend studieren und verinnerlichen, und euch die Veränderungen in diesen Strukturen vor Augen führen, die sich überall in eurem Sonnensystem (und nicht nur auf der Erde, sondern auf *allen* bewohnten Planeten) zeigen – wie ihr auch ebenfalls Licht auf die dunklen Machenschaften werfen solltet, die in den gut verschlossenen Laboratorien des Establishments ausgeheckt werden und deren Folgen euch letztlich alle treffen.

Zum Glück jedoch gibt es auch noch eine andere Gemeinschaft von Wissenschaftlern, welche die Universale Seele zum Ausgangspunkt ihrer Untersuchungen erklärt haben und die Spiritualität und Wissenschaft – Intuition und Ratio – zu verbinden trachten, um sich so die Weisheit des Kosmos zu erschließen. Und es sind diese Freidenker – die Quantenphysiker –, die euch durch ihre holistischen Forschungen das multidimensionale Universum wie auch eure eigene dreidimensionale Realität näherbringen und euch somit das wahre Wesen allen Seins erhellen.

Und in zunehmendem Maße wird euch dadurch das Wunder bewußt, das aus der intelligenten und hochkomplexen Kosmometrie der Schöpfung heraus eure physische Gestalt formt – und somit die Essenz eurer Seele mit der Erbmasse eurer Familie und eurer ganzen Rasse (wie natürlich auch eurer außerirdischen Ahnen) in einer exquisiten Kristallisation vereint. Das Universale Bewußtsein hat sich in jede Zelle eures Körpers eingeschrieben: in Form eurer DNS. Eure feinstofflichen Aspekte wie auch die Dichte eures materiellen Körpers (wenn man hier überhaupt von »Dichte« sprechen kann) bilden mit unglaublicher Präzision eine numerisch-rhythmische Komposition von geradezu perfekten kosmometrischen Proportionen.

Diesen unabhängigen Wissenschaftlern steht jedoch eine ganze Reihe von Genforschern gegenüber, die von den Annunaki finanziert und geleitet werden und somit mehr oder weniger ahnungslos deren üblen Absichten dienen. So mancher von ihnen hat es sich zur Lebensaufgabe gemacht, DNS-Proben von allen irdischen Lebensformen zu nehmen, zu katalogisieren und zu konservieren, ohne auch nur zu ahnen, daß solche Projekte nur deshalb von der Regierung subventioniert werden, um die Artenvielfalt der Erde – via Mond, dem »Zwischenstop« der geheimen Machtelite auf ihrem Weg ins All – auf einem anderen Planeten neu entstehen zu lassen.

Andere Wissenschaftler dagegen haben sich ganz offen den infamen Zwecken der Annunaki und deren außerirdischen Kollaborateuren verschrieben, die noch immer darauf aus sind, sich für ihre Kolonien in anderen Welten den perfekten Arbeitssklaven heranzuzüchten. Einige dieser von der Regierung angestifteten Forscher unterstehen den Zeta-Retikulanern, die für ihr »Projekt« (der Degeneration ihrer eigenen Rasse entgegenzuwirken) in zunehmendem Maße auf menschliche Samen- und Eizellen angewiesen sind – Material, das sie sich durch Entführungen »organisieren«.

Wieder andere haben vor allem hochdotierte Auszeichnungen vor Augen, wenn sie sich den unglaublichen Wissensfundus, der dem Bauplan der Schöpfung zugrundeliegt, für die Elaborierung auf organischen Molekularstrukturen basierender sogenannter »Biochips« zunutze machen, die so winzig sind, daß eine Billion von ihnen in ein einziges Reagenzglas paßt.

Eine solche DNS-Computereinheit (eine biotechnologische Errungenschaft, die die Testphase schon lange hinter sich hat) kann über sechzig Milliarden Operationen pro Sekunde ausführen. Diese mechanisierte Steuerung der Molekularebene eurer ureigensten Intelligenz bildet den »Clou« ihrer geheimen Spitzentechnologie.

Allein ein Kubikzentimeter eurer komplizierten DNS-Doppelspirale – die materielle Manifestation eurer zellulären Intelligenz – kann mehr Daten speichern als über neunhundert Milliarden eurer herkömmlichen CD-ROMs. Es erfordert nicht viel Phantasie, um sich vorzustellen, daß dies ein hochinteressanter Fakt für all die Tüftler ist, die den Menschen gern zu einer computergestützten Maschine aufrüsten würden.

Die Mechanismen, auf denen die enorme Speicherkapazität eurer Zellen – den Trägern der »datenverwaltenden« DNS-Moleküle – beruht, sind besonders ins Blickfeld dieser Forscher geraten.

Die einzelnen DNS-Moleküle der Doppelhelix – das Fundament eures Erbguts – speichern Daten auf der Basis von vier chemischen Grundelementen, die von eurer gegenwärtigen Wissenschaft mit den Buchstaben A, T, C und G bezeichnet werden, die für die vier organischen Basen Adenin, Thymin, Cytosin und Guanin stehen. Diese dienen zum einen als »Gedächtnis« von enormem Umfang, und zum anderen stellen sie eine Art Formel dar, die sich in eine hochkomplexe biotechnologische Terminologie umsetzen läßt – welche die Molekulartechnologie gerade erst zu entschlüsseln beginnt.

Dieser Bereich der Technologie träumt von einem organischen Datenverteilernetz aus biotechnologischen Computerzellen – eine Vision, die einen rationalen Zugang zu dem Wunder sucht, das wir euch von einer tiefergehenden Ebene aus zu erschließen versuchen: die Fähigkeit des menschlichen Bewußtseins, jedes einzelne Molekül des Organismus zu beeinflussen und auf diese Weise Körper und Geist radikal umzuformen.

Versucht nur einmal, euch vorzustellen, was eine zwölfsträngige DNS (vier auf perfekte Weise interagierende Licht-Tetraeder) hervorbringen könnte ... was die vermeintlich überflüssige »Junk«-DNS eurer

Erbsubstanz – dieses inaktive Material, das angeblich keinem besonderen Zweck dient – an gestalterischem Potential enthält.

Versucht, euch die ganze Schöpferkraft auszumalen, die in jedem einzelnen Mitglied eurer Rasse angelegt ist – und seht, welche Größe und welche Macht euch allen innewohnt.

Wir wollen euch nun einmal genauer die Strukturen eures sich entfaltenden zellulären Bewußtseins und der erst in wenigen von euch wieder aktiven lichtkodierten DNS darlegen, damit ihr besser nachvollziehen könnt, wie sich die Öffnung dieser noch verschlossenen Stränge äußern wird: Zunächst werden sich Dreierverbindungen bilden, um sich dann zum Sternen-Tetraeder – dieser zwei ineinandergeschobenen dreiseitigen Pyramiden absoluter Erleuchtung – zusammenzufügen, worauf schließlich die Öffnung des Lichtvortex in jeder einzelnen eurer Zellen erfolgt, welche die in diesen angelegte perfekte Kosmometrie wiederherstellt.

Bevor wir allerdings näher auf die Aktivierung eurer lichtkodierten DNS eingehen, wollen wir kurz noch etwas zu Bedeutung und Funktion des Wassers in eurem Organismus sagen, das unter anderem zur Weiterleitung von Schall- und Lichtimpulsen dient.

Gaia selbst besteht zu ungefähr 75% aus diesem Element, und das gleiche gilt auch für euch, seid ihr doch die perfekte mikrokosmische Widerspiegelung eures makrokosmischen Umfelds. Wasser ist die Quelle allen Lebens – nicht nur auf eurem Planeten, sondern (in unterschiedlichem Maße) im gesamten materiellen Universum. Ohne die Grundlage dieses Elements würdet ihr wie auch die meisten Tier- und Pflanzenarten eurer Welt in physischer Form schlichtweg nicht existieren.

So wie die Wasser eurer Weltmeere maßgeblich das Wetter beeinflussen, fungieren eure Körperflüssigkeiten als Regulatoren für das »Klima« eures Systems – denn sie sind verantwortlich für die Körpertemperatur, von der alle anderen Funktionen abhängig sind. Wasser regelt den gesamten Stoffwechsel: Es reinigt und entgiftet den Organismus, transportiert Gase und Nährstoffe, löst chemische Reaktionen aus und beherbergt zahllose Mikroorganismen ... so wie Gaias große Wasser die Stoffwechselvorgänge ihres Lebens regeln.

Seine herausragendste Leistung besteht jedoch in der hocheffektiven Übertragung von DNS-Informationen, die permanent in Form von Schall- und Lichtimpulsen an Zellen, Gewebe und Organe vermittelt werden. Ganze 90% des Wassergehalts eures Körpers werden auf diese Weise als »Kommunikationsnetzwerk« genutzt, das elektromagnetische Frequenzen zwischen den Zellen hin- und hertransportiert.

Aus metaphysischer Sicht stellt Wasser das empfangende Element dar – den Kosmischen Ozean –, das alle feinstofflichen Eindrücke speichert und sie zu einer Matrix entwickelt, aus der wiederum eure bewußten und unterbewußten Gedankenstrukturen erwachsen – das Fundament für die Kosmometrie eures Selbst. Euer Wesen ist somit eine Widerspiegelung des Universalen Grundplans, der sich in euch allen manifestiert.

Und wie auch Gaias weite Meere kann das Bewußtsein des Wassers in euch auf vielfältigste Weise getrübt und vergiftet werden: durch bestimmte Gedankenmuster und andere mentale Dissonanzen; durch akustische und elektromagnetische Wellen; durch giftige Substanzen in eurer Nahrung – und all dieser »Unrat« manifestiert sich dann in eurer Physis. Die Disharmonie dieser Einflüsse spiegelt sich in eurem inneren Ozean wider, und da dieser alle Eindrücke und Impulse an jede Zelle weiterleitet, hallen diese Mißklänge durch den gesamten Organismus.

In gleicher Weise lassen sich durch Trinkwasser, welches durch Licht und Musik energetisch »aufgeladen« wurde, innere Wogen glätten ... denn dieses Wasser gibt natürlich all die Liebe und Dankbarkeit, die ihm so beigemengt wurde, ebenfalls an jede einzelne Zelle eures Körpers weiter.

Die Elementargeister des Wassers – welche die Metaphysik als »Undinen« bezeichnet – greifen die Schwingungsfrequenz eurer Bewußtseinsformen auf und übertragen sie auf ihr Reich, indem sie die Intensität seines energetischen Feldes entsprechend eurer Gedanken und Intentionen entweder herabsenken oder erhöhen.

Und seid versichert – auch wenn uns all eure Gesundheitsorganisationen in diesem Punkt vehement widersprechen –, daß normales Leitungswasser, welches durch euren bewußten Willen, ein Gefühl von Dankbarkeit und Liebe sowie harmonische Musik gereinigt und energetisch aufgeladen wurde, eurem Organismus sehr viel zuträglicher ist als teures, speziell gefiltertes und »angereichertes« Mineralwasser, welches ihr ohne jedes Bewußtsein der ihm innewohnenden Lebenskraft zu euch nehmt.

Idealerweise verbindet ihr qualitativ hochwertiges Wasser (das von chemischen Substanzen und Spuren von Schwermetallen und anderen Schadstoffen weitestgehend gereinigt wurde) mit einem gesteigerten Bewußtsein für seine lebensspendende Natur: Dies wird nicht nur eure körperliche Gesundheit positiv beeinflussen, sondern ihr werdet dadurch ebenfalls den Integrationsprozeß des dritten Strangs eurer lichtkodierten DNS maßgeblich erleichtern.

Erinnert euch noch einmal an die Fertigkeit der Tibeter, durch entsprechende Klänge und Tonfolgen – durch bestimmte Schallfrequenzen also – Materie nachhaltig zu verändern, wie wir es in *The Cosmos of Soul* beschrieben haben. Und nun übertragt diese Vorstellung auf das Wasser: Stellt euch vor, wie die harmonischen Schwingungsmuster das Wesen des Wassers prägen und wie die Intelligenz der DNS dadurch viel reiner übermittelt wird.

Und ob diese »Läuterung« nun den Höhen eures Bewußtseins entspringt oder den Tiefen eures erleuchteten Herzens; ob sie durch tibetische Klänge, durch das Klingen eines Windspiels oder durch die engelsgleiche Musik Mozarts, Bachs oder Beethovens hervorgerufen wird, ist letztlich vollkommen nebensächlich ... denn Harmonie in *jeglicher* Form vermag die Wassermoleküle eures Körpers in die perfekte kosmometrische Textur umzuwandeln, welche die ureigenste Weisheit des Universalen Bewußtseins repräsentiert.

Diese Heiligen Strukturen manifestieren sich ähnlich wie Schneekristalle als unendlich vielfältige Variationen des Hexagramms, des sechsstrahligen Sterns – Symbol der Quintessenz allen Seins:

Wie Oben, So Unten
und
Wie Unten, So Oben.

Denn alles Leben und jede Bewußtseinsform strebt letztendlich die Vollkommenheit an, die völlige Erleuchtung am Ende der Großen Spirale – ganz gleich, wie desolat die Beschaffenheit des jeweiligen Organismus und wie disharmonisch die Vibrationen seiner Wassermoleküle sind. Denn jedes einzelne dieser Moleküle ist sich des Ziels und Zwecks des Erhabenen Plans bewußt, aus dem es einst hervorging – die Rückkehr zur Schönheit kosmometrischer Proportionen, die das Strahlen dieser Perfektion auf alle Aspekte des Universums zurückwerfen.

Und ganz unabhängig davon, ob ihr euch der spirituellen Wesensart molekularer Kompositionen nun bewußt seid oder nicht, solltet ihr niemals vergessen, daß jede Bewußtseinseinheit (jedes subatomare Teilchen wie auch jedes gigantische Universum) der in ihr angelegten Größe entgegenstrebt. Jedes Element pulsiert in seinem eigenen Rhythmus ... und jedes einzelne ist aus der Göttlichkeit des Höchsten Bewußtseins hervorgegangen, die alles umgibt und durchdringt.

Und erst das Bewußtsein für diese jeder Zelle innewohnende Schöpfungskraft befähigt euch dazu, Einfluß auf diese kleinsten Einheiten eures Wesens zu nehmen und so innere Harmonie und Gesundheit zu erzeugen und alle Störungen und Blockaden zu heilen, die diese unruhigen, konfliktreichen Zeiten in eurem Organismus hervorgerufen haben mögen.

Denn die Formbarkeit der Zellen durch elektrische Impulse einfach außer acht zu lassen, hieße, das eigene Selbst und seine Macht über alle Aspekte seiner stofflichen Gestalt zu ignorieren.

Das sechseckige Wassermolekül ist durch seine Kosmometrie darauf ausgerichtet, bevorzugt auf der Frequenz zu schwingen, die das ideale energetische Umfeld für die Reaktivierung des dritten DNS-Strangs darstellt – des ersten der ätherischen Stränge, die nun nach und nach wieder in die DNS-Doppelspirale integriert werden –, damit dieser sich manifestieren und verfestigen kann – zuerst auf molekularer Ebene, dann auf zellulärer und so fort.

Die Integration dieses dritten Strangs ist der vielleicht wichtigste Schritt überhaupt hin zu einer vollkommenen Erschließung eurer DNS, öffnet er doch euer Bewußtsein für eine neue Wahrnehmung des Universums wie auch eurer eigenen Existenz – für Sinn und Seele eures Seins –, die in wachsendem Maße zu Dreierverkettungen innerhalb eurer Erbsubstanz führt. Dieser Prozeß geht mit einer Aktivierung der Thymusdrüse einher – des Zentrums eurer feinstofflichen Gestalt –, die euren Körper mit Licht fluten wird. Diese schimmernde Woge, die aus dem Thymus durch euren gesamten Organismus brandet, ist oft – wie wir von vielen von euch erfahren haben – ein schier überwältigendes Erlebnis. Daher ist es äußerst wichtig, sich mit Bedacht auf diesen gewaltigen Energieschub vorzubereiten und sorgfältig darauf zu achten, welchen spirituellen Führern man sich gegebenenfalls dabei anvertraut.

Die Erwachenden unter euch werden zunehmend empfänglich für diesen Initiationsprozeß; zugleich jedoch gelangt auch immer mehr Fehlinformation in Umlauf, die für Verwirrung sorgt hinsichtlich des Vorgangs als solchem wie auch seiner Bedeutung für euch alle ... sowohl für den einzelnen als auch für die Gemeinschaft.

Die Verfälschungen und Zerrbilder des eigentlich so wunderbaren Aspekts eures spirituellen Aufstiegs gehen von all denen aus, die nicht aus bedingungsloser Liebe und Uneigennützigkeit heraus handeln. Wir hören euch in diesem undurchdringlichen Wald fragwürdiger Informationen um Hilfe und Führung bitten ... und gerne stehen wir euch zur Seite, indem wir euch zu innerer Ganzheit, mehr Gewahrsein und einem klar fokussierten Ziel verhelfen.

Da wir jedoch euren freien Willen achten, werden wir euch lediglich den Prozeß selbst beschreiben und es euch überlassen zu entscheiden, welche Einflüsse und geistigen Führer eurer Entwicklung dienlich sind ... und welche nicht.

Immer mehr Lichtwirkern, die andere spirituell stützen, gelingt es, durch die Reaktivierung ihrer DNS den Kontakt zum Universalen Kreislauf – und somit auch zum Sternensystem ihrer jeweiligen Herkunft – wiederherzustellen. Ihr erhöhtes energetisches Niveau befähigt sie dazu, Botschaften vom Bund des Lichts entgegenzunehmen und an euch alle weiterzugeben.

Einige (aber nicht alle) dieser medialen Mittler haben die Aufgabe übernommen, andere bei der Reintegration der lichtkodierten DNS zu unterstützen und so immer mehr Menschen zu einer Einbindung des dritten DNS-Strangs zu verhelfen. Trydjya, unsere erste Kontaktperson zu euch, wurde mit dem Auftrag betraut, 144.000 Lichtwirker darauf vorzubereiten, ebenfalls als unsere Stimme zu dienen.

Viele von euch kamen in dem Wissen zu ihr, daß dies der erste Schritt hin zu einer neuen Bewußtwerdung sein würde. Für so manchen wird diese Reaktivierung versteckten Potentials – diese Freisetzung blockierter Energien – eine konkret wahrnehmbare, physische Erfahrung gewesen sein, die in vollem Bewußtsein um die Bedeutung dieses Prozesses vor sich gegangen ist. Immer mehr von euch spüren dadurch ein Erwachen uralter Erinnerungen, die zu einem neuen Gefühl der Verbundenheit mit dem Universalen Ganzen führen und ein eindeutiger Hinweis auf die sich vollziehende Wiedereinbindung inaktiver DNS-Stränge ist.

Ist es nicht wunderbar, wie wir einander gefunden haben ... wie wir unser gemeinsames Band wiederentdeckt haben? In aller Bescheidenheit und Ergebenheit treten wir nun einander gegenüber – denn wir alle tragen das Licht der Göttlichkeit in uns, das uns heimführt.

Und ist dies nicht eine wirklich außergewöhnliche Reise?

Ja, in der Tat, ihr Lieben ... das ist sie.

* * *

Zahlreiche Lichtwirker sind von Höheren Wesenheiten angewiesen worden, euch bei eurer spirituellen Entwicklung zur Seite zu stehen. Diese geistigen Führer lassen euch durch ihre Botschaften die Universale Wahrheit tief in euch entdecken – das Höhere Selbst. Vor allem aber zeichnen sich diese Menschen durch ihre unerschütterliche Ergebenheit und Demut, ihr Handeln aus dem Herzen heraus und ihre selbstlose Hingabe aus.

Sollten eurer vermeintlichen spirituellen Leitung diese Aspekte fehlen, und solltet ihr statt dessen Geltungsdrang, Ehrgeiz und Machtstreben erkennen, dann ist auch (beziehungsweise gerade) der charismatischste Lehrmeister ganz sicher ein Blender – seht euch also vor. Gerade an diesem Punkt eures Weges ist es von äußerster Wichtigkeit, daß ihr alles, was in den Radius eurer Aufmerksamkeit gerät, sorgfältigst hinterfragt.

Denjenigen nämlich, die aus dem wahren Licht innerer Erleuchtung heraus handeln, ist weder an Autorität noch an Bewunderung und Beifall gelegen. Denn sie wissen, daß nicht sie die Quelle dieses Lichts sind – sondern daß sie lediglich als Überbringer dienen, die seine Energie und seine Botschaft an euch weitergeben. Und wenn sie ernstzunehmend sind und aufrichtige Absichten hegen, so werden sie euch immer wieder auf ihre bloße Mittlerfunktion hinweisen und ihr Ego niemals zwischen euch und euer Ziel treten lassen. Statt dessen werden sie euch tief hinein in euer Selbst führen – dorthin, wo das Strahlen eures ureigensten Wesens von der Herrlichkeit eurer gemeinsamen Entdeckungen kündet, die eurer gegenseitigen Bereicherungen entspringen.

Und anstatt ihre eigenen Gaben hervorzuheben, werden sie eure Talente, eure Weisheit und eure Schönheit feiern.

Wie faszinierend und verheißungsvoll das falsche Licht daher auch funkeln mag: Immer wird die stete Flamme eurer Seele heller strahlen. Hört tief in euch hinein, denn eure Seele wird stets euer vertrauenswürdigster Leitstern sein; wärmt euch am Feuer eures freien Willens und behaltet euer Ziel klar vor Augen – dann werdet ihr wie von allein auf die Personen stoßen, die für diese entscheidende Etappe eures Weges von Bedeutung für euch sind.

Viele Scharlatane und Hochstapler versprechen euch, durch ihren Hokuspokus die Reaktivierung aller zwölf DNS-Stränge praktisch über Nacht zustandezubringen. Zwar möchten wir nicht abstreiten, daß dies in Einzelfällen durchaus möglich ist – schließlich ist es eure enorme Schöpferkraft, die euch maßgeblich an Ras Bewußtseinswandel teilhaben läßt –, doch ist eine solch spontane Entfaltung an diesem Punkt eurer Entwicklung eher unwahrscheinlich. Denn eure DNS wird sich erwartungsgemäß erst dann derart radikal wandeln, wenn ihr kurz davor steht, durch den Vortex zur nächsten Dimension zu reisen – also laßt euch nicht blenden, nur um hinterher enttäuscht und frustriert zu sein ... weil nichts »Bemerkenswertes« geschehen ist, wo ihr doch so viel Zeit und Energie investiert habt, um die Grenzen eurer Doppelhelix zu sprengen und im Glanze aller zwölf Stränge zu baden.

Habt Geduld, denn die Kosmischen Schwingungen, die euch derzeit durchdringen und umspülen, bereiten euch nun erst einmal auf die Integration des dritten Strangs vor – und dies ist der durchaus bedeutsamste Durchbruch, schafft er doch die kosmometrische Grundlage für alles weitere, das dann Schritt für Schritt und zum geeigneten Zeitpunkt folgen wird.

Denn nur ganz wenige Menschen – *sehr* wenige – sind spirituell so weit fortgeschritten, daß sich bei ihnen die zweite Triangulation – die zweite Dreierverkettung bis dahin inaktiver DNS-Stränge – vollziehen kann. Und mehr als diese sechs Stränge zu reaktivieren und dauerhaft zu integrieren, ist (außer den Kindern der Hohen Violetten Seele) an dieser Stelle eurer Entwicklung sowieso niemandem möglich ... also laßt euch vom völlig überzogenen Humbug mancher Gaukler nicht hinreißen.

Doch auch die Wiedereinbindung des dritten Strangs eurer licht-kodierten DNS – die ihr (sofern nicht bereits geschehen) als enormen Bewußtseinssprung erfahren werdet – geht nicht spontan vonstatten. Denn die Verankerung des dritten Strangs erfordert als Grundvoraus-setzung nicht einfach nur die *Erlangung* einer höheren Schwingungs-frequenz – durch die Lehren Höherer Wesenheiten, bewußte Energie-arbeit zur Aktivierung eurer DNS oder auch die intensiven kosmischen Vibrationen, die Gaia momentan umströmen –, sondern sie erfordert vor alledem, daß ihr diese erhöhte Frequenz auch **dauerhaft halten** könnt.

Denn eine DNS-Dreierverkettung zeigt ein gänzlich anderes Wellenmuster von weit intensiverer energetischer Qualität als das, wel-ches von eurer jetzigen Doppelhelix ausgeht – und eine Manifestation kann sich dementsprechend schwierig gestalten ... auch wenn man-chen Menschen dies so mühelos und quasi »nebenbei« gelingt, daß sie die Veränderung gar nicht bemerken. Bei jedem verläuft dieser Prozeß anders – und im Gegensatz zu eurem gemeinschaftlich erfahrbaren Gespür für die Universale Weisheit und die sich anbahnenden Umbrü-che, die eure von Polarität geprägte Wahrnehmung radikal wandeln werden, gibt es für dieses Erlebnis daher keine einheitlich auf alle zutreffende Beschreibung.

Die Vervollkommnung eures Organismus durch die harmonische Struktur der Dreierverkettung wird in jedem Fall auf zellulärer Ebene zu einem enormen Energieanstieg und somit zu einer Intensivierung der Stoffwechselprozesse führen – was auf euren physischen Körper

231

wie ein Jungbrunnen wirken wird. Doch vieles andere hängt von euch persönlich ab: Ob und wie ihr euch vorbereitet, wie bewußt ihr diese Öffnung vollzieht, und natürlich auch vom Karma, das ihr bis zu diesem Punkt eurer Entwicklung angesammelt habt.

Ein gewisses Maß an Skepsis und Selbstkritik solltet ihr euch trotz der gespannten Erwartung kommender Ereignisse stets bewahren und nicht nach möglichst schnellen »Resultaten« streben ... denn diese Haltung ist ein Ausdruck des Egos, das euch – sofern ihr euch seiner Einflußnahme nicht bewußt seid und euch dieser entzieht – bei eurem Entwicklungsprozeß mehr als im Weg steht. Unsere Ahnen haben selbst bittere Erfahrungen mit diesem Aspekt gemacht, und da sie die Konsequenzen daraus an uns weitergereicht haben, können wir gar nicht oft genug betonen, wie sehr ihr euch vor dem Ego hüten müßt ... Denn der Plan des Großen Experiments, aus dem ihr hervorgegangen seid, war nur allzu stark durchwirkt von der Selbstherrlichkeit seiner Urheber. Und genau dies war der maßgebliche Grund dafür, daß sich das *Projekt Sternensaat* nicht so entfalten konnte, wie sich unsere Weisen dies erträumt hatten.

Sofern ihr euch also auf die bloße Oberfläche dieses Phänomens – auf eure neuen und wunderbaren Befähigungen und euren erweiterten Radius – konzentriert, unterbindet ihr eure Spiritualität. Solltet ihr nur darauf aus sein, möglichst schnell und effektiv zum Ziel zu gelangen – voller Ungeduld ob der zu erwartenden »Quantensprünge« – dann stagniert ihr erst recht! Wenn ihr stolz eure aktiven DNS-Stränge zählt oder euch gespannt fragt, ob ihr wohl unter den »auserwählten« Aufsteigern sein werdet, dann könnt ihr darauf vertrauen, daß der kleine Gauner Ego eurer Seele mal wieder Steine in den Weg gelegt hat, die euch die Sicht auf das Wesentliche versperren, und daß ihr euch in Wirklichkeit langsamer vorwärtsbewegt als ihr denkt.

Macht euch daher eines stets klar: Solltet ihr eure Verantwortlichkeit für das Gemeinwohl aus den Augen verlieren und statt dessen nur das äußere Erscheinungsbild der Reaktivierung sehen, dann hat eindeutig der Ego-Aspekt eures Selbst das Ruder an sich gerissen und durchsetzt eure Wahrnehmung mit Illusion und Selbstbetrug. Dies schwärzt eure spirituelle Entwicklung nachhaltig ein, also seid darum bemüht, eine solch oberflächliche Haltung zu vermeiden. Denn ein starkes Ego wirkt wie eine Leuchtreklame auf all die zersetzenden Mächte und Einflüsse, die allein darauf abzielen, euer inneres Licht zu löschen.

Noch einmal: Einige von euch haben mit der Unterstützung von Höheren Kräften die Aufgabe auf sich genommen, ein erstes »Team« von spirituellen Führern zusammenzustellen, die ihrerseits wieder anderen bei der Integration des dritten DNS-Strangs zur Seite stehen werden. Hierzu erforderlich ist ein innerlich gefestigtes Wesen sowie die energetische Verbundenheit mit der Erde und dem heilenden Licht des Kosmos, welches durch diese Menschen – durch *euch* – wirksam werden wird.

Ihr werdet erkennen, wer ihr wirklich seid, ihr Kinder des Universums.

Und ihr werdet erkennen, wozu ihr gekommen seid, und wie ihr diese Aufgabe ausführen sollt.

Denn unentrinnbar eilt ihr nun dem Licht des Neuen Horizonts entgegen – da Ra euch unwiderstehlich mit sich fortreißt. Laßt euch von der Wahrheit leiten, seid bedacht und handelt stets in dem Bewußtsein, dem Höheren Ganzen dienen zu wollen – um so das Licht eurer stRAhlenden Herzen zum Wohle aller scheinen zu lassen.

DIE VIERFACHE TRINITÄT
Kapitel Sechzehn

Die Integration des dritten Strangs lichtkodierter DNS (welche zu Dreierverbindungen in eurem gesamten DNS-Informationsnetzwerk führt) erzeugt durch eine verbesserte interzelluläre Kommunikation in eurem mikrokosmischen Körper ein harmonisches »Muster« kosmischer Schwingungsfrequenzen, an dem sich die intelligente Lichtkodierung eurer DNS orientiert. An dieser Hauptmatrix werden sich die drei noch verbleibenden Triaden ätherischer DNS ausrichten, wenn sie sich in drei aufeinanderfolgenden Schritten zusammenschließen (dies wird euer Bewußtsein enorm erweitern und das euch ankonditionierte 3-D-Gefängnis auflösen) – um euch den Fängen der Polarität zu entreißen, die euch daran hindern möchten, das Tor zur nächsten Dimension zu durchschreiten.

Die Zirbeldrüse wird durch die erfolgreiche Reaktivierung des dritten Strangs quasi zu einem energetischen »Leuchtfeuer« angefacht, das jede einzelne Phase eurer inneren Wandlung in hellem Licht erstrahlen läßt und eurer Seele den Weg durch die irdischen Wirren weist ... und weit darüber hinaus.

Dieses winzige Organ – die »Kontrollinstanz« eurer Lichtkodierung – befindet sich unterhalb des Großhirns zwischen Kleinhirn und Thalamus in der sogenannten dritten Hirnkammer. Sie ist durch ein hochkomplexes System von Nervenbahnen unter anderem mit dem

Hypothalamus verbunden, der gemeinsam mit der Hypophyse (der Hirnanhangdrüse direkt unterhalb des Hypothalamus) das endokrine System und somit die Hormonproduktion und die Körpertemperatur regelt.

Den heilberuflich Tätigen unter euch ist bestimmt bekannt, daß das endokrine System über seine Drüsen mit den Hauptchakren verbunden ist und unter anderem die Ausscheidung der produzierten Hormone anregt und reguliert. Diese chemischen Botenstoffe versorgen Zellen, Organe und Gewebe mit den für einen reibungslosen Ablauf notwendigen »Informationen«, ohne die ein gesundes Wachstum und die Versorgung des biologischen wie auch des feinstofflichen Körpers mit den für diese Ebenen lebenswichtigen Substanzen nicht gewährleistet wäre.

Für diejenigen unter euch, die mit all den Verbindungen und Wechselbeziehungen innerhalb eures Organismus noch nicht so vertraut sind, die sich jedoch gerne einen Überblick über die Zusammenhänge zwischen dem Chakrensystem des feinstofflichen und dem endokrinen System des physischen Körpers – welches aus ersterem hervorgeht – verschaffen möchten, haben wir die ätherisch-physischen Entsprechungen hier einmal zusammengestellt:

Sahasraja	*Kronenchakra*	*Zirbeldrüse*
Ajna	*Stirnchakra/ drittes Auge*	*Hypophyse*
Vishuddha	*Kehlchakra*	*Schilddrüse & Nebenschilddrüse*
Anahata	*Herzchakra*	*Thymusdrüse*
Manipura	*Solarplexuschakra (Sonnengeflecht)*	*Langerhanssche Inselzellen (insulinproduzierender Teil der Bauchspeicheldrüse)*
Swadhistana	*Sakralchakra*	*Nebennieren*
Muladhara	*Wurzelchakra*	*Geschlechtsdrüsen (Gonaden)*

Über die eigentliche Funktion der Zirbeldrüse ist in euren medizinischen Fachkreisen sehr wenig bekannt; man vermutet zwar, daß sie mit dem endokrinen System in Zusammenhang steht, doch ihre wahre Bedeutung entzieht sich dem Blick eurer Wissenschaft bis heute. Diese spricht ihr eine Rolle in der interzellulären Impulsübertragung zu, wie auch eine bedingte Einflußnahme auf den Hypothalamus, doch die genaueren Mechanismen und Aufgaben dieses Organs stellen für eure humanmedizinischen »Koryphäen« nach wie vor ein Rätsel dar.

Tatsächlich nämlich dient die Zirbeldrüse als eine Art »Übertragungsstation« für eure komplexe zwölfsträngige DNS – von der eure Wissenschaft noch keine Kenntnis genommen hat. Zwar ist den Biologen eures Establishments die Existenz inaktiven Genmaterials bekannt – das sie schlichtweg als »Junk«-DNS, als »Abfall«-DNS, bezeichnen – doch der eigentliche Sinn und Zweck dieser sogenannten »nichtcodierenden« DNS entzieht sich ihnen noch immer, so daß sich diese nicht in ihr rational-medizinisches Gesamtbild einfügen läßt.

Die wenigen unter ihnen, die das ganze Potential eures Erbmaterials zu begreifen beginnen, »verschwinden« auf geheimnisvolle Weise, bevor sie größeren Schaden anrichten können und durch ihre freigeistigen Theorien die Ketten eures Gehorsams sprengen und euch so aus den Kerkern der Kontrollmechanismen entkommen lassen ... damit ihr euch auf den Schwingen eures nicht länger gebundenen Willens in die Lüfte der Freiheit erheben könnt, die euch so lange schon locken.

Denn das Establishment sucht, wie bereits erwähnt, mit *allen* Mitteln zu verhindern, daß ihr in den Besitz des euch zustehenden Wissens über eure physio-spirituelle Doppelnatur wie auch eure außerirdische Herkunft gelangt.

Es ist daher in höchstem Maße unwahrscheinlich, daß die medizinische Wissenschaft oder auch die von der Regierung finanzierten biogenetischen Forschungsprojekte sich jemals – und sei es auch nur annäherungsweise – auf eine solch kontroverse These wie die unsrige einlassen, wenn es um die Erklärung für eure genetischen Puzzleteile geht: auf die Vorstellung nämlich, daß außerirdische Eindringlinge das *Projekt Sternensaat* anderer außerirdischer Völker und Lichtwesenheiten unterminierten, indem sie die komplizierte DNS-Struktur eures Universalen Erbes durch die Dissonanz ihres elektromagnetischen Netzes zersetzten und auflösten – was letztlich die so nutzlos wirkende »Abfall«-DNS ergab.

Und genausowenig ist anzunehmen, daß eure konventionelle Wissenschaft im Rahmen ihrer Untersuchungen der lichtkodierten Stränge zu dem Ergebnis kommt, daß eben diese außerirdischen Aggressoren – die Annunaki-Fürsten – durch ihre Techniken die Zirbeldrüse veröden ließen und sie somit ihrer eigentlichen Funktion beraubten.

Nach der Deaktivierung des Großteils eurer DNS (nur etwa 5% der Nukleotide, aus denen die DNS besteht, codieren Erbinformation – 95% sind somit inaktiv) schrumpfte die ursprünglich zehnmal so große Zirbeldrüse schließlich auf das Ausmaß einer Erbse zusammen und gilt seitdem, ebenso wie die sogenannte »graue Masse« eures Gehirns, als relativ unbedeutend innerhalb der so unglaublich komplexen Abläufe eures neuralen und endokrinen Systems.

Doch da ihr euch nun in zunehmendem Maße eurer multidimensionalen Identität und eures außerirdischen Ursprungs wieder bewußt werdet und sozusagen »alte Verbindungen« wiederauffrischt, indem ihr zu eurer kosmischen Intelligenz zurückfindet, erschließt sich euch nun auch erneut die eigentliche Bedeutung des vermeintlich überflüssigen »Abfalls« eures so kunstvoll ausgetüftelten inneren Kommunikationsnetzwerks.

Denn durch die Integration des dritten Strangs weitet sich die Zirbeldrüse – wie auch ihr euch – zusehends und öffnet so ihre Schleusen für das Kosmische Licht. Und vergeßt nicht, daß eben diese Phase – die Reaktivierung des dritten Strangs und die damit einhergehende Stimulation der Zirbeldrüse – allen weiteren Entwicklungen den Weg bereitet, da ihr durch sie erstmals die ganze Pracht eures reinsten, innersten Wesens erfahrt.

Diese erste Dreierverkettung bildet sozusagen eure energetische »Verankerung« auf eurer Reise durch den Großen Vortex, und eben diese Triade schafft die Voraussetzungen für die volle Wiederherstellung und Reintegration eures kompletten zwölfsträngigen DNS-Gefüges: die vierfache Trinität, die derzeit in euch allen ihren Anfang nimmt. Die Kosmometrie dieses Konstrukts ist so genial wie einfach ... und dennoch entzieht es sich eurer Wahrnehmung, da eure persönliche Erwartungshaltung ebenso wie ein breites Angebot an Falschinformationen (die teils gezielt, teils unbeabsichtigt von gutgläubig Verblendeten verbreitet werden) euch wie ein Schleier die Sicht auf die wahren Umstände nehmen.

Laßt uns nun zusammen ins kühle, frische Grün des Waldes eurer reinsten Gedanken eintauchen, indem wir unsere Energien und unseren Geist vereinen – und aus dem Verstand des Herzens heraus unseren Weg gemeinsam fortsetzen ... jetzt, da ihr ein zusehends multidimensionaleres Bewußtsein (zurück)gewinnt und euch anschickt, Ra in die nächste Dimension zu begleiten.

Wenn ihr euch bereit dazu fühlt, den dritten Strang eurer DNS nunmehr zu integrieren, können wir euch durch die nachfolgende Meditation – die Kristallisation unserer Gedanken – dabei behilflich sein (die ihr euch auf Band sprechen und während der Meditation abspielen solltet). Ebenfalls erhältlich ist die (englischsprachige) Meditationsanleitung, die wir unserem Medium als *The Starseed Awakening* übermittelt haben.* Wählt hierbei die Methode, die sich für euch persönlich »richtig« anfühlt, mit der ihr harmonisiert. Und fragt euch vor allem, ob ihr innerlich auch tatsächlich für diesen entscheidenden Schritt bereit seid.

Vielleicht möchtet ihr diese Erfahrung lieber in Gemeinschaft mit anderen machen, indem ihr euch beispielsweise von unserer medialen

---

* *The Starseed Awakening – kreative Visualisierungen und Meditationsanleitung;* **englischsprachige** CD erhältlich unter **www.sirianrevelations.net**

Mittlerin durch diesen Prozeß geleiten laßt, die von uns mit der Aus-
bildung von 144.000 Lichtwirkern zu einer ersten Gruppe von DNS-
Reintegrationshelfern betraut wurde –, oder vielleicht wollt ihr diese
wichtige Reise auch lieber allein antreten. Wählt auch hier den Weg,
zu dem euer Gefühl euch rät.

Die Reaktivierung der DNS:
Erste Triangulation

*Triff die üblichen Vorbereitungen für eine tiefe Meditation:
Kleide dich möglichst bequem – du solltest dich durch nichts
behindert oder eingeengt fühlen; vermeide Schmuck und anderes
Metall in deinem unmittelbaren Umfeld.*

*Schaff dir eine Sphäre absoluter Entspannung und Abge-
schiedenheit; wenn du sichergestellt hast, daß dich nichts aus
deiner Versenkung reißen kann, lege dich auf den Boden. Dein
Kopf sollte nach Norden und deine Füße nach Süden weisen.
Schließe die Augen und atme tief und gleichmäßig. Ziehe dich
nun zurück aus der Welt der Sinne, laß all diese Unruhe von dir
abfallen und finde deinen inneren Frieden ... gleite hinüber in
ein Reich, in dem absolute Stille herrscht. Jeder Atemzug bringt
dich deinem innersten Selbst näher. Du spürst eine tiefe Ruhe in
dir. Mit jedem Atemzug wirst du leichter, immer leichter ... bis
du dich so schwerelos wie eine Feder fühlst, die sanft im Wind
dahinschwebt.*

*Visualisiere dich inmitten einer weiten Wiese. Blumen und
Bäume duften süß und sommerlich, und die Sonne badet dich in
ihrem warmen Licht. Die Natur entfaltet sich in ihrer ganzen
Schönheit, und du spürst eine tiefe Verbundenheit zu allem
Leben deiner Welt. Du fühlst, wie deine Seele mit dem Rhythmus
der Kosmischen Musik verschmilzt und auf ihren Klängen
emporsteigt*

*Über dir erscheint ein Regenbogen – der den Himmel in den Farben deines innersten Wesens erstrahlen und pulsieren läßt. Visualisiere nun, wie sich dein Kronenchakra ähnlich den Blättern einer Lotusblüte öffnet, während du dich darauf vorbereitest, deine energetische Schwingungsfrequenz nun **für immer** zu erhöhen.*

Atme tief ein und aus, und ziehe dadurch das ganze Spektrum des Regenbogens in dein Kronenchakra. Laß die Farben durch deinen Körper fließen, alle Chakren erfüllen und schließlich in dein Basiszentrum, das Wurzelchakra, münden.

Spüre, wie dein Körper in den Vibrationen des Regenbogens schwingt, der dich mit seinen lebendigen Farben durchströmt. Fühle das Funkeln seiner Energien in dir. Jede einzelne Zelle deines Körpers schillert in der leuchtenden Pracht des Regenbogens, und jede einzelne ist eine eigene, kleine Gottheit, die dein Wesen formt und dein ganzes Potential enthält ... deine dir innewohnende Schöpferkraft.

Atme aus ... und löse dich dadurch von allen schädlichen Energien. Du kannst sie beispielsweise in die Erde hinabschicken, deren Kühle und Weisheit sie reinwaschen und umwandeln wird. Atme sie aus und entziehe dich so ihrem hemmenden Einfluß.

Atme sie aus und befreie Körper, Geist und Seele von ihrer Last.

Wenn dies geschehen ist, laß das weißgoldene Licht der Himmlischen Sphären durch dein Kronenchakra eintreten und spüre, wie der Geist dieser Höheren Welten dich erfüllt. Vertraue dich seiner Führung an.

Über deinem Scheitelchakra erscheint nun eine Form – ein goldener Tetraeder, die dreiseitige Pyramide, der sich langsam um sich selbst dreht. Dieser ist die Ur-Matrix deiner sich entfaltenden DNS – das Heilige Fundament deiner erwachenden Lichtgestalt.

Laß dir Zeit ... betrachte diesen Tetraeder eingehend, ver-
tiefe dich in seinen Anblick; gib dich seinem weißgoldenen Glanz
hin, der dich und alles um dich herum schimmernd umspült.

Wenn du diese sich sanft drehende Form in aller Deutlichkeit
vor dir siehst, zieh sie hinab durch dein Kronenchakra und ver-
ankere sie so, daß sie die Zirbeldrüse umschließt, die sich in der
Mitte deines Kopfes auf der Höhe des dritten Auges befindet.
Verfüge, daß die Zirbeldrüse zum Drehpunkt und Zentrum des
Tetraeders wird. Spüre, wie er den Leuchtturm deiner Seele in
seinem goldenen Glanz badet; diese Empfindung wird überwäl-
tigend neu für dich sein, doch gleichzeitig wird dich das merk-
würdige Gefühl der **Vertrautheit** *überkommen.*

Dort, am Tor deines sich entfaltenden Bewußtseins, wird der
goldene Tetraeder die Reintegration des dritten Strangs einlei-
ten, indem er diesen fest in deinem Bewußtsein verwebt.

Visualisiere nun die Doppelspirale deiner DNS – diesen
intelligenten Baumeister deines physischen Körpers. Und nun
stell dir einen dritten Strang vor, der sich mit dieser Doppelhelix
verbindet und so dieselbe Struktur bildet, die deine Zirbeldrüse
umschlossen hält ... diese Dreierkonstellation überträgt sich nun
auf jede einzelne deiner Zellen ...

Die Trinität hat somit die Dualität endgültig abgelöst, und
ihr Heiliges Muster wird sich nun in jedem Aspekt deines Wesens
manifestieren.

Jede deiner Zellen vibriert jetzt auf einer dynamischeren,
höheren Schwingungsfrequenz – verfüge, daß sich dieser Zustand
deinem zellulären Gedächtnis unwiderruflich einprägt. Teile
allen Elementen deines Körpers deinen Willen mit: daß diese
neue Struktur sich nunmehr dauerhaft und unumstößlich in
allen Zellen, Organen subatomaren Partikeln und in jeder
Bewußtseinheit kristallisiert, so wie es dir gemäß deiner spiri-
tuellen Entwicklung zusteht.

Denn diese lichtkodierten DNS-Stränge bilden dein recht-
mäßiges Erbe.

Dies ist deine Heimkehr ...

Und sie stellt sowohl eine Ankunft als auch einen Abschied
dar: deinen Aufbruch zu einer multidimensionalen Reise.

Bereite dich nun ganz behutsam und in aller Ruhe auf die
Rückkehr in deinen physischen Körper vor: Danke den Licht-
wesenheiten, die dich durch diese Erfahrung geleitet haben;
dann, wenn du dich bereit fühlst, falte langsam die imaginären
Blätter der Lotusblüte über deinem Scheitel zusammen und
nimm dir alle Zeit, die du brauchst, um diese Neugeburt deines
Selbst in dein Bewußtsein zu integrieren, sie zu begreifen und
anzunehmen. Nimm dir alle Zeit der Welt dazu ...

Kehre dann in deine physische Form zurück. Spüre jeden Teil
von ihr – deine Finger, deine Zehen ... fühle, wie das Blut durch
deinen Körper zirkuliert.

Bleib liegen und kehre in aller Ruhe, Schritt für Schritt, in
die materielle Welt zurück, bis sich alle Aspekte deines Seins
schließlich wieder am Ausgangspunkt deiner Reise befinden.

Und laß dir alle Zeit der Welt hierfür ...

Alle Zeit der Welt ...

Wir haben bereits in unserer letzten Botschaft an euch auf die enorme Tragweite dieser ersten Dreierverkettung – nicht nur für euch selbst, sondern für die gesamte Menschheit – hingewiesen. Gemeinsam mit den Lehrmeistern Höherer Welten geleiten wir euch durch diesen Prozeß der Wiedereingliederung des dritten Strangs und helfen euch bei der Reaktivierung der Zirbeldrüse.

Denn all diese Schätze stehen euch zu; der Reintegrationsprozeß hat bei vielen von euch bereits begonnen, und dies wird euch in zunehmendem Maße eurer eigentlichen Aufgabe entgegenführen – nämlich als Heiler und spirituelle Führer für diejenigen zu dienen, die sich ebenfalls auf diesen gewichtigen Schritt hin zu einem neuen Bewußtsein vorbereiten.

Die erfolgreiche Kristallisation des dritten Strangs werdet ihr an eurer intensivierten Schwingungsfrequenz bemerken, wie auch an dem Licht, das eure Zirbeldrüse durch das dritte Auge ausstrahlt und das euch den Weg hinaus aus dem undurchsichtigen Dickicht dreidimensionaler Wahrnehmung weist ... damit ihr eurerseits andere hinausgeleiten könnt ... so wie die Lampe am Schutzhelm des Minenarbeiters den Weg hinaus aus der pechschwarzen Finsternis leuchtet.

Und ob dieses Licht nun recht schwach scheint oder aber einem energetischen Feuerwerk gleicht – in jedem Fall **werdet ihr es erkennen.** Denn ganz gleich, ihr Lieben, wie jeder einzelne von euch diese Entwicklung erfährt, werdet ihr alle gleichermaßen gewahr werden, wann die erste Triangulation sich vollzogen und eure vormals »schlafende« Zirbeldrüse ihre Funktion wieder aufgenommen hat.

Ihr werdet eine nie gekannte Ruhe verspüren, weil die Stürme quälender Emotionen der Windstille inneren Friedens weichen werden; ein wahrer Energieschub wird alle Ebenen eures feinstofflichen Körpers durchfluten und ein Gefühl strahlender Lebendigkeit hinterlassen.

Und aus der kosmometrischen Matrix dieser ersten Dreierverbindung heraus wird die zweite Triangulation erwachsen. Denn ist die Dynamik der Reintegration erst einmal in Gang gesetzt worden, so ist damit der Weg bereitet für die Wiedereinbindung aller zwölf Stränge, der zusätzlich noch geebnet wird durch die Kosmischen Schwingungen und die Wellen erhöhten Bewußtseins, die alles Leben der Erde zunehmend mit ihren Energien durchdringen.

Und noch einmal möchten wir euch bitten, stets im Auge zu behalten, daß ihr das mikrokosmische Abbild Gaias darstellt; daß ihr sie widerspiegelt, wie die Zellen eures Körpers euch widerspiegeln, wie die Moleküle eure Zellen widerspiegeln – und diese Proportionen setzen sich über die Grenzen eurer materiellen Welt hinaus fort: Sie existieren zwischen Gedanke und Bewußtsein, zwischen Sonne und Universum und so weiter ... Als Lichtwesen dieser Welten solltet ihr niemals die Unendlichkeit aller Existenz aus dem Blick verlieren, die ihr in ihrem ganzen, wunderbaren Ausmaß gerade erst zu begreifen beginnt – die ganze Großartigkeit von *Allem Was Ist, Was Jemals War und Was Ewig Sein Wird.*

Die Zweite Triangulation: Der Sternen-Tetraeder

Die zweite Dreierverkettung – der Zusammenschluß des vierten, fünften und sechsten Strangs – wird nicht etwa in drei verschiedenen Schritten, sondern simultan erfolgen – und die Saiten dieser perfekten Triade werden ihre reinen, harmonischen Töne zur Großen Lichtsymphonie eures Erwachens beitragen.

Als fester Bestandteil eurer Matrix wird diese neue Lichteinheit – welche die erste Triangulation auf einer höheren Ebene widerspiegelt – praktisch zum »Zünder«, der intensive Wellenfrequenzen durch die Zellkerne eures Körpers schickt und so die hochkomplexen Schwingungen und Proportionen des Sternen-Tetraeders – des kosmometrischen Modells des euch umgebenden Merkabah-Energiefelds – entstehen läßt, indem er eurem zellulären Bewußtsein diese neuen Strukturen »einprägt«.

Sein komplizierter Aufbau vereint in sich die Prinzipien *Form, Sinn* und *Ordnung* mit *Raum, Kraft* und *Dauer.*

Diese Merkabah schickt nun Photonen – die kleinsten Energieteilchen elektromagnetischer Strahlung – durch die Matrix eurer DNS und ruft so die »Erinnerung« der in euch allen angelegten galaktischen Intelligenz wach, welche der Homo Sapiens nach seiner Geburt so kurz nur als erleuchtetes Lichtkörperwesen auskosten durfte, bevor ihm diese Qualitäten genommen wurden.

Diese zweite Phase eures körperlichen und spirituellen Erwachens wird eure Aura enorm vergrößern und euch zu einem nie gekannten energetischen Austausch mit anderen befähigen – dessen Intensität ihr trotz eures sich stetig weitenden Herzens und eures großen Mitgefühls für alles Leben eurer Welt im Moment noch gar nicht zu fassen vermögt. Euer inneres Licht wird noch gleißender werden und aus Scheitelchakra, drittem Auge sowie den Nebenchakren an Händen und Füßen leuchten, um eure gesamte Umgebung in seinem Glanz erstrahlen zu lassen und durch seine energetische Kraft zu verändern.

Euer bloßes Bewußtsein, eure Anwesenheit als reine Lichtgestalt – als ätherische Beobachter und Lichtbringer –, wird den Ort, auf den ihr euch konzentriert, bereits verändern. Euer liebevolles Leuchten wird alle Sphären durchdringen, Gaias Herz durchströmen, den Körper Ras umfließen und die Große Kosmische Seele erfüllen.

Die mikrokosmometrischen Ausmaße eines solchen Merkabah-Energiefelds, das in eincm enormen Radius euren Körper umspannt, sind gewaltig und stellen quasi dessen Ich-Bewußtsein in der feinstofflichen Welt dar. Führt euch seinen immensen Umfang vor Augen, und ihr erhaltet eine ungefähre – wenn auch aufgrund eurer gegenwärtig noch sehr eingeschränkten Wahrnehmung recht vage – Vorstellung davon, wie machtvoll diese zweite Triangulation euer Bewußtsein erweitern und eure biologische Gestalt formen wird. Diese Wandlung wird von der Molekularebene aus erfolgen, von der aus die Lichtstränge dieser neuen, komplexeren DNS-Struktur die Weisheit des Universums an euren Körper weiterleiten; eigentlich jedoch entstehen auch diese molekularen Einheiten – die subatomaren Partikel – überhaupt erst aus ihr heraus und bringen durch sie all das Neue hervor, das permanent in euch entsteht; und aus universaler Sicht setzt diese Wandlung noch viel »früher« ein – jenseits der »Zeit«, um genau zu sein, auf der Bewußtseinsebene des Geistes nämlich, welcher der Materie durch seine bloße Willenskraft Form verleiht, um eben diese Gestalt schließlich wieder zu verlassen und ins Licht zurückzukehren.

So mancher spirituelle Meister, bestimmte DNS-Reintegrations-helfer wie auch einige aktive Hüter Gaias werden diese zweite Triangulation nun innerhalb kürzester Zeit erfahren, oder – um es präziser auszudrücken – vielmehr stimmen sie sich nun im Rahmen ihres inneren Wachstums verstärkt auf den Punkt im Raum-Zeit-Gefüge ein, an dem sich dieser Prozeß vollzieht.

Denn aus genau diesem Grunde sind sie auf die Erde gekommen: Um dieses Leben im vollen Bewußtsein ihrer Aufgabe ganz dem Dienste an euch und an Gaia zu widmen. Selbstlos stellen sie die Bedürfnisse der Menschheit über ihre eigenen, und sie drücken diese Hingabe in all ihrem Tun, in all ihren Lehren und ihrer heilerischen Berufung aus – indem sie euch in die innersten Tempelhallen eurer Göttlichkeit führen.

Gütig und voller Liebe weisen sie auch euch in den uneigennützigen Dienst an eurer Gemeinschaft ein, um euch zu einer ersten Gruppe von Helfern zu machen, die allen Suchenden den Weg zum Licht zeigen – damit diese ihre Erleuchtung wiederum an andere weitergeben können und so fort, bis all jene, die mit Gaia aufsteigen werden, die Göttliche Flamme in sich neu entfacht haben. Das Strahlen dieser Erleuchteten soll euch den Kurs vorgeben, wenn ihr euch nun aufmacht, die düsterste Etappe eurer gemeinsamen Seelenreise anzugehen, hinter der euch bereits der Neue Horizont sein Licht verheißt.

Die sechs durch die zweite Triangulation aktivierten und integrierten Stränge werden euren spirituellen Weg von einigen der größten Hindernisse dreidimensionaler Realität befreien. Die gewaltige Photonenwelle, die durch eure molekulare Matrix brandet, wird die Struktur eures Körpers einschneidend verändern und euch so Gesundheit und Wohlbefinden bringen.

Viren, Bakterien und auch emotionale Blockaden wie einschränkende Glaubenssätze werden der Intensität dieses Lichts nicht standhalten können; sie werden sich lösen und euren Organismus verlassen müssen, da sie auf einer so hohen Frequenz schlichtweg nicht existieren können.

Durch die Befreiung von Energiestauungen und einengenden Gedankenformen im Rahmen der Reaktivierung des dritten Strangs habt ihr nun einen Prozeß in Gang gesetzt, der sich auf jede Ebene eures Körpers ausweiten wird – wie ein Lauffeuer werden diese neuen Energien von Zelle zu Zelle springen, durch euer Blut rauschen und alle Organe und Gewebe reinigen, um sich – über die Grenzen eures physischen Selbst hinaus – bis in die Sphären zu erstrecken und dort durch ihr feuriges Glühen von eurem Göttlichen Wesen zu künden.

Ab diesem Punkt in eurer Entwicklung werdet ihr dann spätestens auf alles Fleisch in eurer Nahrung verzichten, denn euer Organismus wird den darin enthaltenen Tod und all das Leid der Tiere – all die Dunkelheit – buchstäblich nicht mehr verdauen können. Ihr werdet euch also ausschließlich von Obst, Gemüse und Getreide ernähren, die noch immer im Überfluß vorhanden sind – und immer mehr von euch verlangt es auch innerlich nach der Reinheit dieser Naturprodukte, denn mit zunehmender Bewußtwerdung intensiviert sich auch eure Verbindung zur Erde, die ihr nun voller Respekt und Ehrerbietung um ihren Beistand bittet.

Und immer mehr Menschen werden zu wachsamen Hütern Gaias, indem sie gezielt und aktiv Umweltschutz betreiben und so eine sehr enge Beziehung zur Erde eingehen. Diese Verbundenheit zur Natur wie auch euer Respekt ihr gegenüber werden euch – wie schon den Bewohnern von Atlantis – die energetische Ebene der Pflanzen erschließen und euch in ganz besonders hohem Maße von deren Lichtessenz profitieren lassen.

Und die Natur wird euch für eure Achtung und Fürsorge umfassend entschädigen. Denn der Ehrfurcht, die ihr der Schöpfung entgegenbringt, werden die Früchte reichen Lohns entwachsen.

Die in der Prana-Atemtechnik Geübten unter euch werden schließlich allein vom freien Energiefluß leben können, der über die Atemwege in sie eindringt. Erst wenige Meister und Asketen haben dieses

Stadium bisher erreicht, doch wird ihre Zahl drastisch ansteigen, wenn sich die zweite Triangulation erst einmal in mehr Menschen vollzogen hat.

Diese Beherrschung des physischen Körpers erfordert absolute Disziplin und Willenskraft, und sie ist ein hervorragender Beweis für den Vorrang des Geistes über die Materie – doch stellt sie keineswegs eine notwendige Voraussetzung dar für die Bewußtwerdung und Wandlung, die mit der zweiten DNS-Dreierverbindung einhergeht.

Diese ist wie der Frühlingsgesang des Vogels, der die Blume aus dem Winterschlaf lockt. Sie ist wie die süße Musik, die sich durch die Sphären webt und gemeinsam mit den Rhythmen des Lebens die Rose erblühen läßt. Und wenn eure Seele diese lichtdurchwirkte Melodie endlich in sich aufnimmt, werden auch eure Blüten ihre ganze Pracht und Schönheit entfalten.

Der Herzschlag Gaias – deren fruchtbarem Leib die Saat der Menschheit entsprießt – pulst den Takt für diese Symphonie des Seins. Die Große Göttin ist die Dirigentin ihres eigenen Konzerts und entlockt euch allen – ihrem großen Orchester – die schimmernden Töne der liebevollen Hingabe, mit der ihr euch eurem Ansinnen widmet.

Ihr laßt die Erde erklingen und vibrieren – denn ihr seid die Instrumente, die in ihrer Gesamtheit die Musik der Sphären ergeben.

Also habt noch ein wenig Geduld und vertraut darauf, daß der Sproß, welcher der Wiedereinbindung des dritten Strangs wie auch eures unermüdlichen Einsatzes für das Gute, die Gemeinschaft und die Überwindung des Ego-Aspekts entwächst, bald schon im neuen, strahlenden Lichte Ras in seiner ganzen Pracht erblühen wird. Die zweite Triangulation – der noch ein wenig vage, doch weit heißer glühendere Widerschein der ersten Dreierverbindung – wird sich dann in eurer Matrix manifestieren, wenn der Punkt im Raum-Zeit-Gefüge erreicht ist, der eine energetische Verbindung zwischen eurem Geist und der sechssträngigen DNS-Struktur herstellt.

Aus einer kosmometrischen Perspektive heraus, die euch die Universale Weisheit der Urformen *Zahl* und *Gestalt* (die Harmonie der Proportionen) erschließt, werdet ihr letztlich erkennen, daß die dynamische Natur der zweiten Triangulation – deren Gefüge Pythagoras als die »Form aller Formen« bezeichnet und die sich in der Gestalt eurer sechssträngigen DNS widerspiegelt – sich eurem ätherischen Wesen in demselben Maße einschreibt, in dem das Prinzip des Hermes – *Wie Oben, So Unten und Wie Unten, So Oben* – das Zellgedächtnis eures Körpers prägt.

Dieses kristalline Gefüge repräsentiert – sowohl in materieller als auch in feinstofflicher Hinsicht – euer Band zu den Universellen Gottheiten wie auch zur Großen Mutter und prägt in jeden einzelnen Aspekt eures Selbst die feine Symmetrie seiner Schneeflockenstruktur.

Supralumineszens: Das Nonagon

Wir werden eure Imaginationskraft nun noch einmal fordern (wie wir es ja im Grunde bereits unsere ganze Botschaft hindurch tun), um euch eine ungefähre Vorstellung davon zu vermitteln, inwiefern und in welchem Maße die Aktivierung der dritten Dreierverkettung – die Reintegration des siebten, achten und neunten Strangs – auf die Strukturen der bereits manifestierten DNS-Stränge (die wir hier als »erste« und »zweite Triangulation« bezeichnet haben) Einfluß nehmen wird.

Wir beziehen uns damit auf die dreifache Drei – die Triade in ihrer reinsten und ausdrucksstärksten Form.

Dies ist der höchste Ausdruck dieser Form, der Superlativ, … und es beschreibt die Supralumineszenz.

Durch die Kristallisation dieser Großen Triade – dieser drei zu einem Lichtstrang verwobenen Triangulationen – wird jedes ihrer drei Basiselemente quasi zur Essenz, zur Konzentration seiner selbst und läßt in jeder Zelle eures Körpers die Dreieinige Göttin erstehen ... und somit in jedem Aspekt eures Seins und noch im »Hier und Jetzt« – noch bevor ihr das Tor des Wandels durchschreitet.

Dadurch werden sich die energetischen Vibrationen aller numerischen Urformen in euch manifestieren – die Archetypen kosmometrischer Proportionen und Schwingungen, aus denen nicht nur euer Universum besteht, sondern welche die Basis allen Seins überhaupt darstellen. Die Zahl Neun stellt die Krönung und Vollendung dieser Archetypen dar und schreibt eurem Wesen durch die Intensität ihrer Frequenz – resultierend aus der dreifachen Dreiheit – symbolisch die großartige Gesamtheit aller kosmometrischen Baupläne ein.

Wie die dreifache ägyptische Trinität, die aus den neun *Neteru* besteht (den göttlichen Archetypen Universaler Ordnung und Gesetzmäßigkeit), werdet auch ihr – als Träger der neun Kosmischen Lichtstränge – zu Verkörperungen aller kosmometrischen Proportionen der gesamten Schöpfung.

Die Kinder der Hohen Violetten Seele haben diesen Grad bereits erreicht. Als geistige Führer wie auch als Wegbereiter eures spirituellen Wachstums wollen sie euch zu eurem wahren Ursprung geleiten, dem ihr durch den Erwerb des alchimistische Wissens unserer Ahnen zusehends näherrückt – um euer galaktisches Erbe schlußendlich zu erkennen und einzufordern.

Seid ihr auf eurer Reise erst einmal so weit fortgeschritten, wird der Prozeß selbst euch so natürlich erscheinen, daß er gar nicht mehr über eure Verstandesebene ablaufen, sondern euch in »Fleisch und Blut« übergegangen sein wird. Denn eure Wahrnehmung wird sich dermaßen geweitet haben, daß der beschränkte Radius eures Lebens und eures persönlichen Umfelds nicht länger von Bedeutung sein wird. Wir sprechen aus eigener Erfahrung, wenn wir euch mitteilen, daß das alles durchdringende StRAhlen des Kosmos euch mit einem solch gewaltigen Maß an Ehrfurcht und Staunen erfüllen wird, daß euer altes Selbstempfinden von einem völlig gewandelten Identitätsgefühl überlagert und ausgelöscht wird.

Einengende oder lähmende zwischenmenschliche Beziehungen, die allein auf »konditionierten« Verhaltensregeln beruhen, werden ebenfalls in sich zusammenfallen, denn wie Viren und Bakterien vermögen auch sie dieser intensiven Schwingungsfrequenz nicht standzuhalten – einschränkende, niederfrequente Emotionen werden schlichtweg in euch keinen »Wirt« mehr finden. Euer spirituelles Niveau wird nur noch solche Beziehungen zulassen, die dem Herzen entwachsen und euch durch die grenzenlose, ewige Liebe – die allem Sein zugrundeliegt – die ungeahnten Weiten des Kosmischen Ozeans erschließen … Liebe, die aus euch hinaus und in euch zurückfließt … und die so zu eurer Essenz wird.

Das unfaßbar strahlende Licht kosmischer Intelligenz wird jeden Aspekt eurer Existenz in den Glanz tieferer Wahrheit und Bedeutung tauchen, der den Universalen Geist in einer solchen Reinheit widerspiegelt, daß sein Leuchten eure irdischen Bande schier schmelzen läßt.

An diesem Punkt eures fantastischen inneren Wachstums werdet ihr in aller Intensität spüren, wie ihr mit dem Licht eurer Schwingungen Gaias energetischen Mantel durchwebt, den sie in der vierten Dimension tragen wird – und von nun an wird es euer alleiniges Ansinnen sein, ihr Gewand mit möglichst hellen und klaren Vibrationen zu durchwirken. Diese Widmung an die Erde mit all eurer Liebe und Verbundenheit wird den Grundton setzen für die Musik der Menschheit – deren Klänge auch nach eurer Wandlung noch ewig durch die Weiten des Kosmos schallen werden.

Und vergeßt nicht … Gaia, eure wunderbare Erde, ist das Kehlchakra eures Sonnensystems. So ist ihr Gesang gleichzeitig die Melodie Ras, und ihr gemeinsames Konzert quert auch noch fernste Galaxien und dringt durch alle Dimensionen der Zeitlosen All-Einheit.

Die vierfache Trinität:
Die Vervollkommnung des Lichtvortex

Wenn Ra schließlich in die letzte Phase seines Wandels tritt und Gaia in den »Wehen« ihrer eigenen Neugeburt liegt – nach eurer Zeitrechnung mit der Vollendung des Maya-Kalenders –, werden die Aufsteigenden unter euch innerlich so intensiv mit der Universalen Kosmometrie verbunden sein, daß die vierte Triangulation (die Einbindung des zehnten, elften und zwölften Strangs) sich nunmehr in eurer DNS-Matrix vollziehen kann.

Mit diesem zwölfsträngigen DNS-Bewußtsein schließlich werdet ihr mit allen Lichtwesen der materiellen Welt auf einer Frequenz liegen – mit denen eurer Erde ebenso wie mit den euch verwandten Sternen der zwölf zodiakalen Konstellationen –, wie ihr dadurch auch den lange vergessenen Funken eurer ursprünglichen Herkunft wieder neu entdeckt und entfacht.

Die Akasha-Erinnerung in euch allen wird eure wahre Ahnenreihe wie auch all die verloren geglaubten Fragmente der Menschheitsgeschichte wieder vor euch erstehen lassen, und die Größe und Einzigartigkeit dieses Augenblicks wird euch auf ewig prägen. Dieses Ereignis wird praktisch aus euch selbst erwachsen, seid ihr doch im Grunde eure eigene »Vergangenheit« und »Zukunft«.

Alle Teile fügen sich nun zu einem harmonischen Ganzen zusammen – der Schleier hebt sich für immer, und das Bewußtsein eurer eigentlichen Identität kehrt schlußendlich zurück.

Wenn ihr schließlich zu physischen Lichtkörperwesen geworden seid – wenn euer innerer Kristall in seinem ganzen Glanz erstrahlt –, werdet ihr eure karmische Reise vollendet haben und die Schule des *Samsara* verlassen.

Und damit, ihr erhabenen Seelen, werdet ihr den Schatten und Strapazen der materiellen Welt endlich den Rücken kehren können, denn die Große Initiation wird nunmehr hinter euch liegen.

Ihr werdet die Feuerprobe bestanden haben.

Dieses neue, zwölfsträngige DNS-Bewußtsein wird euch alle auf energetischer Ebene noch enger zusammenschließen, und die konzentrierte Intensität eures Pranas wird der Großen Göttin die Geburt erleichtern – Prana, das ihr im Atemrhythmus der Sonne weitergebt, der eure Wandlung durchpulst. Ihr nehmt Energie auf und gebt sie unmittelbar weiter – nehmt sie auf ... und gebt sie weiter ... bis ihr an den Wendepunkt gelangt, an dem ihr eurer Erde ein neues Leben eingehaucht habt und euch in einer gewandelten Welt wiederfindet.

Und an diesem Punkt werdet ihr die Urschöpferkraft erkennen; denn sie wird als Kosmische Lenkerin dem Wandlungsprozeß Ras vorsitzen. Sie wird der Rhythmus eures neuen Einklangs mit Gaia sein, wenn eure Göttin nach den letzten, schmerzvollen Wehen endlich in die erlösende Reinheit der Höheren Dimension eingehen kann – und euch mit sich nimmt.

Dort werdet ihr auf all die Höheren Meister treffen: auf die Engelskrieger, die Weisen des Lichts ... alle Lichtwesenheiten des Kosmos werden euch empfangen und auch euch zu Instrumenten im Großen Konzert der Sphären machen: zu Teilhabern an der Seelengemeinschaft des Neuen Lichts.

Und endlich, endlich werden auch wir uns gegenüberstehen, und **ihr werdet uns erkennen**, so wie ihr schließlich auch euch selbst – eure wahre Natur – erkennen werdet. Unsere Stimmen werden euch wie das vertraute Flüstern des Windes erscheinen, das euch immer schon zugeraunt hat ... euer ganzes Leben lang. Wellen Universaler Liebe werden durch die goldenen Bahnen eurer Lichtstränge strömen und euer Herz, euren Geist und euer ganzes erleuchtetes Sein in den Glanz eurer Intelligenten Seele tauchen.

Gute Reise, ihr Lieben.

Bald schon werden wir unsere Zusammenkunft feiern können.

DIE KINDER DER
HOHEN VIOLETTEN SEELE
Kapitel Siebzehn

Alles bisher von uns Dargelegte (wie auch eure eigene geschärfte Wahrnehmung und euer intuitives Gespür für die stattfindende Transformation des Universums) sollte euch inzwischen mit der Tatsache vertraut gemacht haben, daß sich die kraftvollen Energien eurer sich wandelnden Sonnengottheit wie auch all die Widerspiegelungen und Manifestationen dieses Prozesses unauslöschlich dem Raum einprägen, den ihr die »Galaxis« oder auch die »Milchstraße« nennt – wie sie überhaupt alle Welten des materiellen Kosmos beeinflussen.

Diese intensiven Energien durchwirken ebenfalls alle Höheren Dimensionen und verweben ihre endlosen Oktaven mit den berauschenden Klängen des Ewigen Kosmischen Konzerts.

Ein wahrer Genuß für himmlische Ohren.

Denn zahllose außerirdische Völker haben diese berückenden Schwingungen vernommen und werden durch sie von eurem Planeten geradezu magisch angezogen – doch dazu an anderer Stelle mehr.

Daher solltet ihr nicht allzu überrascht sein, wenn ihr an einem romantischen Abend zum Himmel aufblickt und ungewöhnliche Lichter oder merkwürdig anmutende Flugobjekte zu Gesicht bekommt, die verstohlen durch die Dunkelheit gleiten. Die Presse wie auch inoffizielle Augenzeugen künden tagtäglich von nicht identifizierbaren Erscheinungen am nächtlichen Himmel – und die Sichtungen unerklärlicher Phänomene dieser Art nehmen stetig zu.

Denn Menschen weltweit erkennen diese vermeintlich »unbekannten« Flugobjekte (UFOs) sehr wohl als das, was sie sind! Und mag
von offizieller Seite auch noch so sehr dementiert werden, so könnt ihr
doch nicht länger die Augen vor der Tatsache verschließen, daß Tau-
sende (unter ihnen Militärs, Polizisten, Piloten und Astronauten)
immer wieder unmittelbare Zeugen einer ganzen Bandbreite unge-
wöhnlicher scheibenartiger, dreieckiger oder auch anders geformter
Objekte werden. Einige (doch nicht alle) sind Abgesandte außerirdischer Zivilisationen, die das Geschehen und die Entwicklungen auf
eurem Planeten beobachten und dokumentieren.

Das machtvolle Licht eurer Sonne schickt seine feurige Glut bis
weit über eure dreidimensionale Welt hinaus – in Paralleluniversen
und Höhere Dimensionen. Dies wirkt wie ein Impuls auf die Geistkrieger dieser Welten, die selbst das karmische Rad und die physische
Existenz lange hinter sich haben, ihre Schwingungsfrequenz herabzusenken, um eurer sich aufschwingenden Gottheit entgegenzukommen.

Denn all diese Veränderungen zeitigen ein bemerkenswertes kos-
misches Schauspiel, und das ganze Universum erwartet voller Spannung seinen Ausgang: Wie sich dieses Geschehen auf der Erde manifestieren wird; wie all die anderen Planeten und Sterne eures *Solaren
Logos* diese Wandlung durchleben werden; und welche Auswirkungen
all dies auf den Bereich jenseits der Sphären Ras hat, auf die Gesamtheit
der kosmischen Gestirne.

Es ist nun langsam an der Zeit, daß ihr alle – wie schon so viele vor
euch – erkennt und einseht, daß ihr nicht allein in den galaktischen
Weiten seid, auch wenn der Großteil der Menschheit über die bloße
Möglichkeit eines von zahlreichen Zivilisationen bevölkerten Universums noch immer verächtlich den Kopf schüttelt.

Denn sehr bald schon werdet ihr alle euch der Erkenntnis stellen
müssen, daß es auf all den vermeintlich so »leblosen« Planeten und
Monden eures großen Sonnensystems in Wirklichkeit recht betriebsam
zugeht. Sogar die meisten von ihnen sind von intelligentem Leben

bewohnt, von einer breiten Vielfalt an Tier- und Pflanzenarten, die in ihrer biologischen Struktur denen eurer Erde sehr nahekommen. Und auch auf ihnen wirken Lichtträger, die sich wie ihr auf den bevorstehenden Umbruch vorbereiten.

Euer gesamter Quadrant des materiellen Universums ist zum Anziehungspunkt für alle möglichen Lichtwesenheiten geworden, welche die Strahlenbotschaft eurer Sonne vernommen haben – Entitäten sowohl eurer dreidimensionalen Welten als auch solche, die wie wir Dimensionen höherer Frequenzen bevölkern.

Die intensiven, den »Raum« durchziehenden Vibrationen erregen die Aufmerksamkeit der Lichtkräfte, und diese entsenden aus den lautersten Absichten heraus ihre Geistkrieger, um zu erkunden, welch gewaltige Umschwünge sich dort in den niederen Frequenzbereichen anbahnen und wie sich diese Ereignisse auf die bewußten Seinsformen auswirken, die in ihrer Gesamtheit den Körper dieser physischen Welten bilden.

Wir denken, daß sowohl der Wunsch eines solchen Geistwesens, mit einem ganzen, in Wandlung begriffenen Seelenkollektiv in energetische Verbindung zu treten, als auch die Bereitschaft, in diesen Dichtegrad zurückzukehren, zwei ganz besonders ausdrucksstarke Beweise für Universale Liebe und Hingabe sind. Diese selbstlose Ergebenheit ist im gesamten Kosmos spürbar und ruft das Bewußtsein in euch wach, daß euer aller Wesen auf eben derselben energetischen Frequenz und geistigen Reinheit basiert und daß viele von euch diese Inkarnation ebenfalls aus diesem einen Grunde angetreten haben: um für Gaia und die Menschheit einzustehen. Ihr alle seid Krieger – denn ihr seid die Erwachenden.

Nun, da immer mehr von euch ihre wahre Identität wie auch ihr Ziel erkennen, wächst eure Zahl stetig.

Seid gesegnet! Wir danken der Unermeßlichkeit allen Bewußtseins – wir danken denen, die euch vorangegangen sind wie auch denen, die euch noch folgen werden.

Laßt uns nun gemeinsam und auf ewig die Weisheit und das Wesen des Erhabenen Geistes preisen – die All-Einheit: *Alles Was Ist, Was Jemals War und Was Ewig Sein Wird.*

* * *

Immer schon sind manche der spirituell hochentwicklten Geistkrieger auf niedrigere Bewußtseinsebenen zurückgekehrt, um dort so lange wie nötig ihre Hilfe und Unterstützung darzubieten ... indem sie das flammende Schwert der Wahrheit durch diese Welten schwingen.

Sie sind es, die allen voran und auf vielfältigste Weise für Gerechtigkeit und Freiheit kämpfen – indem sie sich an die Spitze des Seelenheers setzen, das unverwandt zum Neuen Horizont vorrückt. In aller Stille beginnen sie ihr Wirken und widmen sich ganz dem Dienst an der planetaren Gottheit, um denen beizustehen, die wie ihr diesen wunderbaren Wandlungsprozeß vorantreiben wollen – und die Stimme der Gemeinschaft dadurch um so lauter erschallen zu lassen. Sie alle wollen euch durch das Tor der Transformation geleiten und dadurch euren Aufbruch wie auch euren Abschied besiegeln – denn in der Welt, die ihr verlaßt, wird es statt eurer stattlichen Sonne nur noch einen zwergenhaften Stern geben.

Ras Glut wird nicht mehr sein.

Wir können euch versichern, daß diese Geistkrieger für den Übergang von höchster Bedeutung sind – haben sie doch auch uns bereits aus den Sümpfen von Zwiespalt und Verheerung geborgen, als es an Sirius war, die Schwelle zur nächsten Dimension zu überschreiten. Durch ihre starke und liebevolle Unterstützung entdeckten wir unsere innere Stärke, und diese Stärke ermöglichte uns zusammen mit der Kraft unseres freien Willens den Aufstieg in die nächsthöhere Dimension.

Vertraut uns also, wenn wir euch in aller Bescheidenheit unser Wissen darbieten, um euch dadurch alles Kommende zu erhellen und eingängiger zu machen.

Eure Existenz ist eng mit der unsrigen verbunden und betrifft uns ebenso wie euch selbst – und daher ist es nicht verwunderlich, daß die Lichtkräfte des Universums so stark in euren Wandel verstrickt sind. Unsere spirituelle Entwicklung bringt uns alle einmal an den Punkt, an dem wir die uns innewohnende Göttlichkeit erkennen, welche alle Kinder des Universums dazu anhält, einander bei ihren ersten Schritten zur Seite zu stehen … und sich die Hand zur gegenseitigen Führung zu reichen.

Im Namen der alles verbindenden Schöpferkraft reichen wir euch nun unsere helfende Hand – um euch all die liebevolle Unterstützung zu gewähren, die uns alle zur Ewigkeit des Lichts geleitet, das stetig und kraftvoll alle dunklen Schichten durchdringt und uns alle der Vollendung entgegenträgt, die der Göttlichkeit unseres eigenen Schaffens entspringt.

Ergreift unsere Hand …

Ergreift sie, auf daß sie euch führen möge.

Diese Universale Liebe drückt sich auf vielfache Weise aus … denn die Höheren Welten setzen sich aus zahlreichen Bewußtseinsebenen zusammen. Ihr seid umgeben von den Großen Erzengeln, ihren Engelskriegern, den Erleuchteten Meistern, den Weisen des Lichts, außerirdischen Christusgestalten, Geistkriegern, Himmelsgottheiten, Lichtbringern, Elementargeistern, Bodhisattvas – die ihr Leben ganz dem Dienst an anderen widmen, um Erleuchtung zu erlangen – und zahllosen weiteren Lichtwesenheiten … und sie alle dienen dem Göttlichen. Sie alle begleiten die Seelen, die in Wandlung begriffen sind – und wir alle wandeln uns stetig – und stehen jeder einzelnen von ihnen bei, sobald sie sich vom karmischen Rad löst und die Schwelle zum Licht überschreitet, um sich mit uns zu vereinen.

Der Übergang einer so strahlenden Gottheit wie Ra, dessen Transformation ein enormes Maß an versengender Hitze und wogenden Energien freisetzt, erfordert – wie ihr euch bestimmt vorstellen könnt –

ein ganz besonders hohes Maß an sorgfältigster Vorbereitung und stellt für all die Lichtkräfte eine wahrhaft königliche Herausforderung dar ... ebenso wie der Aufstieg so vieler Seelen.

So unendlich vieler Seelen ...

Ihr könnt euch wahrscheinlich nur schwer das ganze Ausmaß eures bevorstehenden Aufstiegs vorstellen oder euch die gewaltige Energiewoge ausmalen, die – einem *Tsunami* gleich – über den Kosmischen Ozean hinwegbranden wird, wenn eine so unglaubliche Menge von Seelen gemeinsam in Höhere Sphären eintritt – dies muß auf euch schier unfaßbar wirken, fällt es uns selbst doch trotz all unserer Erfahrungen schon schwer, dieses Schauspiel zu begreifen.

Das Hauptanliegen der Lichtkräfte ist es, alle bewußten Seinsformen zurück zu ihrer Quelle zu geleiten. Die Erzengel – Michael, Raffael, Ariel und Gabriel – lenken hierbei die Universalen Urkräfte, halten alle Himmelskörper im Gleichgewicht und erleuchten die Sphären mit ihrem Glanz. Manche Lichtwesenheiten haben sich einzelner Welten angenommen, andere wiederum bestimmter Völker; einige stehen euch von Höheren Dimensionen aus bei ... und umsorgen euch von dort aus mit ihrem Licht; andere, wie beispielsweise die Elementargeister, sind mitten unter euch und wirken direkt in den kristallinen Strukturen eurer dreidimensionalen Welt.

Einige dieser Wesenheiten widmen sich einzelnen – dies sind dann eure Seelenführer. Manch andere, wie zum Beispiel die Yzhnüni, die schon den Atlantern zur Seite gestanden haben, kehren auch jetzt wieder in physischer Gestalt zurück in die dritte Dimension, um ganzen Zivilisationen durch den Umbruch zu helfen.

Dies geschieht immer ganz besonders an den Punkten des Raum-Zeit-Kontinuums, an denen es zu gewaltigen energetischen Veränderungen kommt, welche diese Krieger des Lichts dazu veranlaßt, ihren eigenen spirituellen Aufstieg hintanzustellen, um den betroffenen Gemeinschaften ihre Unterstützung zukommen zu lassen.

Die Kinder der Hohen Violetten Seele sind solche Lichtkrieger.

Ganz egal, welchen Punkt ein jeder in seiner sozialen und spirituellen Entwicklung auch erreicht haben mag, so liegt seine Hauptaufgabe doch stets in der Verantwortlichkeit – nicht nur sich selbst gegenüber, als Suchender auf dem Pfad der Erleuchtung, sondern gegenüber allen Angehörigen der Kosmischen Familie, die gemeinsam mit ihm fortwährend die Wirklichkeit hervorbringen – in all ihrer Größe wie auch in ihren kleinsten Facetten.

Denn diese eine Wahrheit müßt ihr euch stets bewußt machen: Nichts steht still – alles unterliegt dem Unendlichen Wandel.

* * *

Laßt uns nun zu den Kindern der Hohen Violetten Seele kommen, den inkarnierten Geistkriegern, die es sich zur Aufgabe gemacht haben, euch durch die Feuerprobe eures Übergangs zu führen – von der Dichte eurer lärmerfüllten Welt hinüber in die nächsthöhere Dimension.

Wir wollen euch an dieser Stelle ihre Identität und ihren Auftrag einmal genauer darlegen, denn sie sind nicht die einzigen höherentwickelten Seelen, die derzeit in eure Welt kommen, und diese Vielfalt mag für einige Verwirrung sorgen.

Da gibt es zum Beispiel noch die Kinder mit besonderen psychischen Fähigkeiten – die sogenannten Indigo-Kinder – und, ja, auch außerirdische Hybriden mit außergewöhnlichen Veranlagungen. Und bei weitem nicht alle dieser hochbegabten Neuankömmlinge haben sich dem bedingungslosen Dienst an euch verschrieben – seht euch also vor und rühmt nicht gleich jede vermeintlich so »wunderbare« Begabung dieser neuen Erdenbewohner.

Die Hohe Violette Seele ist eine Gemeinschaft von Wesen mit einem hochentwickelten spirituellen Bewußtsein, die den oberen Frequenzbereich des Lichtspektrums besiedeln, welches die physische Welt durchdringt.

Sie reisen auf den violetten Strahlen dieses Lichts.

Es sind Lichtwesenheiten, die – der karmischen Schule materieller Welten lange schon entwachsen – an das untere Ende des Spektrums zurückkehren, um ihre eigene Seelenentwicklung der selbstlosen Hingabe an Gaia zu opfern.

Auch andere Gruppen von Kriegern kehren auf diese Wellenfrequenz zurück, um Gaias Schwestergottheiten – all die Planeten eures Sonnensystems, die gemeinsam mit euch aufsteigen werden – unter Leitung der Urschöpferkraft beizustehen ... welche euch den Weg bereiten wird, indem sie die nötigen Konstellationen erstellt, Balancen webt und den Rhythmus vorgibt, um euch alle in perfektem Gleichklang und Göttlicher Harmonie in eine neue Existenz zu singen.

Die Angehörigen der Hohen Violetten Seele inkarnieren erst seit kurzem – erst vor einem »Augenaufschlag« quasi haben sie begonnen, in eure Sphäre zu treten, um all jenen als Leitstern den Weg zu weisen, die ihre wahre Natur zu erkennen vermögen. Ihre vorrangige Aufgabe besteht darin, das elektromagnetische Kontrollnetz zu zerreißen und gemeinsam mit euch Lichtwirkern die Menschheit zu mehr Verantwortung für alles Leben auf der Erde aufzurufen. Sie wollen euch die Schwelle erleuchten, über die ihr so bald schon hinwegschreiten werdet – Hand in Hand, mit wachem Geist und offenem Herzen.

Diese Kinder der Hohen Violetten Seele verfügen bereits über neun integrierte DNS-Stränge – die Supralumineszenz – und sind somit physische Lichtgestalten. Und habt auch ihr erst einmal alle neun Stränge des Nonagons aktiviert, werden diese Kinder der ausschlaggebende Faktor für die Kristallisation – die Verfestigung – dieser dreifachen Triade sein.

Sie treten vornehmlich an zwölf bestimmten Punkten in eure Welt – Punkte, die sich aus einem Ikosaeder-Muster ergeben, nach welchem euer Planet selbst ein großer, zwölfseitiger Kristall ist, dessen Oberfläche sich in zwanzig gleichseitige Dreiecke einteilen läßt. Diese Einteilung wiederum entspricht der Kosmometrie der zwölfsträngigen DNS eurer Zellen – die im gleichen Verhältnis zu eurem Körper stehen wie ihr zu Gaia. An diesen zwölf Verbindungspunkten ist das elektromagnetische Netz naturgemäß am schwächsten, da die Heilige Geometrie dieser Energiewirbel selbst ein kraftvolles Schwingungsfeld erzeugt. Dieses Kraftfeld ermöglicht es den Hohen Seelen, die schädlichen elektromagnetischen Strahlungen zu zerstreuen und das DNS-Nonagon ihrer physischen Körper aktiv zu halten.

Auch die zwölf Punkte selbst werden durch ihr Wirken stimuliert und belebt, so daß ihre Energien die Erde erneut kraftvoll umspannen und durchdringen können – um Lichtwellen auszusenden, die den gesamten Planeten durchpulsen und allesamt in Agharta zusammenlaufen – dem Mittelpunkt der unterirdischen Welt im Erdinnern, der euch als Shambhala bekannt ist.

Schon euren Atlantischen Urahnen erschloß sich der Weg hinein in Gaias Herz, und seither befindet sich die spirituelle »Schaltzentrale« eures Planeten an diesem verborgenen Ort – Wohnstatt der Aghartischen Herrscher und Nabel der Großen Göttin. Hier wurden und werden noch immer die Adepten der Weißen Atlantischen Bruder- und Schwesternschaft in das Geheime Wissen eingeweiht, die über die Jahrhunderte hinweg immer wieder inkarniert sind und eure Geschichte geprägt haben, in aller Stille und ohne daß irgend jemand davon Notiz genommen hätte.

Tief in diesem inneren Heiligtum wurde zahllosen Hohepriestern und Lamas der wertvolle Schatz Aghartischer Weisheit erschlossen, doch mußten sie all ihr Wissen streng geheimhalten, um sich wie auch die Lehren selbst zu schützen – bis jetzt, da all diese Geheimnisse ans Licht getragen werden. Und ebenso wie eure äußere Welt ist auch dieses innere Reich für euer kommendes, wahrhaft göttliches Abenteuer von zentraler Bedeutung.

Zwar ist es nur den Eingeweihten vergönnt, Agharta zu schauen, doch hallt die Frequenz eures erwachenden Bewußtseins auch bis tief ins Erdinnere und bleibt dort nicht ungehört. Die Erleuchteten Meister stellen ebenfalls eine Verbindung zwischen euch und dieser Welt dar, da sie regelmäßig in dieses magische Land reisen, um sein Licht auch in die äußeren Sphären zu tragen. Und einige von euch dringen auf ihren Astralreisen weit in das Labyrinth vor, das zu den Heiligen Hallen von Agharta führt. Bald schon werden die Tore dieser Stadt euch allen offenstehen.

Euer gegenwärtiges Weltbild spricht hauptsächlich vom »Oben«, vom Himmel, und vom »Unten«, womit ein recht nebulöser, rätselhafter Ort irgendwo unterhalb eurer Füße gemeint ist – und diese Einteilung läßt euch zu oft vergessen, daß es da noch ein »Innen« gibt, das Herz eurer Großen Mutter, aus dem heraus sie euch alle mit Leben durchpulst.

Agharta ist der Sitz dieser Heiligen Seele Gaias.

Und den Hochaltar dieses innersten Sanktums ziert die Bundeslade, das Symbol der Verbundenheit mit der Urschöpferkraft.

* * *

Den Kindern der Hohen Violetten Seele ist es trotz des elektromagnetischen Feldes der Annunaki und den extrem niederfrequenten Wellen, mit denen die HAARP-Anlagen euch beschießen, gelungen, ihre Schwingungsfrequenz auf ein physisches Niveau herabzusenken, ohne dabei die Essenz ihres Potentials einzubüßen – indem sie an den oben bereits erwähnten Orten inkarniert sind, an denen das Netz, das euren Planeten gefangenhält, am schwächsten ist … oder sich bereits aufzulösen beginnt.

Sie alle kamen im Jahr 2000, zu Beginn des neuen Millenniums – sind nach euren biologischen Gesichtspunkten also allesamt noch Kinder … und doch sind sie in Wahrheit so alt wie eure Zeit selbst.

Sie haben jede einzelne Phase zwischen Empfängnis und Geburt ganz bewußt durchlebt, um sich die Erinnerung an jedes Detail dieser

Formwerdung zu bewahren – während der sich der Geist kristallisiert und die alle Seelen, alte wie junge, durchlaufen, jedoch danach zumeist wieder vergessen.

Dieser Prozeß beinhaltete die bewußte Teilnahme an der Vereinigung der väterlichen und mütterlichen Essenz – des Eindringens des Spermas in die Eizelle – und die Imprägnierung dieser zusammenfließenden Energien mit dem reinigenden Licht violetter Strahlung – welches die Schlacken elterlichen Karmas hinwegspülte und so einen geläuterten Nährboden für das neue Leben hinterließ.

In diesem Moment der Manifestation verwebte die Hohe Violette Seele die dreifache Triade ihres Nonagons mit den Lichtsträngen der sternenentsprossenen menschlichen DNS. Dadurch wurde der heilige Mutterschoß förmlich erleuchtet, und dieser Glanz ließ auch die Mutter selbst erstrahlen.

Diese neun gleißenden Stränge durchsetzten während der neunmonatigen Entwicklung des Embryos jede einzelne Zelle des sich kristallisierenden Lichtkörperwesens, und mit freudiger Erregtheit fieberte es seinem Eintritt in die Welt entgegen – einer bewußt durchlebten Geburt hinein in die Fesseln dreidimensionaler Wirklichkeit.

Überall im Umfeld dieser Kinder beginnen sich nun Muster Heiliger Geometrie zu manifestieren: der vierfachen Trinität, die an allen Stellen des Globus auftaucht.

An zwölf Orten der Erde sind zwölf Kinder der Hohen Violetten Seele geboren worden: Und die 144.000 Blätter der Göttlichen Lotusblüte – das Herz Gaias – haben sich nunmehr geöffnet. Wenn sie zwölf Jahre alt sind, werdet ihr in die letzte Phase eurer Wandlung eintreten – im zwölften Monat des Jahres 2012 (zwanzig-zwölf), wenn die Sonne nach elf Jahren kurz vor 2012 erneut einen energetischen Höhepunkt erreicht und in das zwölfte Jahr ihres Zyklus eintritt – gegen Ende des zwölften Monats im Jahr 2012.

Dann werden sich die zwölf Stämme erneut in Agharta zusammen-finden – dem dreizehnten Knotenpunkt, an dem alle Aspekte der Zwölf-fachen Ordnung zusammenlaufen. Dort wird der Kreis der zwölf Kri-stallschädel den Dreizehnten Schädel – den Meister-Schädel – erneut auf die Erde zurückbringen und manifestieren.

Und auch das Komitee der Schädel wird neu erstehen; die Zirbel-drüse aller aufsteigenden Lichtträger wird wieder voll aktiviert sein.

Die Kinder der Hohen Violetten Seele werden an diesem Punkt ihr zwölfstrangiges DNS-Bewußtsein erlangen, und das Funkeln ihrer vollständigen Erleuchtung wird auch eure Lichtstränge entflammen.

Der Kosmische Urheber wird seinen Großen Plan vollendet haben.

Alles wird in Erwartung eurer großartigen Reise in perfektem Gleichklang schwingen, um gemeinsam mit Ras Körper, Geist und Seele zum Neuen Horizont aufzubrechen.

DER KONTAKT
Kapitel Achtzehn

Es ist uns durchaus bewußt, daß ihr auf erbitterten Widerstand und Unverständnis stoßen werdet, sobald ihr auch nur versucht, anderen unsere Botschaft oder auch eure eigenen multidimensionalen Einsichten und Erfahrungen nahezubringen. So tief stecken die meisten Menschen in ihren eigenen Alltagsillusionen und den niederfrequenten Vibrationen ihrer Ängste, so betäubt und gelähmt sind sie durch all ihre Medikamente, Drogen und andere Abhängigkeiten, daß sie schlichtweg nicht zugänglich sind für euer hoffnungsfrohes und lichtvolles Zukunftsszenario – doch auch das wird sich ändern, wenn die Wahrheit sich erst einmal ans Licht gekämpft hat.

Bis auf eine kleine Gruppe von unverzagt Suchenden empfindet der Großteil eurer Gesellschaft den bloßen Gedanken an außerirdische Wesen, die über medial veranlagte Personen zur Menschheit sprechen, als ausgesprochen lächerlich, und jeder, der sich zu dieser Überzeugung und zu unseren (und anderen vertrauenswürdigen) Zeugnissen bekennt, wird als törichter, verblendeter Sektierer argwöhnisch beäugt.

Und gar über die energetischen Veränderungen zu reden, die allein das Lesen unserer Botschaft schon im Schwingungsfeld eures Körpers zeitigt – wie so viele von euch uns berichtet haben – bedeutet, die eigene Glaubwürdigkeit aufs Spiel zu setzen und den gesellschaftlichen Ausschluß zu riskieren ... was bis hin zu Repressalien durch diejenigen reichen kann, denen euer inneres Leuchten ein Dorn im Auge ist – geben sie sich doch die größte Mühe, gerade dieses wie auch eure wahre Menschheitsgeschichte in Dunkelheit zu ertränken.

All das ist uns bekannt. Denn wir haben Trydjya während ihrer gesamten Entwicklung begleitet, sie um eben diese Hürden herumgelotst, die noch immer eurem Wachstumsprozeß im Wege stehen, und immer wieder neue Pfade ausfindig gemacht, um all jenen unsere Botschaft zu übermitteln, die bereit sind, sie zu vernehmen ... Lichtwirkern wie euch. Wir freuen uns, daß dieses Buch eure Aufmerksamkeit und Neugierde geweckt hat, als es euch im Bücherregal praktisch »ins Auge fiel« und somit ein Band knüpfte zwischen uns ... und wir sind euch zutiefst dankbar dafür, daß ihr das Licht dieses Buches weiterreicht.

Nun allerdings ist es auch für den Rest der Menschheit allmählich an der Zeit, zwischen den Zeilen der offiziellen Menschheitsgeschichte zu lesen, die eurem kollektiven Gedächtnis eingebrannt wurde.

Bringt nun endlich Licht in das Dunkel all der Geheimnisse und Lügen!

* * *

Denn noch immer ist die Geheime Machtelite eifrig darum bemüht, euer Unterbewußtsein mit einer Kanonade furchteinflößender Bilder und verzerrter Vorstellungen über Außerirdische zu bombardieren (und für die dunklen Kräfte dieser wie auch ferner Welten sind sie wahrlich Experten!), um euren Geist auf vorgegebene Bahnen zu lenken und so in Schach zu halten. Denn anstatt euch frei umherwandern zu lassen, auf daß ihr die wunderbaren Möglichkeiten eurer Teilhabe an der Galaktischen Föderation schauen mögt, sehen sie euch lieber in den unbeirrbaren Glauben an eine verheerende »Alien-Invasion« verbissen – an außerirdische Kreaturen, die sich eurer Körper bemächtigen, um euch zu unterjochen und jeden Aspekt eurer Seinsebene rigiden Kontrollmechanismen zu unterstellen.

Ob ihnen die Ironie dieser Selbstdarstellung wohl bewußt ist?

Die »Protagonisten« auf der großen Bühne dieses Welttheaters – die eure Psyche mit Lügen und Irreführungen prägen sollen, um euch von der Wahrheit abzulenken – sind vor allem die Massenmedien, aber auch Mechanismen wie all die gestellten, stereotypen »Alien«-Entführungsrituale, die von der Regierung inszenierten UFO-Erscheinungen und nicht zuletzt der endlose und vielfältigste Strom subliminaler – unterbewußter – Beeinflussung. Selbst eure eigenen aufgeschlossenen und freidenkenden Reihen sind vor ihren Übergriffen nicht sicher und werden gezielt mit Fehlinformationen und falschen Gurus infiltriert, die ein wahres Schreckensszenario ausmalen, in dem böse Aliens vor Reichstag, Kreml und Weißem Haus landen und kalt und schleimig durch eure Städte gleiten.

Solltet ihr solchen abstrusen Vorstellungen tatsächlich erlegen sein, so fragt euch doch einmal, ob nicht vielleicht eher die außerirdischen »Invasoren« von der feindseligen Atmosphäre eures Planeten mit all seinen bedrohlichen Apparaturen abgeschreckt und entmutigt sind. Denn sollten sie noch kaltblütig und verwegen genug sein, das gigantische »**ZUTRITT VERBOTEN**« des elektromagnetischen Kontrollnetzes zu ignorieren, welches das Establishment wie Stacheldraht um euren Planeten gewunden hat, erwarten sie am Erdboden immer noch all die haarsträubenden militärischen Abwehreinrichtungen.

Und ob ihnen wohl irgendein Empfangskomitee den roten Teppich ausrollen würde, um sie willkommen zu heißen, sollten sie tatsächlich den Mut aufbringen, sich am hellichten Tag in eure Mitte zu wagen?

Versteht uns bitte nicht falsch: Es liegt uns fern, hier ein rosarotes Klischee heraufbeschwören und jede Möglichkeit eines Eindringens feindlich gesinnter Wesen abstreiten zu wollen. Und ebensowenig schätzen wir den Kult um vermeintliche außerirdische »Retter«, die mit ihrem Mutterschiff anrücken, um euch alle aus der Finsternis eurer Wirklichkeit mit hinüber in eine heile Welt zu nehmen. Denn im Gegenteil betrachten wir jede »Patentlösung« mit Skepsis, die euren freien

Willen und eure eigene Schaffenskraft zu untergraben trachtet – eure Entscheidungsfreiheit, aus einem unendlich breiten Angebot an Möglichkeiten und Erfahrungen heraus zu *wählen*.

Unsere Absicht ist es lediglich, euch mental auf das Erscheinen außerirdischen Lebens vorzubereiten, auf daß ihr diesen Wesen ohne Angst begegnen könnt. Denn an euch wird es sein, in diesem Falle den ersten Kontakt herzustellen. Und ihr solltet euch darauf vorbereiten, indem ihr eine klare Vorstellung von der Bedeutung dieses Ereignisses für euch persönlich und für die gesamte Erdengemeinschaft gewinnt, wie auch – für diejenigen, die den großen Schritt hin zum Erwachen bereits getan haben – für seinen Einfluß auf eure Funktion als spirituelle Wegbereiter.

Wie diese ersten Treffen verlaufen und welche Früchte aus ihnen reifen werden, liegt also maßgeblich in eurer Hand. Werdet ihr mit den anderen die Kriegstrommeln schlagen, oder aber werdet ihr das dumpfe Dröhnen ihres Kriegsgeräts mit den hellen Stimmen eures Friedensgesangs übertönen?

Wenn es nach eurer Geheimen Machtelite ginge, so würden ausnahmslos alle außerirdischen Besucher als »Feind« par excellence verdammt werden – als die ultimative, neue »Terrorgefahr«. Jeder Versuch der Kontaktaufnahme von außerirdischer Seite würde unterbunden, und statt dessen würde das Establishment selbst »Botschaften« konstruieren, die allein ihren dunklen Machtspielen dienten.

Das könnt ihr einfach nicht zulassen. Oder vielmehr könntet ihr natürlich schon, aber ihr *werdet* es nicht geschehen lassen.

Ebensowenig wie wir.

Ebensowenig wie diejenigen, die sich der Menschheit schließlich zu erkennen geben werden.

Alles, was ihr tun müßt, ist, in freudiger Erwartung die Stimme eurer Menschlichkeit zu erheben und diesen Besuchern die Kraft eurer Liebe entgegenzuschicken, die alle Gefahren – reale wie erfundene – einfach auflösen wird.

Natürlich ist die materielle Welt voller polarer Kontraste verschiedenster Intensität, vor deren Kulisse sich helle und dunkle Kräfte im ewigen Tanz der Gegensätze umschlingen – das wißt ihr selbst nur zu gut. Wir haben ja an früherer Stelle bereits erwähnt, daß ihr alle für die machtvolle Kriegstechnologie der Geheimregierung verraten und verkauft worden seid – für all die sogenannte Spitzentechnologie wie auch für die Vorrichtungen zur Bewußtseinskontrolle.

Im Austausch für all dieses perfide Spielzeug wurde ihren außerirdischen Verbündeten gestattet, sich für ihre biologischen Forschungsprojekte nach Belieben aus der »Materialkiste« der Erde zu bedienen und sich von Entführten all die Gewebeproben und DNS-Informationen zu beschaffen, die sie für ihre zweifelhaften Untersuchungen benötigen; zahlreiche dieser Übergriffe werden von den Zeta-Retikulanern durchgeführt, die ein ganz besonders enges Verhältnis zu eurer Geheimen Regierung unterhalten.

Es wurden Verträge zwischen ihnen abgeschlossen ... und ihr, die Menschheit, seid das Zahlungsmittel!

Ein Großteil der Entführungen durch »Außerirdische«, bei denen die Opfer unter Drogen gesetzt werden und furchtbarste Dinge über sich ergehen lassen müssen, wird jedoch von der Regierung selbst inszeniert. In Wahrheit gehören fast alle dieser Entführungen zu dem sorgfältig arrangierten Plan des Establishments, euch alle mit einer so tiefen Furcht zu imprägnieren, daß ihr beim Anblick des ersten Raumschiffs vor Panik schier um den Verstand kommt.

Der Grund, der das Establishment dazu treibt, hartnäckig an ihrer Verhüllungsstrategie festzuhalten, liegt auf der Hand: Führt euch nur noch einmal die »Reptilien-Agenda« der Annunaki vor Augen – ihr Vorhaben, sich die extrem niederfrequente Schwingung der Erde zunutze zu machen, um ihren Heimatplaneten Nebiru noch rechtzeitig vor dem Aufstieg aus seiner eisigen Erstarrung zu lösen –, und euch wird unversehens klar, wie verheerend sich ein offener Kontakt zwischen euch und außerirdischen Zivilisationen auf ihre perfiden Machenschaften – ihren zielstrebigen Raubbau an der Erde – auswirken würde.

Die erhöhten Frequenzen entwickelter außerirdischer Kulturen würden sich gerade jetzt absolut zerstörerisch auf ihren verzweifelten Versuch auswirken, Gaia an die niedrigen Schwingungen Nebirus zu koppeln, und die Chance, dieses lange angepeilte Ziel endlich durchzusetzen, wäre endgültig vertan.

Ihr fragt euch wahrscheinlich, warum das Massenbewußtsein der Menschheit noch immer blutrünstig durch die Tiefen des düsteren Dschungels niederer Instinkte streifen kann – während ihr übrigen doch bereits den höchsten Gipfel eurer spirituellen Reise erklimmt.

Gerade diese Primitivität instinkthafter Existenz ist ein wichtiger Teil ihrer Agenda: Ihr alle wachst auf der Grundlage von Blut und Gewalt auf und werdet durch zahlreiche, mehr oder weniger subtile Methoden dazu gebracht, all diese dunklen Regungen zu nähren und das energetische Feld der Erde so auf das niedrigstmögliche Niveau zu bringen ... um die Resonanz zu Nebiru herzustellen, bevor es unrettbar verloren ist.

Denn für die Annunaki ist all dies lediglich das »Mittel zum Zweck«: Zwietracht, Disharmonie und Chaos zerren wie Gewichte an Gaias energetischen Flügeln und sollen so verhindern, daß sie sich zu höheren Dimensionen aufschwingt.

* * *

Versucht einmal, euch dieses Ereignis auszumalen: Außerirdische Raumfahrer landen zum ersten Mal offiziell auf der Erde – um Kontakt zur gesamten Menschheit aufzunehmen. Und versucht dabei all die angstschürenden Einflüsse à la »Independence Day« beiseite zu lassen, um es einmal völlig unvoreingenommen zu betrachten: Vermeintlich »nicht existentes« Leben tritt urplötzlich in eure Welt – und erweitert eure Grenzen wie auch eure Möglichkeiten ganz entscheidend.

Welch enormes Potential steckt in dieser Entdeckung – welch große Bedeutung stellt sie dar für eure kollektive Seele, die sich nun nicht länger als das einsame Zufallsprodukt eines ansonsten unbelebten Universums betrachten muß.

Ist dies nicht ein wahrhaft einschneidendes Ereignis für alles Leben eurer Erde? Birgt dieses neugeschaffene Band zu den Sternen nicht die einmalige Chance, die euch aufoktroyierten Machtstrukturen wie Kartenhäuser in sich zusammenstürzen zu lassen? Stellt euch vor, welche Folgen eine solche Begegnung zeitigen würde, und ihr werdet die Geheimniskrämerei des Establishments in einem ganz neuen Licht sehen.

Der erste Anblick einer außerirdischen Flotte wird naturgemäß (aufgrund der euch jahrzehntelang eingeimpften Negativpropaganda) erst einmal Massenhysterie und Chaos auslösen. Und keine Regierung der Welt wird euch zu überzeugen vermögen (geschweige denn dies anstreben), daß sie für den »Ernstfall« mit effektiven Maßnahmen gegenhalten könnte. Ja, eure Führungsspitze wird noch nicht einmal *vorgeben*, euch vor diesen »Eindringlingen« schützen zu wollen, haben sie diese doch über all die Jahre hinweg so wirkungsvoll als Höllenbrut verdammt, die sich durch nichts und niemanden aufhalten läßt.

Die erste Reaktion der Menschheit auf ein solches Ereignis wird also voraussichtlich erst einmal heftigste Panik sein.

Habt ihr dann jedoch den ersten Schock überwunden und euch an den Anblick dieser Fremdlinge gewöhnt, werden alle so subtil gewebten Kontrollnetze endgültig zerreißen. Die Wall Street wird kollabieren, militärisches Rüstwerk sich als nutzlos erweisen (denn sind sie erst einmal gelandet, kann sie weder ein Raketenabwehrsystem noch irgendein noch so intensives elektromagnetisches Netz mehr aufhalten) und die sowieso schon labile Weltwirtschaft wird wanken und in sich zusammenbrechen. Eure Gesellschaft selbst wird quasi mit »quietschenden Reifen« zum Stehen kommen, sich um ihre Fernsehgeräte scharen und voller Bangen die »Schicksalsbotschaft« der Invasoren erwarten.

Und bis diese Besucher durch ihr Verhalten ihre wahren Absichten deutlich machen und so die Situation klären können, wird nur hier und da ein ängstliches Wimmern über den ansonsten zu eisiger Stille erstarrten Weiten menschlicher Regung zu vernehmen sein.

»Danach« wird euer aller Leben – so wie ihr es jetzt kennt – nie wieder dasselbe sein. Dieses Ereignis, das eure gesamte Welt unwiderruflich mit der Tatsache außerirdischen Lebens konfrontiert, markiert den Punkt in eurer Geschichte, an dem all die Landannektierungen, Glaubenskriege und Rassenkonflikte, die derzeit überall auf eurem Planeten Krisenherde brodeln lassen, **abrupt** enden werden. Vor dem Hintergrund dieses galaktischen Schauspiels werden all diese Unruhen durch ihre Bedeutungslosigkeit verblassen. All die haßerfüllten Augen, die sich momentan noch von verschiedenen Lagern aus herausfordernd fixieren, werden sich nach oben wenden, um ehrfürchtig die Weiten des Kosmos zu bestaunen, die ohne jede Grenze auskommen.

Dies wird der Zeitpunkt sein, an dem das Establishment seine Macht über euch endgültig einbüßt – und das weiß dieses nur allzu genau.

Fürchtet euch daher nicht vor diesem Zusammentreffen, denn genau solch ein Ereignis ist nun vonnöten – ein »Wunder«, das eine Welle ungeahnter Bewußtwerdung über euren Planeten hinwegschwemmen wird. Die Ankunft außerirdischer Besucher wird genau der ausschlaggebende Faktor sein, der eure gesamte Gemeinschaft aus ihrer Reptilienstarre reißen und sie das Blut erkennen lassen wird, das ihr bis dahin als Nahrung aufgetischt wurde … um sie verwundert zum Himmel hinaufblinzeln zu lassen, der plötzlich so erstaunlich lebendig geworden ist.

Viele außerirdische Nationen haben sich zusammengefunden und rücken nun trotz aller Barrieren unaufhaltsam zur Erde vor. Und auch all die Illusionen, welche die Regierung für euch inszeniert, werden euren Kontakt zu diesen Nationen letztlich nicht verhindern können.

Denn der Kontakt steht unmittelbar bevor.

Das spürt ihr – wie ihr auch spürt, daß die Geheime Regierung die Beweise ihrer Existenz nicht länger verbergen kann. Rund um den Globus nehmen UFO-Sichtungen nun überhand, und selbst die sonst so gehorsam schweigenden Medien können diesen Fakt nicht länger einfach übergehen. Menschen auf der ganzen Welt sehen diese neuen Lichtsignale am nächtlichen Himmel – Lichter, die tanzen und kreiseln und vom baldigen Ende irdischer Isolation künden.

Mag die Machtelite sich auch noch so verzweifelt bemühen (denn verzweifelt ist sie in der Tat), die Gegebenheit außerirdischen Lebens vor euch zu verschleiern, so werdet ihr doch unausweichlich diese Wahrheit enttarnen. Und der erste Kontakt wird nicht mehr lange auf sich warten lassen. Euch allen steht er unweigerlich bevor – völlig unabhängig davon, wie eure persönliche Einstellung gegenüber den kommenden Umbrüchen auch aussehen mag.

Das Establishment weiß dies; den Machthabern ist ein Ultimatum gesetzt worden, die Menschheit auf diese Kontaktaufnahme vorzubereiten, bevor die außerirdischen Nationen sich euch **in jedem Fall** offenbaren werden. Diese Frist, ihr Lieben, ist gerade abgelaufen ... und immer noch schweigen sie.

Sie lassen auch nicht die geringste Bereitschaft erkennen, ihren Teil der Vereinbarung einzuhalten, müßten sie dann doch die Wahrheit außerirdischen Lebens offen vor euch auf den Tisch legen. Ihre Masken werden unweigerlich fallen und die Verwundbarkeit ihrer schuppigen Reptilienbäuche preisgeben, und der große Augenblick, in dem eure gesamte Gemeinschaft – sechs Milliarden Menschen – erkennt, daß die Illusion ihrer Realität in Scherben liegt, wird das Joch ihrer Herrschaft endgültig zerschmettern.

Das intensivierte energetische Feld der ganzen menschlichen Gemeinschaft wird ihr Kontrollnetz und somit euer Sklaventum ein für allemal aufheben.

Nebiru wird für immer verloren sein – und der Traum der Annunaki zu Staub zerfallen.

Warum man euch nicht längst schon die Wahrheit über außerirdische Völker erzählt hat? Das dürfte wohl allen inzwischen klar geworden sein.

Die Annunaki, diese dunkel gesinnten Herrscher, die euch so lange ihre Tyrannei aufgezwungen haben, verfügten es so: Bereits kurz nach eurer Erschaffung raubten sie euch euer galaktisches Vermächtnis und hielten euch in absoluter Unmündigkeit – bis heute.

Doch dieses dunkelste all ihrer Geheimnisse ist nunmehr gelüftet.

Epilog

In all unseren Botschaften, die wir euch in unseren drei Werken der Sirianischen Trilogie darbieten, ist immer wieder die unendlich breite Vielfalt an Schichten und Dimensionen zur Sprache gekommen, aus denen sich die All-Einheit zusammensetzt: Da gibt es Wesenheiten des Lichts und der Liebe wie auch schädigende Kräfte der Dunkelheit; Welten von geradezu blendendem Glanz – und Welten, die in ihren niederfrequenten Schwingungen nahezu erstarrt sind. Unsere Worte mögen die widersprüchlichsten Empfindungen in euch ausgelöst haben – denn unsere Informationen waren gewiß nicht immer leicht zu akzeptieren ... doch hoffen wir, daß unsere Botschaft im ganzen die Welt für euch ein wenig heller gemacht hat. Aus unserer Erfahrung heraus haben wir euch zu erklären versucht, welche Prozesse und Entwicklungen eure Seinsebene zur Zeit durchläuft und mit welchen Veränderungen ihr noch zu rechnen habt.

Für die Menschheit ist dies eine großartige und einmalige Zeit – das werden auch all jene noch erkennen, die sich von den düsteren Trugbildern täuschen lassen. Denn trotz all des Chaos und der Verzweiflung rings um euch her ist eure jetzige Existenz eine unvergleichlich wundervolle Erfahrung.

Durch dieses Buch habt ihr euch ein wenig mehr vom Universum erschlossen, und indem wir euch in dieses »Neuland« eingewiesen haben, sind wir einander bereits begegnet – und dies war auch für uns eine ganz einzigartige Erfahrung ... so intensiv, so tief haben eure Seelen uns berührt.

Seid gesegnet.

Ihr Kinder der Schönheit und des Lichts, ihr seid ein Teil von uns geworden.

Wenn ihr euch doch nur einen Augenblick lang aus unserer Perspektive betrachten könntet – eure kühnen, strahlenden Gesichter, die Spiegel eurer Reinheit und Weisheit. Und wenn ihr doch nur für einen kurzen Moment spüren könntet, wie es sich anfühlt, wenn eure Zuversicht uns durchströmt.

Wie gerne gäben wir euch die innere Gewißheit, daß all eure Zukunftsträume die Wirklichkeit darstellen und die so schrecklich real wirkende Welt um euch her nichts weiter ist als der Traum eures kollektiven Unbewußten.

Es ist ganz natürlich und ein Teil des menschlichen Wesens, daß all die Veränderungen, die der kommende Umschwung zeitigt, Zweifel und Ängste in euch schüren und Unsicherheiten bezüglich eures Aufstiegs in Höhere Welten wecken. Auch gilt es noch, die Besorgnis in Hinsicht auf all jene zu überwinden, die Ras Ruf zum Aufbruch nicht folgen werden – denn was auch immer ihr für eine Vorstellung vom freien Willen der Seele und dem Sinn und Zweck ihrer Inkarnation haben mögt, so solltet ihr nicht glauben, eine Seele würde entgegen ihrer freien Entscheidung leiden müssen.

Es fällt euch verständlicherweise schwer zu begreifen, daß eine Seele aus freien Stücken das Leid zu einem Teil ihres Entwicklungsprozesses machen sollte – und doch ist dies der Weg des unabhängigen Geistes.

Und ihr könnt anderen mit eurem Glanz als noch so helles Leuchtfeuer in der Dunkelheit dienen und so den Irregeleiteten ihren Weg weisen; ihr könnt die Verwundeten salben, die Kranken heilen, den Erschöpften Obdach gewähren und den Hungernden zu essen geben … doch letzten Endes, ihr Lieben, müßt ihr den selbstgewählten Weg einer jeden Seele respektieren.

Es ist bestimmt nicht leicht, eure Wahrheit zu leben und gleichzeitig anderen die ihre zu lassen – das kostet ein hohes Maß an Toleranz und auch Nachgiebigkeit. Es wird immer wieder Menschen geben, die andere um ihrer Wahrheit willen bedrohen – sie verfolgen oder ausgrenzen. Wir wissen, daß euer Weg, der gesäumt ist von Illusion und Trug, alles andere als leicht ist. Denn solange ihr euch euren Kurs hartnäckig freikämpfen müßt, solange die Stürme des Widerstands euch umtosen, kann es sich trotz aller Liebe und allen Verständnisses für die gegebene Situation als außerordentlich schwierig erweisen, all diesen widrigen Gewalten aufrecht und standhaft zu begegnen – und dabei unbeirrbar dem einen Ziel entgegenzuschreiten, welches uneingeschränkte Liebe und Respekt für alles Sein verkörpert.

Und doch steht ihr für die Wahrheit ein, ihr Lieben ... groß und majestätisch steht ihr da und reckt eure Arme weit hinauf in den Himmel – den alten, erhabenen Eichen gleich.

Wir sehen die Hindernisse, die euch auf den euch vorgegebenen Bahnen halten sollen – Barrieren, die euch kein Ausbrechen, keine Kursänderung, ja nicht einmal einen Blick auf die grünen Wiesen jenseits des Pfades erlauben ... die euch daran hindern, ganzheitliche, freie Wesen zu sein, denen *alle* Wege offenstehen.

Diese Palisaden ragen furchteinflößend auf und scheinen nur allzu oft unüberwindlich, doch kennt ihr nun tief in euch die wahre Natur dieser Begrenzungen, die allein eine Ausgeburt eurer Ängste wie auch eurer Taubheit sind.

Euer karmisches Bewußtsein weiß bereits, daß die Mauern des Establishments zwar nur durch herkulische Kräfte zum Einsturz zu bringen sind ... doch daß ihr Fall unausweichlich ist.

Weit leichter wäre es für euch gewesen, einfach der Herde zu folgen und sich von den falschen Hirten in Pferche sperren zu lassen.

Ja, leichter vielleicht. Doch wo fändet ihr dort Musik und Licht?

Denn ihr, die Erwachenden, seid hier, um den Neuen Tag heraufzusingen.

Kinder, steht nun auf und beginnt.

Atmet einmal noch tief ein und weitet euer Herz mit Universaler Liebe ... und dann atmet aus und laßt los – laßt auch die letzten Ängste los, die sich noch in euch finden mögen. Dann füllt mit dem nächsten wundervollen Zug eure Seele tief mit Freiheit – mit der Gewißheit, daß ihr alle Hüter Gaias seid, **souveräne Wesen mit einem freien Willen:**

... so erhaben wie der höchste Bergesgipfel,
standhaft und stolz wie der stattlichste aller Bäume,
so grenzenlos weit wie der Ozean
und frei,
so frei wie der Wind.

Über das Medium

Patricia Cori stammt aus der San Francisco Bay Area und ist seit den frühen 1970er Jahren in der New Age-Bewegung aktiv. Mystik und Philosophie, alte Kulturen, metaphysische Heilmethoden, Spiritualität und außerirdisches Leben sind einige Interessensgebiete, mit denen sie sich ihr Leben lang eingehend beschäftigt hat. Ihre medialen Fähigkeiten verwendet sie vor allem auf heilerische und spirituelle Zwecke.

In ihren Seminaren und Workshops zeigt sie Wege auf, die eigenen, inneren Heilkräfte zu aktivieren, einschränkende Gefühle und Glaubenssätze aufzuarbeiten und zu lösen und sich so auf die höhere Schwingungsfrequenz unseres aufsteigenden Planeten einzustimmen. Derzeit ist sie dabei, eine erste Gruppe von Aufstiegshelfern in die DNS- Reintegration einzuweisen, damit diese ihrerseits anderen bei diesem Prozeß behilflich sein können.

1983 siedelte sie nach Rom über, um ihre Arbeit in Europa fortzuführen ... und dort nun auf Geheiß ihrer spirituellen Führer »ein Loch in die Kuppel des Machtkartell-Doms zu brennen ...« In New Age-Kreisen ist sie wohlbekannt, und in ihren weltweiten Kursen, Seminaren und Workshops bietet sie neben ihrer spirituellen Unterstützung auch all das Höhere Wissen ihrer außerirdischen Kontakte an.

Seit sie 1996 die Kornkreise besuchte, dient sie dem Hohen Sirianischen Rat als Stimme und schreibt deren Botschaft für all jene nieder, die für ihre Weisheit empfänglich sind.

Für nähere Informationen zu ihren Vorträgen, Workshops und Kursen zur DNS-Reintegration wendet euch direkt an Patricia unter: www.sirianrevelations.net

In diesem ersten Band der »Sirianischen Offenbarungen« erhalten wir Einblicke in die Hintergründe der heutigen Wandlungen und erfahren wir, wie wir diesen notwendigen Wandel für uns und die ganze Erde positiv begleiten können.

Patricia Cori
Kosmos der Seele
Ein Weckruf an die Menschheit
Paperback, 224 Seiten
ISBN 978-3-89060-138-0

Rückkehr einer »Göttin«
Gewidmet all denen, die sich nach Freiheit sehnen, ist dies ein höchst erstaunliches Buch. Durch die Autorin spricht Inanna, deren Eltern von den Plejaden
stammen, die aber auf der Erde geboren wurde. Sie erzählt uns die Geschichte
der Hochkulturen als Schöpfungen der »Götter«, für die die Menschen bloßes
Spielzeug waren.

V. S. Ferguson
Inannas Rückkehr
Paperback, 320 Seiten, 13 x 20 cm
ISBN 978-3-89060-315-5

Die gefangene DNS befreien
Wir befinden uns jetzt am Ende des »Kali-Yuga«, des Zeitalters von Kampf und
Widerstreits. Damit ist es Zeit, die anderen Dimensionen unseres Daseins und
die göttliche Urquelle in uns selbst wiederzuentdecken. Eine solche Entdeckungs-
reise ist dieses Buch. Es erzählt von der plejadischen »Göttin« Inanna und ihren
multidimensionalen Selbsten.

V. S. Ferguson
Inanna Über-Licht
Eine transluzide Reise
Paperback, 256 Seiten
ISBN 978-3-89060-317-9

Die Göttinnen im Jahresrad der Großen Mutter
Göttinnen überall auf der Welt sind Emanationen der einen Großen Göttin. Gestalt, Charakter und Eigenschaften formen sich nach der jeweiligen Kultur, die wiederum geprägt ist vom Land. In unserem deutschsprachigen Raum ist die alte naturverbundene Religiosität und damit die Große Mutter verschüttet, Göttinnen aus anderen Weltgegenden sind uns oft viel vertrauter. Joanne Foucher begibt sich auf die Suche nach den bei uns wohnenden Göttinnen und bringt sie uns in diesem Buch sehr nah.

Joanne Foucher
Unsere heimischen Göttinnen neu entdecken
Klappenbroschur, 192 Seiten, zahlreiche Fotos
ISBN 978-3-89060-767-2

Der Tod ist nicht das Ende
Dieses Buch ist eine Forschungsreise in das Land unserer Seele. Die Autorin hat über die Tiefenimagination einen Zugang gefunden und gibt viele innere Reisen mit Klienten wieder, die zeigen, was es mit dem Tod auf sich hat. Dabei werden vielfältigen Fragen berührt: Was geschieht mit der Seele nach dem Tod? Hat sie eine Existenz unabhängig vom physischen Körper? Was geschieht bei Abtreibung oder Selbstmord? Wie ergeht es den Verstorbenen und was brauchen sie von uns? Das Sterben ist ein individueller Prozess, für jeden ist es anders, und dieses Buch gibt nicht nur Beispiele, sondern regt dazu an, über die inneren Bilder an das eigene intuitive Wissen heranzukommen. Zwei praktische Übungen helfen dabei.

Patricia Rüesch
Das Weiterleben der Seele
Was innere Reisen über das Leben nach dem Tod verraten, wie wir Sterbende hilfreich begleiten und wie wir selbstbestimmt und in Frieden hinübergehen
Paperback, 272 Seiten
ISBN 978-3-89060-746-7

Frei von Geldsorgen
Oh, das liebe Geld. Weniges beherrscht unsere Gedanken, unser Tun und Lassen, unser Lieben und Hassen so wie das Geld. Sich aus dieser Herrschaft zu befreien und das Geld für die eigenen, die wirklichen Bedürfnisse und für das Wohl des Ganzen zu verwenden, dazu gibt dieses Buch die Grundlagen und die magischen Anweisungen.

Barbara Stern
Macht und Magie des Geldes
»Das Sterntalerprinzip«
Die Macht des Geldes brechen – die Magie des Geldes nutzen
Paperback, 128 Seiten
ISBN 978-3-89060-049-9

Mit Geld Segen in die Welt bringen
Sehen Sie sich vor, wenn Sie dieses Buch in die Hand nehmen, denn es will etwas von Ihnen. Es ist nämlich ein Mitmachbuch. Und als Belohnung fürs Mitmachen gibt es richtig viel Spaß, Freude und Energie durch den Gebrauch von POSITIVEM GELD.

Heidrun Schwartz
Positives Geld
Dankbarkeit und Freude erleben mit der Energie des Geldes
Hardcover, 128 Seiten
ISBN 978-3-89060-607-1

Längst überfällig: Probleme und Gefahren der Energiearbeit
David Ashworth, ein erfahrener Heiler, Lichtarbeiter und Reiki-Meister, zeigt an vielen Beispielen aus seiner Praxis, daß Lichtenergie dunkle Kräfte anzieht, die ernstzunehmende Probleme verursachen können. »Tanz mit dem Teufel?« handelt davon, wie man heilt; es geht um übersinnliche Angriffe und darum, wie man sich gegen sie wehrt; um Reiki, die Chakren und die feinstofflichen Körper und um die Verantwortung, die all jene haben, die mit Energien arbeiten, denn: »Energie folgt dem Denken.«

David Ashworth
Tanz mit dem Teufel?
Das Dunkle in der Lichtarbeit
Ein Selbstschutzbuch für Reiki-Praktiker, Heiler und Therapeuten
Paperback, 320 Seiten
ISBN 978-3-89060-067 3

Nach dem Reinigen kommt das Aufladen
Wir alle sind im täglichen Leben Ärger, Frustration und Vereinnahmung ausgesetzt, und nur zu leicht schleppen wir diese negativen Gefühle mit uns herum. Haben wir gelernt, uns energetisch zu reinigen, so können wir uns davon wieder befreien, doch damit darf es nicht aufhören: Wir müssen unseren Schutzmantel anschließend auch wieder stärken!

Andrea Moutty
Klar und wach
Die energetische Reinigung und Aufladung
Paperback, 112 Seiten
ISBN 978-3-89060-691-0

Das uralte Wissen Hyperboreas
Wir haben gelernt, dass die Griechen unsere Kultur begründet hätten. Doch die Griechen selbst und mit ihnen fast alle antiken Schreiber behaupten einmütig, dass die Wiege ihrer eigenen Kultur im hohen Norden, jenseits des Nordwindes zu suchen sei. Vieles davon ist uns in den vedischen Schriften überliefert. Mit diesem Buch wagen die Autoren den Versuch, uns die Urreligion der Vatanis wieder zugänglich zu machen, aus der sowohl die Runen als auch die hebräische Schrift hervorgegangen sind.

Edmund und Michaela von Hollander
VATAN – Der Pfad des Nordens
Die uralte Wissenschaft der Runenmeister, Seherinnen und weisen Frauen
Klappenbroschur, 448 Seiten
ISBN 978-3-89060-782-5

Die Runen für Magie und Weissagung und als Einweihungsweg
Runen sind Sinnzeichen, symbolisieren Schöpfungsgesetze, bilden kosmische Muster ab. In diesem Buch werden sie in ihrer ganzen Tiefe ausgelotet und erlauben einen frischen, klaren Zugang. Die Autorin erschließt uns den ganzen Runenkosmos: als magische Werkzeuge, für die Weissagung und als Weisungen auf unserem persönlichen Entwicklungsweg.

Dieses Buch wendet sich an alle, die ein Interesse daran haben, sich selbst weiterzuentwickeln und dazu die Runen als Hilfsmittel nutzen möchten. Runenneulinge finden ausführliche Informationen zu Bedeutung und Anwendungsmöglichkeiten der Runen. Darüber hinaus bietet es auch dem »alten Hasen« interessante und neue Aspekte aus Mythologie und Magie. Ziel ist es, die Persönlichkeit zu transformieren und zu heilen.

Constanze Steinfeldt
Das große Praxisbuch der Runen
Klappenbroschur, 272 Seiten
ISBN 978-3-89060-700-9

Ein Quantensprung in unserer Beziehung zur Natur
Nachdem die Vorstellung, daß in der Natur unsichtbare Intelligenzen am Wirken sind, nicht mehr ganz so absonderlich erscheint, wie noch vor Jahren, ist jetzt die Zeit gekommen für dieses Buch, in dem uns einer vom elbischen Volk der Leprecháns erzählt, wie wichtig die Zusammenarbeit der Menschen mit den Naturgeistern ist. Leicht lesbar und auf unterhaltsame Weise bringt uns die Autorin Tanis Helliwell die Welt der Elfen, Devas und Elementale näher – und selbst Skeptiker werden ihr Vergnügen haben und ins Nachdenken kommen.

Tanis Helliwell
Elfensommer
Meine Begegnung mit den Naturgeistern
Ein Tatsachenbericht
Paperback, 224 Seiten
ISBN 978-3-89060-679-8

Eine »Pilgerfahrt« voller Überraschungen
Das zweite Buch von Tanis Helliwell, in dem sich die Naturgeister zeigen – wenn auch in einer für uns Menschen nicht immer sehr angenehmen Weise. Auf dieser Tour durch Irland stoßen die Leprechauns Tanis und ihre Gruppe mit ihrem Witz auf deren »blinde Flecken« und bringen sie immer wieder in das »Jetzt« – auch wenn nicht alle Reisenden das als besonders witzig empfinden. Doch letzten Endes ist es eine sehr lehrreiche Pilgerfahrt, auf der sich die große Weisheit der unsichtbaren Reisebegleiter offenbart. Wir Leser, vom Schalk der Naturgeister nicht betroffen, können uns bei der Lektüre bestens amüsieren – und dabei noch etwas dazulernen.

Tanis Helliwell
Elfenreise
Eine mystische Irlandfahrt mit den Naturgeistern
Ein Tatsachenbericht
Paperback, 208 Seiten
ISBN 978-3-89060-323-0

NEUE ERDE im Buchhandel

Neue Erde ist ein kleiner unabhängiger Verlag, und der unabhängige Buchhandel ist unser natürlicher Partner. Wir unterstützen die Initiative »buy local«.

Sollte es Lieferschwierigkeiten bei den Büchern von NEUE ERDE geben, lassen Sie immer im VLB (Verzeichnis lieferbarer Bücher) nachsehen, im Internet unter **www.buchhandel.de**

Alle lieferbaren Titel des Verlags sind für den Buchhandel verfügbar.

Sie finden unsere Bücher auch auf unserer Homepage **www.neue-erde.de** oder in unserem Gesamtverzeichnis, welches Sie gerne hier anfordern können:

NEUE ERDE GmbH
Cecilienstr. 29 · 66111 Saarbrücken
info@neue-erde.de